教育部人文社会科学研究项目
（项目批准号：18YJA760028）

新时代背景下
乡村文化振兴与环境设计
对策研究

李朝阳　王　东◎著

中国建筑工业出版社

图书在版编目（CIP）数据

新时代背景下乡村文化振兴与环境设计对策研究 / 李朝阳，王东著．—北京：中国建筑工业出版社，2021.3

ISBN 978-7-112-26063-8

Ⅰ．①新… Ⅱ．①李…②王… Ⅲ．①农村文化—文化事业—建设—研究—中国 ②乡村规划—环境设计—中国 Ⅳ．①G127 ②TU982.29

中国版本图书馆CIP数据核字（2021）第086281号

"乡村振兴战略"的提出为环境设计介入乡村带来契机，环境设计作为乡村振兴的"参与者"和"赋能者"，近年在乡村实践方面虽有所关注，但显然缺乏多维度地介入和高品质地呈现，在学术研究领域也是发声微弱，没能真正彰显其"创造和谐人居环境"的专业发展理念。

当下我国已由"乡土中国"进入"城乡中国"阶段，在"城乡中国"背景下，城乡关系走向融合发展，但乡村不可逆地走向分化。本书勾连乡村文化振兴与环境设计的关系，以"城乡中国"为逻辑基点，着眼于当下乡村环境分化的现实，尝试着建构乡村"分化"类型及乡村环境设计话语体系，试图为环境设计介入乡村立论。在此基础上，针对"分化"后的市场主导型城郊乡村、资源特有型偏远乡村、衰而未亡型普通乡村，剖析各自存在的问题及特征，并结合自身保护、开发、复兴等现实需求，找寻相互之间的差异，有针对性地提出乡村环境"分化"类型的设计策略，作为新时代中国特色社会主义乡村振兴系列理论的重要补充，为国家乡村振兴战略提供重要理论依据。

责任编辑：唐　旭
文字编辑：陈　畅
版式设计：锋尚设计
责任校对：张惠雯

新时代背景下乡村文化振兴与环境设计对策研究

李朝阳　王　东　著

*

中国建筑工业出版社出版、发行（北京海淀三里河路9号）
各地新华书店、建筑书店经销
北京锋尚制版有限公司制版
北京建筑工业印刷厂印刷

*

开本：787毫米×1092毫米　1/16　印张：19½　字数：360千字
2021年3月第一版　　2021年3月第一次印刷
定价：86.00元
ISBN 978-7-112-26063-8
（37576）

版权所有　翻印必究
如有印装质量问题，可寄本社图书出版中心退换
（邮政编码100037）

前言

党的十九大以来，国家实施"乡村振兴战略"取得了显著成效，但也直面所出现的诸多问题。为确保乡村振兴有法可依，2020年6月，十三届全国人大常委会第十九次会议对《中华人民共和国乡村振兴促进法（草案）》进行了审议，预示着乡村振兴将进入国家立法的高度。党和政府陆续出台的一系列具有全局性、战略性、创见性的措施、政策，足见国家推进乡村振兴的决心与恒心。在国家高举乡村振兴的旗帜下，各行各业积极投身乡建，贡献智慧和力量。

近些年设计界已有不少学者、设计师顺势而为，乘风破浪，投入乡村，并取得不俗的成绩，但也发现存在这样那样的问题亟待解决。如国家投入了大量的人力、物力、财力，做了海量的决策和建设方案，仍然未能完全解决乡村不均衡发展以及部分乡村逐渐走向衰落的问题。本书认为中国的乡村还是要从自身的属性着手，不了解乡村固有的逻辑，不了解社会结构的现状，浅根性、表浅化的设计只是量的堆积，而不是质的提升，自然难以实现乡村振兴以及可持续发展的诉求。

从长时段看，乡村一直是设计学科理论研究与设计实践的薄弱领域，当然这与我国社会主义初期"城乡二元化"发展格局下片面强调城市化、工业化发展有关。乡村逐渐进入设计视野是自国家实施新农村建设以来，在资金、政策、人才等方面给予一定倾斜后才出现的。设计领域介入乡村首先是设计实践者，他们以职业设计师的身份参与乡村规划设计、乡村建筑设计、乡村景观设计，但他们更多是被动地完成国家下达的乡村建设指标。早期的乡村设计实践在"量"上是以"试点"的形式开展，因此"设计下乡"并未惠及广大乡村，在"质"上多是移植城市规划设计的做法，因此很多乡村规划设计方案多被诟病。这一时期因为缺乏乡村设计理论研究而直接导致乡村设计实践具有盲目性，但是早期乡村设计暴露的问题为后来修正乡村设计路径提供了经验教训。

进入21世纪后，随着社会主义新农村建设的持续推进以及《城乡规划法》的实施，美丽乡村建设、小城镇建设、田园综合体、乡村振兴等乡建措施、战略相继出台，城乡融合发展已经成为新时期我国社会主义发展的新常态。乡村建设受到了前所未有的重视，包括政界、学界、商界在内的社会各界纷纷将眼光投向乡村，开始关注设计介入乡村，并对设计界在乡村建设所起到的作用抱有极大的期待。为了更好地建设乡村人居环境，建筑学、城乡规划学、风景园林学甚至社会学、民族学、人类学、历史学、生态学等在积极为城镇化建设贡献专业智慧的同时,早已把视野转向乡村,并频出佳作,同时还不遗余力地开展乡村振兴理论探索,为乡村设计实践的科学开展提供理论参考。相比较,颇具"大设计"意味的环境设计专业,在全国乡建实践与研究开展得如火如荼的当下,近些年在乡村实践方面虽有所关注,但显然缺乏多维度介入、高品质呈现,使乡村建设退化为草率的环境整治或修修补补;在乡村环境设计学术研究领域更是步履迟缓、发声微弱,没能真正彰显其"创造和谐人居环境"的专业发展理念。这与环境设计专业的系统性、综合性,以及跨学科、交叉性的优势不相符,专业特色没有在乡村领域彰显,成为环境设计专业亟待发展的"洼地"。

之前,伴随着国民物质与文化生活水平的显著提升,设计学下的环境设计专业遇到了难得的机遇,成绩斐然。但作为以建筑为主体的室内外空间的环境设计,其专业视域不能只锁定在城市建设,同样也应辐射到乡村,使"城"与"乡"共同构成人类的生存空间和人居环境。环境设计在乡村建设中学术话语权的缺失,根源上是以往环境设计对乡村建设的"俯视"甚至"漠视"而导致介入乡村的滞后性,遏制了环境设计专业内涵和外延的实质性拓展。

环境设计如何介入乡村?
如何进行乡村建设?
如何区别于建筑类、规划类等学科,凸显自身特色?
如何建构自己的学术话语权?
……

"环境设计研究路向何方?迷途知返还是殊途同归?"[①]这些问题是当下环境设计专业及其主体必须正视和深刻反思的。

面对乡村振兴战略的蓬勃开展,乡村建设的设计需求与日俱增,环境设计如何应对,以确保设计方案满足乡村建设发展的"精准"需求;环境设计研究者如何进行理性思考,确保研究成果的生产转化,规避设计实践的盲目性风险;环境设计如何在乡村振兴的大潮中延续城市环境设计中的"战绩",在乡村环境中再现昔日"辉煌"。现实中囿于城市建设思维和经济利益的驱使,对乡村的主观臆断或者诗意化想象,导致目前很多设计方案脱离乡村实际,随意地粘贴复

---

① 郑曙旸. 中国环境设计研究60年 [J]. 装饰, 2019 (10): 12-19.

制、张冠李戴，使得乡村特色渐失、文脉断裂，"建设性破坏""保护性破坏"问题频频出现。这与乡村振兴战略中"产业兴旺、生态宜居、乡风文明、治理有效、生活富裕"的总要求相去甚远。

因此，乡村环境设计理论研究和设计实践的当务之急要明确乡村问题的确定性。

党的十九大明确了当前"我国社会的主要矛盾已经转化为人民日益增长的美好生活需要和不平衡不充分的发展之间的矛盾"，其中乡村是最大的不平衡不充分发展区域，具体表现为乡村的巨大分化。在未来相当长的一段时间内，"城乡融合发展"与"乡村分化"问题同时存在[①]。不同类型的乡村有不同的发展诉求，因此乡村环境设计及研究都要科学把握乡村"分化"的确定性问题，分类施策。不面对、不了解这些问题，环境设计介入乡村如同"隔靴搔痒"，流于表层，很难触及乡村的本质。

从"乡村分化"的实际出发进行乡村环境设计，是站在"确定性"之上进行乡村建设的表现，是对过往乡村经验的反思，是对当下乡建现状的考量。民国以来的乡建，尤其是民国乡建之所以失败，就是站在不确定性的前提下进行的。在实施乡村振兴战略的新一轮乡建浪潮中，我们对于乡村分化的确定性研究还涉及不多，如乡村衰败、城乡差距拉大等言论皆是笼统、含混和不确定性的，也是容易误导的一种价值取向。从调研分析看，我国乡村一部分扩张，一部分收缩，但由于"农本"文化对土地的眷恋，走向收缩的乡村在未来相当长的时间内多不会消亡，而是呈现"衰而未亡"的特征。扩张型乡村主要是乘时代之风，顺势而为，如资源丰富的传统村落和区位较好的城郊乡村在新一轮的"乡村振兴"与"资本下乡"中整体走向扩张。但是对于缺乏区位优势及特色资源的乡村，如何在新一轮乡建中摆脱收缩、衰亡的命运是环境设计必须面对的人文语境变化。因此站在乡村分化的确定性基础上开展乡村环境设计是研究和实践首先需要考量的问题。

乡村作为我国农耕文明、乡风民俗等文化根脉的发源地，是构建社会文化的重要载体，理应受到与城市发展同样的"待遇"。党的十九大提出实施乡村振兴战略后，开始由单向、片面的城镇化建设向着城乡融合、互动发展进行转变，旨在构建一种新型的、发展均衡的城乡关系。基于此，环境设计专业更需要亟待完善学科发展体系，与兄弟学科和相关专业一道为乡村振兴主动赋能，

---

① 刘守英，王一鸽. 从乡土中国到城乡中国——中国转型的乡村变迁视角[J]. 管理世界，2018（10）：128-146，232.

为未来乡村可持续发展、创建美好图景贡献智慧。

那么，乡村环境设计如何彰显专业特色？如何传承乡村文化基因？本书认为无论是理论研究还是设计实践层面都要摆脱城镇化建设思维的桎梏，确立以文化为魂的设计理念，立足于乡村文化，结合乡村环境"分化"的现实，有针对性地探索"城乡融合发展"下乡村文化传承、重构、再生的环境设计合理模式；提出乡村建设中乡村环境设计的应对策略，配合新时期国家乡村振兴战略的实施，推动乡村提质、引智，走有序、渐进、可持续的乡村振兴之路，以实现还原乡土文化、修复乡村生态、重塑乡村活力的愿景。

乡村振兴涉及领域广泛，需要各学科、各专业、各阶层的共同努力；同样，本书作为乡村环境设计研究能得以顺利完成，也离不开学界、行业同仁的帮助。在此感谢项目组成员周浩明、聂影、黄艳、王东、陈珏、周丽霞、朱琳以及博士生孙博闻、岳梓豪、王岩等助推项目有序进展；感谢袈蓝建筑创始人兼总设计师邹迎晞校友、静西谷总设计师刘域校友、静西谷总经理张慧超女士、北京怀柔"又见炊烟"项目总规划师江曼女士、云南城子古村驻村设计师平伟先生等给予的鼎力支持；同时感谢中国建筑工业出版社唐旭主任、陈畅编辑等对本书出版提供的大力帮助。当然，本书难免存在缺憾和不足，敬请各位同仁不吝指正。

李朝阳

庚子冬月于北京清华园

目录

第一章 乡村环境设计研究述评与展望 ... 1

第一节 研究背景 ... 2
第二节 国内外城乡融合发展的演变图景 ... 5
 一、国外城乡融合发展的成功案例 ... 5
 二、中国城乡融合发展的历史图景 ... 10
第三节 乡村文化振兴与乡村环境设计研究回顾 ... 27
 一、乡村文化振兴的发展演进 ... 27
 二、乡村环境设计的相关研究 ... 29
第四节 乡村环境设计研究取向 ... 32
 一、剖析中国乡村环境设计面临的社会结构变革 ... 34
 二、建构乡村环境设计的学术话语体系 ... 35
 三、搭建乡村环境设计研究的内容 ... 35
 四、确立乡村环境设计以文化为魂的理念 ... 36

第二章 乡村环境设计背景：中国社会结构变迁 ... 37

第一节 昨天：乡土中国 ... 39
 一、乡土中国的概念及延伸 ... 39
 二、乡土中国已逝 ... 40
 三、乡土中国意象 ... 40
 四、传统乡村功能空间分析 ... 44
第二节 今天：城乡中国 ... 47
 一、城乡中国的内涵及特征 ... 47
 二、城乡中国面临的主要问题成为制约乡村设计的根源 ... 52
 三、城乡融合发展是当下"城乡中国"的必然选择 ... 57
 四、城乡中国下的乡村空间功能重构 ... 59

第三章 "城乡中国"视域：乡村环境设计学术话语建构 63

第一节 乡村振兴背景下"设计现实"的反思..............64
一、直面"城乡中国"下的顶层设计现实问题..........64
二、直面"乡村分化"下的环境设计现实问题..........70

第二节 文化振兴是乡村环境设计的特色保证..............79
一、乡土文化与现代乡村文化........................80
二、乡村文化振兴..................................83
三、艺术介入乡村文化振兴..........................84
四、文化振兴与乡村环境设计........................94

第三节 乡村环境设计学术话语建设的需求..............100
一、设计在城乡融合发展中的角色演变................100
二、构建乡村环境设计的学术话语权..................106

第四章 "城乡互构"：市场主导型城郊乡村环境设计策略............119

第一节 城郊乡村概念与特征..........................120
一、"城乡互构"——城郊乡村的理性选择..............120
二、城郊乡村平等发展阶段的来临....................121
三、"城乡互构"与城郊乡村的同构性..................122

第二节 "城乡互构"：城郊乡村的现实需求..............123
一、城郊乡村设计存在的问题........................124
二、城郊乡村设计面对的机遇........................129

第三节 "城乡互构"的乡村环境设计策略................134
一、顶层设计——强调引导，释放权力................134
二、运营设计——多元参与、合作共享................135
三、营造设计——强调研究，增强特色................147

第四节 "城乡互构"设计策略的案例解析................159
一、坊口村"城乡实验"............................159
二、八宝堂村的"又见炊烟"项目....................168

第五章 "农旅联动"：资源特有型偏远乡村环境设计策略……181

第一节 "农旅联动"：资源特有型乡村的内在要求……182
一、资源特有型乡村概念阐述……182
二、"农旅联动"与资源特有型乡村的同构性……186

第二节 "农旅联动"类型一：农业主导的"片区联动"设计……194
一、统筹设计——边际效益递增……195
二、互惠共享——主体互通有无……197
三、农业优先——多元差异并存……201
四、以点撬面——核心资源引领……205

第三节 "农旅联动"类型二：文化主导的"主客一体"设计……210
一、概念解读……210
二、主位与客位的统一：强研究与弱设计……212
三、统建与自建相结合：定范本与显特色……222

第四节 "农旅联动"策略下保护与发展的二元平衡……224
一、保护的视角：资源特有型乡村是中国乡土文明的代表……225
二、发展的视角：对资源特有型乡村情感美化与价值误判……228

第六章 "精明收缩"：衰而未亡型的普通乡村环境设计策略……231

第一节 乡村分化的产物："衰而未亡型"乡村……232
一、乡村"分化"研究的辨析……232
二、衰而未亡：乡村走向收缩的历程……233
三、"衰而未亡型"乡村的特征……235

第二节 "衰而未亡型"乡村的"精明收缩"……239
一、"精明收缩"理论的解读……240
二、"衰而未亡型"乡村"精明收缩"的预期目标……242

第三节 "衰而未亡型"乡村的设计策略……246

  一、产业精明配置规划策略 246
  二、居民点精明优化设计策略 253
  三、文化精明重构设计策略 261
 第四节 "衰而未亡型"乡村的未来：精明收缩式发展 274
  一、"精明收缩式发展"命题的提出 274
  二、田园综合体：探索中的精明收缩式发展模式 275

结语 289
参考文献 297

第一章
乡村环境设计研究述评与展望

第一节 研究背景

改革开放四十余年，我国的社会结构发生了剧烈变革。2003年国家提出"统筹城乡发展"，2005年国家实施"有中国特色的社会主义新农村建设"的治国方略，2012年进一步提出"城乡一体发展"，2017年党的十九大在"实施乡村振兴战略"[①]中均明确提出要重塑我国城乡关系，走城乡融合发展之路。乡村建设首先要立足于对新时代背景下社会结构变革以及演变过程的反思。中国人民大学刘守英教授通过对中国城乡关系的演变，提出中国当下已经告别"乡土中国"阶段，进入"城乡中国"阶段。他所阐述的"城乡中国"颇具见地，是对当前我国社会结构形态的凝练，强调我国的一切乡村建设活动都要以"城乡中国"为逻辑起点，脱离这一实际，乡建研究与实践将面临重重困难，步履维艰。在"城乡中国"阶段，最大的发展取向就是"城乡融合发展"，这是当前乃至未来相当长的一段时间内我们必须要面对的"新时代背景"。

纵观国外发达国家均在工业化、城镇化发展到一定程度后出现"逆城市化"现象，伴随着逆城市化的发展，城乡融合不断推进，并出现了众多可资借鉴的成功案例。我国乡村发展问题一直是国家关注的焦点，自21世纪以来，尤其是2004年以来，中共中央、国务院连续发布的中央一号文件反映的都是农村发展问题，在这个过程中我国城乡关系逐渐由二元对立逐渐走向一体融合。国内外城乡融合发展图景告诉我们，乡村环境设计的推进必须直面"城乡中国"下"城乡融合发展"的新时代特征，环境设计介入乡村必须基于城乡融合发展的大趋势，并以此为契机建构乡村环境设计学术话语体系。

"实施乡村振兴"战略是新时代乡村建设的顶层设计，是高于以往新农村建设、美丽乡村、特色小镇、田园综合体等更宏观、系统、科学的战略指导。2018年2月4日由中共中央国务院发布的中央一号文件《中共中央国务院关于实施乡村振兴战略的意见》[②]中对农村经济建设、文化建设、社会建设、生态文明

[①] 习近平. 决胜全面建成小康社会，夺取新时代中国特色社会主义伟大胜利——在中国共产党第十九次全国代表大会上的报告[M]. 北京：人民出版社，2017.

[②] 中共中央国务院关于实施乡村振兴战略的意见编写组. 中共中央国务院关于实施乡村振兴战略的意见[M]. 北京：人民出版社出版，2018.

建设等作了全面部署，明确指出这是要延续到2050年的党和国家一项长期的战略和历史性任务，将伴随着现代化建设的全过程。在2018年全国两会山东代表团审议时，习近平主席首次提出乡村"五个振兴"[1]，这是习近平主席"乡村振兴战略"思想的深化，其中"文化振兴"是乡村振兴战略稳步推进的精神基础，是提升乡村附加值，实现可持续发展的重要保障。2017年1月25日中共中央办公厅、国务院办公厅印发了《关于实施中华优秀传统文化传承发展工程的意见》，该"意见"为文化振兴提供了有力的政策支持。2018年9月26日发布的《国家乡村振兴战略规划（2018—2022年）》提出："以建设美丽宜居村庄为导向，以农村垃圾、污水治理和村容村貌提升为主攻方向，开展农村人居环境整治行动，全面提升农村人居环境质量。"[2]以上国家政策的陆续出台预示着乡村文化振兴和乡村环境建设被视作全面推进乡村振兴战略的重要内容。

我国幅员辽阔、民族众多，造就了丰富多元的乡村文化。中央一号文件强调，实施乡村振兴战略，必须传承发展、提升农耕文明，走乡村文化兴盛之路。乡村振兴离不开文化振兴，乡土文化兴盛既是乡村振兴的重要动力，也是乡村振兴的重要标志。只有如此，才能营造乡村文化之"形"，守护乡村文化之"魂"，才能守"乡土"，有"乡愁"才能恢复良好的自然生态和文化生态，才能乐"乡民"、淳"乡风"，真正实现"生态宜居"（图1-1-1、图1-1-2）。

新时代新起点，基于环境设计来不断凸显乡村文化的丰富内涵，有助于让乡土文化温润乡村的精气神，焕发乡村生机和活力，使乡村环境更具魅力、永续发展，大力推进"城乡中国"下的城乡加速融合发展。显然，结合新的时代背景，配合国家战略实施乡村振兴，对我国乡土文化传承与发展之环境设计的对策研究显得更迫在眉睫。基于文化振兴探讨乡村环境设计有利于延续乡村环境景观的地域文化特色，充分发掘乡村环境的景观资源，有利于拓展乡村景观内涵，有利于遏制当前片面的乡村城市化演进和不切实际地归复到"乡土中国"的错误取向。打破国际化、城镇化下乡村景观"千村一面"的同质化现象，有助于大力提升乡村环境设计中对文化运用的自觉性，助力乡村文明建设。同时也是环境设计专业在乡村文化振兴中的积极应用，有利于环境设计专业的拓展与深化。本书的研究成果将成为新时代中国特色社会主义乡村振兴系列理论的重要补充，为国家乡村文化振兴战略提供重要的理论参考，为政府和管理部门提供决策依据。

---

[1] 央视评论员. 央视快评：以"五个振兴"扎实推进乡村振兴战略［N］. 人民日报，2018-03-08.
[2] 中共中央国务院. 乡村振兴战略规划（2018—2022年）［M］. 北京：人民出版社，2018.

第一章 乡村环境设计研究述评与展望

图1-1-1 丰富的乡村文化形态（图片来源：作者自摄）

图1-1-2 凋敝的乡村生存状态（图片来源：袈蓝建筑）

美国新经济地理学家乔尔·科特金说："哪里更宜居，知识分子就选择在哪里居住；知识分子选择在哪里居住，人类的智慧就在哪里聚集；人类的智慧在哪里聚集，最终人类的财富也会在哪里汇聚。"在"城乡中国"的新时代背景下，文化振兴与乡村环境设计的结合是顺应国家城乡融合发展的需求，必将助推乡村振兴的全面发展，中国乡村将被建设成未来的生态宜居环境，成为吸引智慧、财富的集聚之地。

第二节 国内外城乡融合发展的演变图景

一、国外城乡融合发展的成功案例

工业革命是人类社会由农业文明进入工业文明的重要节点。工业革命带来的连锁效应不断地改变着城乡关系。城市不断崛起，城市文明不断建构，并逐渐向乡村渗透。城乡关系经历了由对立矛盾走向融合的过程。城乡融合发展在发达的欧美及日、韩等国家和地区已经较为成熟，对这些国家和地区成功案例的分析，有助于我们理解乡村环境设计介入"城乡中国"下的城乡融合发展图景。

（一）发达国家：英法等国的城乡融合设计实践

英国是世界上最早发生工业革命的国家，工业化浪潮非但没有吞噬乡村，反而成为欧洲乃至世界乡村建设的成功典范。实际上在工业革命之前英国是一个古老的农业国家，这一点与中国非常相似。但为什么至今的英国乡村还能保持几百年前的唯美状态，而中国乡村仅仅经历了改革开放四十余年的时间，却还出现诸多问题，英国乡村建设中的成功经验值得我们反思。

在欧洲，至今还流传着"德国的城市最漂亮，英国的乡村最美丽"之说。英国的城乡高度融合，被认为是全球乡村与城市差别最小的国家之一。英国乡村的功能是多元化的，不仅仅有生产粮食，还有休闲旅游、文化传承、遗产保护、学术研究、环境保护、特色餐饮、小吃加工等功能，在这里我们能看到各色家庭旅馆、酒吧、餐厅、咖啡屋等。这当然离不开英国政府及英国农民对乡村环境规划设计的重视。为了保护乡村环境的可持续，维护农民的合法权益，英国通过立法的形式加强对乡村环境的保护与开发。首先从城乡主体来看，这里的农民非常富裕，他们的收入甚至高过城区，他们的人居环境生态优美，耕作方式已经实现了智能化。乡村成了人们向往之地，许多人在城市工作，却定居在乡村，他们结束了城市忙碌的工作都要返乡生活。英国人认为英国的灵魂在乡村。正如英国作家杰里米·帕克斯曼在其著作《英国人》一书中写道："英国人坚持认为他们不属于近在咫尺的城市，而属于相对远离自己的乡村，真正的英国人是个乡下人"。

英国的城乡融合设计体现在多个层次上，比如城市郊区、皇家公园、私人住宅、花园、别墅、私人台地等融入城市与乡村元素，以满足人们不同的需求。

英国较早出现了逆城市化现象，这种逆城市化现象是"候鸟式"的，其主体人群是在大城市工作的中产阶级。由于大城市环境存在"城市病"的缺陷，他们的住所可能在郊区，因此可能在周末或上下班的时间点往返于城市与郊区。"大城市的郊区迎合了在城市供职而想体验乡村生活的中等阶层家庭成员"①。英国在19世纪30年代推进城市与郊区的基础交通设施建设，城乡之间交通便捷，不仅为逆城市化人群提供了便捷的交通，而且郊区的乡村还扮演着城市后花园的角色，是人们休闲度假的好去处。这些郊区聚居点的环境设计融合附近城镇的优点和乡村特色于一体，而商业行为及突兀的商业建筑则是被禁止的，人们可以同时享受田园牧歌的美景，也能享受城市的教育、医疗、文化艺术。反观在城乡中国下，城乡融合发展首先是在城市郊区的乡村发生的，因此英国的乡村发展经验对于我国乡村发展位序而言具有积极的借鉴价值。

那时英国保留了不少的皇家庄园、贵族庄园，如斯塔德利皇家公园、摄政公园、查茨沃斯庄园，这些庄园的一大特色就是在辉煌壮丽、底蕴深厚的文物建筑周围环绕以田园牧歌式的自然美景。都市公园也是遵循这样的环境设计逻辑，如伯肯黑德公园、利物浦王子公园，这些公园也都是融城市与乡村的优点于一身，即城市的便利与乡村的宁静有机统一。诚然，英国呈现的城乡融合发展实践有其历史根源，英国作为一个农业古国，田园风光、乡村景观是长久形成的集体审美意识的参照系。所以他们的公园、花园、庄园的设计自然就融入了乡村的理念。所以人们会发现如果不是存在隔离的边界，会置身公园内外的乡村浑然一体而不知。这说明都市公园的原型来源于乡村景观。

上述类型在空间地理上与城市结合紧密，城乡融合便显得合情合理。那么在远离城市的乡村建设发展究竟如何？科茨沃尔德乡村堪称英式浪漫田园风光

---

① 周武忠. 新乡村主义——乡村振兴理论与实践[M]. 北京：中国建筑工业出版社，2018：27.

图1-2-1 科茨沃尔德乡村：英式浪漫田园风光的典范（图片来源：赵紫伶摄）

的典范，科茨沃尔德处处呈现着醉人的田园风光，隐藏于一片"绿海"之中的乡间小道将这里古老的村落串联成一个整体（图1-2-1）。

这里的人怡然自得，一派祥和景象，虽然没有如城郊乡村那样与城市频繁交流，但也按照乡村固有的逻辑发展出一条路径来。

科茨沃尔德乡村环境与我国远离城镇的中国传统村落、中国历史文化名村、中国少数民族特色村寨非常类似，对于缺少城镇消费驱动的偏远乡村环境设计来说不失为有价值的范例。需要我们思考的是对于那些远离城镇的乡村，城镇的资本、知识、先进的管理模式等要素要如何介入以及乡村环境设计应如何呈现，更需要探讨的是一种有别于城郊乡村的城乡融合设计策略。

除了上述提及的英国乡村外，发达国家和地区的很多乡村环境建设都是值得我国借鉴的。如法国以生态农业为龙头和支柱竭力保护自然资源和生物多样性，保证生态圈的良性循环，真正做到了生态宜居。德国巴伐利亚州的土地整理与乡村更新模式，瑞典奥勒村社会资本助推乡村复兴与可持续发展也是优秀的案例。[1]西班牙最早将农业种植与乡村旅游相结合，以一二三产业融合发展

---

[1] 李玉恒，阎佳玉，宋传垚. 乡村振兴与可持续发展——国际典型案例剖析及其启示[J]. 地理研究，2019（3）.

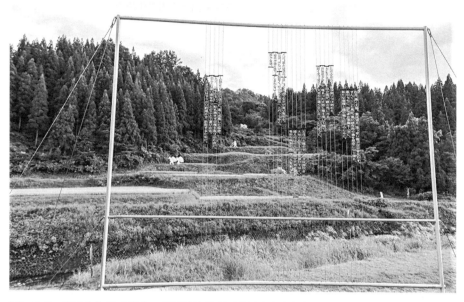

图1-2-2　农田作为艺术舞台：越后妻有作品《梯田》（图片来源：知网https://zhuanlan.zhihu.com/p/71078400）

为路径，使创意景观农业作为乡村振兴重要基础的产业得以提升。作为隔海相望的日本，曾发起过"一村一品"运动，通过艺术助力乡村振兴、社区营造盘活在地资源等措施打造生态宜居社区。2000年创建的"越后妻有大地艺术祭"作为世界知名的艺术IP，已成为全球知名的以文化艺术带动地域振兴的经典案例，其模式被认为是以艺术带动地域振兴的国际经验和具有可持续发展价值的乡村振兴范例（图1-2-2）。受日本大地艺术祭的启发，我国浙江首届桐庐大地艺术节原计划于2020年秋天开幕，之后每三年举办一次，所覆盖范围将会涉及桐庐县200余个村落。尽管活动因疫情而遗憾延期，但其理念无疑会对桐庐县乡村振兴产生积极的推动作用和深远影响。

（二）发展中国家：韩国的新村运动设计实践

在20世纪60~70年代，韩国城乡分化加剧，乡村走向破败，农工差距越来越大，乡村人口流向城市，粮食出现危机。于是以政府主导的，以解决粮食短缺为动机，以改善生产生活环境为重点的"新村运动"开始了。从今天来看，韩国的新村运动是在国家贫弱的背景下发起的，其结果无疑是成功的，作为亚洲国家的代表，为广大发展中国家如何在城乡差距不断拉大的背景下实现乡村振兴提供了成功的范例。可以发现，韩国启动"新村运动"时的国内背景与我国近似，对我国当前实施的乡村振兴战略有一定的借鉴意义。

韩国新村运动设计实践可以从基础设施建设、村落共同体建设、产业开发与振兴、持续优化四方面进行分析。基础设施包括交通、居住建筑、公共建筑、水利水电、生态环境等方面的优化完善。但由于财政有限，政府放弃大包大揽、平均分配的方式，以激发村民的积极性、自主性为主要思路。比如刚开始免费给每个村发放300袋水泥，进行基础设施建设，然后根据建设结果好坏将村落分为自立村、自助村、基础村三个等级，来年政府只给做得好的自立村和自助村资助，并加大资助力度。这样的做法调动了村民的积极性，做得好的村落再接再厉，争取获得政府更多的扶持，之前消极应对的村落的集体荣誉感在"比赛"中被激发，奋勇直追，这样形成了积极的乡村建设氛围。到1978年全国的基础村所剩不多，通过不断的努力，基础设施不断完善，乡村建设成绩斐然。

韩国新村运动通过基层政府科学地引导，各地村民被极大地调动，积极投入到乡村建设的运动中去。政府的初衷是"建设美好的故乡、健康的社会和骄傲的国家，更可以肯定的是"新村运动"要求大家为了过上幸福生活而成为一个共同体"[①]。新村运动推进的本质是村落共同体精神建构的过程。村民相互协作，积极投入，形成了勤勉、自助、合作的新村精神（图1-2-3）。凝练的新村精神反过来又不断强化村落共同体的凝聚力，如此便形成良性循环。

图1-2-3 韩国的新村运动（图片来源：韩国朝鲜日报中文网http://cn.chosun.com/）

---

① 周武忠. 新乡村主义——乡村振兴理论与实践［M］. 北京：中国建筑工业出版社，2018：33.

乡村要振兴，产业是关键。韩国政府首先推广新品种、引进新技术、实现机械化种植。从1972年起陆续推广"统一稻""维新""密阳23号""鲁半"等新品种，不断引进并改良培育、栽培、灌溉等技术。到20世纪末，韩国的主要农作物基本实现了机械化。为了让农产品有差异化，推行了"一区一社一村一品运动"，实现错位发展，避免农作物积压。为了拓展城乡的消费空间，促进城乡融合，组织了"城乡姊妹联系""文明市民和家庭活动""农产品直销"等多元化的销售渠道，保证了农产品生产得出来，销售得出去。

韩国新村运动始于20世纪70年代并延续至今，也是逐渐推进并不断优化的过程。在最初侧重居住环境、公共基础设施的完善，之后向城镇拓展为全国性的现代化建设活动，到70年代末对基础设施、居住环境进行优化升级。从80年代至今政府角色逐渐淡化，社区自治成为主导，农村的全面发展不断深入，新的乡村文化、乡村精神不断被塑造。韩国新村运动遵循循序渐进的原则，整体目标一以贯之，如此不但能提高效率，避免不必要的浪费，而且能深化村民对新村运动的理解。笔者曾对不同地区的村民及部分基层干部做过调研访谈，发现他们对很多政策理解有限，对"新农村""美丽乡村""田园综合体""小城镇建设""传统村落保护发展"等概念之间有什么区别，如何差异化地开展，他们很难表达清楚、理解到位。而韩国新村运动中"目标统一，持续优化的思维"确实值得我们反思。当然我国正处于乡建的探索阶段，存在这样那样的问题也是正常的。经过不断探索，十九大提出的"乡村振兴战略"相对以往的乡建策略更具全局性、创新性、战略性。我们相信，在乡村振兴战略指导下我国乡村的衰败趋势将会得到遏制，城乡融合发展也将会不断推进。

二、中国城乡融合发展的历史图景

自1949年至21世纪初，我国的社会结构属性总体属于"乡土中国"阶段。但由于政治制度、经济制度、外部环境的变化，我国的城乡经历了一系列复杂的变化：城乡自然流动期（1949—1958年）、城乡对立期（1958—1978年，这段时间内乡村主要服务于国家工业化发展）、城乡缓和期（1978—1997年，施行家庭联产承包责任，农业发展，农民增收，开放的土地权利促进乡村工业化发展）、城乡关系转折期（1997—2003年，乡土中国向城乡中国转变的过渡期，城乡差距越来越大，乡村问题备受关注）、城乡融合发展期（2003年至今，此阶段又可细分为城乡统筹发展、城乡一体化发展、城乡融合发展三个阶段）。所以中国的城乡融合发展阶段主要是指乡土中国进入城乡中国之后的阶段（图1-2-4）。

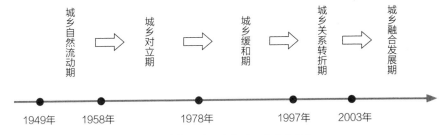

图1-2-4 中国城乡融合发展历史轴线图（图片来源：作者自绘）

（一）城乡融合下中央一号文件辨析

国家政策对农村工作的关注由来已久。自新中国成立以来，1949年、1982—1986年、2004—2019年的每一年中央一号文件均以"三农"为主题。现在"中央一号文件"已经成为中共中央重视农村问题的代名词。从2004年起至2019年，国家连续印发了17次中央一号文件（表1-2-1），这个过程中对乡

2004—2019年中央一号文件列表　　　　　　　　　　表1-2-1

年份	中央一号文件	备注
2004	关于促进农民增加收入若干政策的意见	
2005	关于进一步加强农村工作，提高农业综合生产能力若干政策意见	
2006	关于推进社会主义新农村建设的若干意见	
2007	关于积极发展现代农业，扎实推进社会主义新农村建设的若干意见	
2008	关于切实加强农业基础建设进一步促进农业发展农民增收的若干意见	
2009	关于促进农业稳定发展，农民持续增收的若干意见	
2010	关于统筹城乡发展力度，进一步夯实农业农村发展基础的若干意见	统筹城乡发展
2011	关于加快水利改革发展的决定	
2012	关于加快农业科技创新，持续增强农产品供给保障能力的若干意见	
2013	关于加快发展现代农业，进一步增强农村发展活力的若干意见	
2014	关于全面深化农村改革，加快推进农业现代化的若干意见	
2015	关于加大改革创新力度，加快农业现代化建设的若干意见	
2016	关于落实发展新理念加快农业现代化，实现全面小康目标的若干意见	
2017	关于深入推进农业供给侧结构性改革，加快培育农业农村发展新动能的若干意见	
2018	关于实施乡村振兴战略的意见	城乡融合发展
2019	关于坚持农业农村优先发展做好"三农"工作的若干意见	
2020	关于抓好"三农"领域重点工作确保如期实现全面小康的意见	

（图表来源：作者自绘）

村的关注、研究、实践不断深入，推行了一系列的乡村发展模式，乡村经历了从统筹城乡发展到城乡融合发展转变。党的十九大提出实施乡村振兴战略，标志着城乡融合发展开启了新征程。

1997年至2004年，乡村工业化退出历史舞台，打工经济崛起，农业增收有限，农民大量进城务工，乡民逐渐摆脱对土地的束缚，乡村空心化问题萌芽，乡村发展问题受到国家关注。自此连续每年的中央一号文件都是关于乡村问题。这期间第一代农民工在城乡之间周期的流动，呈现为主体的单一性。2004年的"一号文件"就农民最关心的收入提出指导意见，2005年国家提出实施社会主义新农村建设，城乡之间的流动主体不再只是农民工，代表国家意志的帮助新农村建设的新乡人开始出现，但他们是被动的，是以完成国家委派任务为目标。在这期间，乡村旅游开始发展，不断吸引城镇居民来观光消费，城乡之间的流动主体开始多元化，在个别乡村，已开始有城市民间资本流入。到2010年，中央一号文件中明确提出要"统筹城乡发展"，在这个阶段，城乡统筹的主体以政府为主，强调城乡间统筹协调，促进乡村产业发展。2017年党的十九大提出城乡融合发展，2018年中央一号文件就提出乡村振兴战略相关指导意见，2019年明确坚持"农业农村优先发展"的意见。从1997年至今，经过近二十余年的发展，城乡关系发生重大变化，参与城乡发展的主体变得多元化，市场的作用越来越强。各种投资方、公益方、消费方、返乡创业者等主体将城市的资本、知识、先进运营机制带到乡村，不断盘活农村的资源，变资源为资本，促进农村发展思维的转变，推进城乡融合深入发展。在城乡融合发展不断推进的同时，乡村的不平衡、不充分发展问题愈演愈烈（图1-2-5）。

首先是乡村的三级分化，一类走向消亡，一类衰而未亡，一类在城乡融合的大背景下成为"明星"村落，各种资本、政策、新乡人密集介入，逐渐走向复兴。这类"明星"村落虽仅占极小的一部分，但却吸引了全社会绝大多数的关注，以至于出现乡村发展过程中的"马太效应"；其次是分化发展导致乡民收入不均，引发社会的伦理公正；再次是基础设施建设层次不高。长期以来，国家持续投入乡村基础设施建设，但区域经济发展不平衡，尤其中西部涉及面广，投入大，各地标准普遍偏低，不利于吸引城市资本注入；最后是乡村环境设计滞后于自身的发展速度，宏观层面的乡村规划编制是近几年才普遍出现，之前我国的广大乡村是自由生长，以至于普遍出现"内部空废化，外围无序化生长"的局面。近几年以国家力量推行乡村规划编制，但是除了极少数的乡村规划编制结合了乡村特色、延续历史文脉、考量时代需要外，大部分乡村规划

图1-2-5 走向分化的乡村（图片来源：上图由袈蓝建筑提供，中图、下图为作者自摄）

编制都是套用城市规划的做法，以至于浪费了很多宝贵的资金、人力、时间，而实际效果和效益都有局限。这背后的原因难免有设计领域的急功近利，对城乡融合发展理解得不够深入导致。一些设计师或研究者对乡村的特色是什么，乡村该如何发展、如何定位等问题没有完全搞清楚就仓促而就。我们都知道，众多规划、设计部门包括不少院校，之前长期大都以城市项目为主，鲜有乡村项目，业务突然之间转向乡村，顿觉准备不足，承袭城市建设发展的思维定式在所难免。这就好比甲方还没计划好要做什么样的项目，乙方技术上还没准备好，在双方都没准备到位的状态下就仓促上马项目，这样的结果可想而知。由于宏观规划编制层面延续城市建设的思维逻辑，缺乏对乡村现状确定性的科学分析，导致中观、微观层面的乡村景观设计、建筑设计、室内改造均缺乏科学的理性引导，除了少数乡村建设案例较为成功外，大多数仍然移植城市建设做法，建设性破坏屡见不鲜。

毋庸置疑，从历年中央一号文件的政策导向得出的城乡融合发展，已经成为时代主流，乡村迎来了历史发展的机遇。然而城乡融合在乡村设计领域却未有很好的彰显，这对于解决乡村不平衡不充分发展下潜藏的各种问题提出了新的挑战。

（二）城乡融合下的乡村发展模式探索演变

在城乡发展过程中需要我们不断地探索乡村发展模式，对这些模式进行梳理、总结有助于在乡村振兴战略下进一步推进城乡全面的融合发展。概括起来，社会主义新农村建设的提出是城乡融合发展的开启，而美丽乡村建设、田园综合体、特色小镇是新农村建设在不同历史时期的深化拓展，也是城乡融合的发展期，乡村振兴战略的实施预示着城乡融合发展进入成熟阶段。对比乡村振兴战略与以前的乡村建设模式可知，新时代乡村振兴战略的提出是比以往乡建模式更具全局性、更具高度性、更具创新性的战略布局。

（三）城乡融合的开启——新农村建设的提出

"社会主义新农村"这一概念早在20世纪50年代就曾提出过。20世纪80年代初，我国提出"小康社会"概念，其中建设社会主义新农村就是小康社会的重要内容之一。2005年党中央在十六届五中全会通过《十一五规划纲要建议》，提出要按照"生产发展、生活宽裕、乡风文明、村容整洁、管理民主"的要求，扎实推进社会主义新农村建设。"社会主义新农村建设"的提出标志着城乡融合的开启。前文分析过，2004年后我国社会进入"城乡中国"阶段，在这之前中国乡村为国家工业化、城镇化的发展做出了重要贡献甚至巨大牺牲，城乡二元结构逐步形成，城乡差距逐渐加大。在这样的背景下，国家决定重新调整国民收入分配格局，提出"工业反哺农业，城市支持农村"的方针，目的就是缩小工业与农业的差距，促进城市与乡村协调发展。按照社会主义新农村建设20字总方针，国家全面开启了乡村基础设施的建设，在改善乡村人居环境的同时，增加就业岗位，拓展多渠道收入来源，以拉动内需。不断夯实农业的基础地位，升级农业技术，推广新产品，开拓销售渠道，保障农民持续稳定的增产增收。这个过程中农民积极参与新农村建设，视野不断开拓，素质不断提高，城乡融合的能力不断增强。

社会主义新农村建设的提出是打破城乡二元结构的重要举措，更是城乡融合的开启。新农村建设自提出到今天已过去15年，城乡资源流动加快，乡村环境面貌得到了极大改善，农民收入也有了极大提高，产业结构开始不断优化升级。但也存在不少问题，由于乡村地域广阔，差异巨大，发展不平衡不充分问题导致乡村分化越来越严重。在一些地区城乡融合发展异化，导致乡村环境恶化，向着空心化、空巢化、空废化演变。在一些地区决策层对乡村发展理解能力有限、解读有误，出现了失去乡村特色、隔断历史文脉、破坏自然环境等问题，乡村建设"去农化"现象日益凸显。还有就是主客位颠倒，政府或市场成为主导乡建的外部力量，而作为乡村主体的村民却缺失了话语权，在乡村建设中往往成为被边缘化了的角色。可以发现，通过对新农村建设成就的肯定以及存在问题的反思，不同专业、各个地方都在积极探索新的乡建模式，以修正发展过程中出现的问题。

（四）城乡融合的发展：三种乡建模式实践

在新农村建设的框架下，城乡融合进入到新的阶段，多元化的乡建理论及模式被不断探索，其中"美丽乡村建设""田园综合体""特色小镇"是三种最为重要的乡建模式，是城乡融合深入发展的标志。

1. 美丽乡村建设

在新农村建设不断推进过程中，乡村经济极大提高，基础设施不断完善，人居环境不断美化，但与此同时，城乡文脉缺失、环境恶化现象相伴出现。人们呼唤具有浪漫田园风光、承载农耕文化的乡村逐渐回归视野。这样的背景下，单纯的增产增收、侧重基础设施完善的乡村建设已经不能满足人们的需求了。

浙江是我国经济最为发达的地区之一，城乡融合度高，乡村发展不再是重

图1-2-6　浙江安吉桃花源方竹园（图片来源：《最美的中式设计》"新微设计"微信平台）

经济、重政治，而是注重生态保护、文化关怀，目标是建设宜居、宜游、宜业的新农村。2008年浙江首次出台了《建设"中国美丽乡村"行动纲要》，并以安吉为实践对象，探索社会主义新农村建设的新模式，通过十年时间将安吉打造成中国最美丽的乡村之一（图1-2-6）。"安吉模式"无疑是成功的，被学者称为"社会主义新农村建设实践和创新的典范"。[1]2012年党的十八大报告提出城乡统筹协调发展共建"美丽中国"的概念，次年中央一号文件首次提出"美丽乡村"的奋斗目标。农业部2014年发布美丽乡村建设十大模式[2]。2015年国家出台《美丽乡村建设指南》并明确了"美丽乡村"的定义：经济、政治、文化、社会和生态文明协调发展，规划科学、生产发展、生活宽裕、乡风文明、村容整洁、管理民主，宜居、宜业的可持续发展乡村（包括建制村和自然村）。[3]2016

---

[1] 翁鸣. 社会主义新农村建设实践和创新的典范——"湖州·中国美丽乡村建设（湖州模式）研讨会"综述[J]. 中国农村经济，2011（2）：93-96.

[2] 农业部科技教育司. 农业部发布中国"美丽乡村"十大创建模式[Z]. 中华人民共和国农业部官网，2014.02.24.

[3] 国家质量监督检疫总局、国家标准化管理委员会. 美丽乡村建设指南[S]. 中华人民共和国国家标准，2015.04.29.

年国家"十三五"规划纲要(第三十六章《推动城乡协调发展》)中明确要加快美丽宜居乡村建设,"加大传统村落和民居、民族特色村镇保护力度,传承乡村文明,建设田园牧歌、秀山丽水、和谐幸福的美丽宜居乡村。"①

但现实中,时常出现"新农村建设"与"美丽乡村建设"同时进行的状态,很多村民乃至地方官员甚至不少学者也经常搞不清楚二者概念的区别与联系,以至多头领导、管理混乱、重复建设现象频发。美丽乡村建设"实际上就是新时期的社会主义新农村建设。可以理解为,生态文明加社会主义新农村建设"②。因此在美丽乡村建设中生态问题被尤为关注。这里生态不仅是可见的自然生态,还包括蕴含于农耕文化中的文化生态;美丽乡村建设也可以解读为对自然生态与文化生态"一支两脉"的传承与发展,即文脉、绿脉。在乡村环境设计中也自然呈现出"文脉设计"与"生态设计"的理念。

在乡土中国阶段,中国人以土为生,道家、儒家建立了与自然与社会的密切关系。其中最为核心的理念是"天人合一"的审美理想。道家是"遁世"的,"天人合一"合在自然上,强调人要遵循自然规律,在乡村聚落及建筑的营建上表征为顺应自然环境,因地制宜,就地取材,人力服从于自然力;儒家是"出世"的,"天人合一"合在人上,强调社会秩序的建立,在乡村聚落与建筑的营建上就强调秩序性、伦理性、社会性。比如主次分明、内外有别、男女有序等理念。中国人受"安土重迁""落叶归根"的集体意识影响深刻,虽然在今天乡民陆续离开乡村进城谋生,但他们仍然关注着自己的家乡,在记忆中一直保留着故乡的印记。当他们或回乡探亲,或回乡创业,或回乡养老,总希望能再见到记忆中的故地,这里就涉及自然环境的存续,传统文化的复兴。美丽乡村建设紧紧抓住文脉延续、绿脉建设的核心目标,将乡村生态保护与经济开发紧密结合,勾勒出生动的美丽乡村画卷。

对于这种变化我们回顾2005年评选的"中国十大名村"和2013年以后评选的"中国十大最美乡村"名单(表1-2-2)就可清晰明了。通过对比便知"美丽乡村建设"是新时代新农村建设中探索出的新模式。安徽凤阳的小岗村在1978年底率先实行"包产到户",获称"中国农村改革发起村"的殊荣;毛泽东号召"农业学大寨"赋予山西大寨村以浓厚的政治色彩和精神楷模;华西村、福保村等因为经济实力雄厚获称"天下第一村""云南小康示范第一村"等称号。可见2005年对中国十大名村的评价标准旨在突出经济性和政治性。然而

---

① 共产党员网:中华人民共和国国民经济和社会发展第十三个五年规划纲要(2016-2020)https://www.sogou.com/link?url=DS0YnZeCC_rmBUojgck9jdy1jawBZry_IRq9KFHewKvcJs0iDtbVLg.
② 刘源源. 农业部"美丽乡村建设办公室"主任玉栋解读"中国美丽乡村",央广网,2015.08.21.

"美丽乡村"建设的评价标准应时代之需发生了巨变，实现了由追求物质满足转向文化精神，无疑突破了经济性、政治性的局限，向着生态性、文化性、创新性转变，追求生态、宜居的乡村人居环境。因此根据美丽乡村建设的特征，在乡村环境设计中不仅要保持乡村的生态之美，还要延续乡村的人文之美，不仅要传承优秀传统文化，也要展示现代文化风采。只有这样美丽乡村建设才能继续成为实现乡村振兴战略的重要发展模式。

2005年"中国十大名村"与2018年"中国十大最美乡村"对比　　表1-2-2

2005年第五届全国村长论坛	特征	2018年美丽乡村博鳌国际峰会	特征
"中国十大名村"		"中国十大最美乡村"	
安徽省凤阳县小岗村	突出经济产值，政治影响力，追求的是物质文明的极大满足	海南省琼州市博鳌镇沙美村	突出生态环境保护，传统文化传承，追求宜居、宜游、宜养、宜业的目标
江苏省江阴市华西村		陕西省咸阳郴州市太峪镇拜家河村	
山西省昔阳县大寨村		河南省巩义市竹林镇长寿山村	
河南省临颍县县南街村		山西省长治市上党区振兴村	
北京市房山区韩村河村		四川省成都市甘溪镇明月村	
上海市闵行区七宝镇九星村		广西壮族自治区柳州市百朋镇怀洪村	
浙江省东阳市花园村		江西省赣州市大余县黄龙镇大龙村	
江西省南昌市湖坊镇进顺村		江苏省常州市金坛区仙姑村	
浙江省奉化市腾头村		重庆市南川区大观镇金龙村	
云南省昆明市官渡区福保村		安徽省宿州市泗县泗城镇彭浦村	

（图表来源：作者自绘）

2. 田园综合体

2017年中央一号文件中"田园综合体"作为一种新的发展业态被提出："支持有条件的乡村建设以农业合作社为主要载体，让农民充分参与和受益，集循环农业、创意农业、农事体验于一体的田园综合体，通过农业综合开发、农村综合改革转移支付等渠道开展试点示范。"田园综合体理论虽然还不成熟，但基本形成了自己的概念、特征、设计理念、设计策略，在全国的乡村建设中产生广泛影响。

与田园综合体相似的模式有"建筑综合体""城市综合体""旅游综合体""农业综合体"。"××综合体"是一种功能集群、运营策略模式，"田园综合体"是这种模式在乡村领域的运用，是新农村建设过程中探索出的以发展多元业态为亮点的新的模式，能够有效促进城乡融合发展。因此对于田园综合体，主要从

"多元业态""运营策略""城乡融合"三个角度来分析。多元业态即是综合性的体现,表现为集现代农业、休闲旅游、田园社区于一体,实现第一、二、三产业融合发展,追求生产、生活、生态空间的"三生和谐"。"田园综合体按照层次可分为:核心产业、支撑产业、配套产业、衍生产业"(表1-2-3)。

田园综合体的产业链层级类型　　　　　　　　　　表1-2-3

层级类型	内容	产业类型	关系
核心产业	以农为本的产业	一产	三产融合
支撑产业	支持农产品研发、加工、推介和促销的产业	二产	
配套产业	为创意农业创造服务环境和氛围的产业	三产	
衍生产业	以特色农产品和农业创意文化成果作为要素投入的产业		

(图表来源:雷黎明. 广西田园综合体建设的思考与探索[J]. 当代农村财经,2017(8):48-53.)

从运营策略看,"田园综合体"是一种以企业为主体,以市场机制介入乡村的商业运营模式。"田园综合体是以企业和地方政府合作的方式,在乡村社会进行的大范围综合性规划、开发、运营,形成的是一个新的社区与生活方式,是企业参与的'农业+文旅+居住'综合发展模式"[1]。通过商业的设计、运作,在市场机制作用下,将城市资本与乡村资源结合,拓展多元业态,挖掘乡村消费市场,吸引城乡居民到乡村体验乡土文化、乡村生活,盘活乡村,使各利益代表方都能获取利润的一种乡村经济发展模式。

城乡融合是新时代"城乡中国"下最显著的特征。田园综合体的目标之一就是通过城市与乡村间资源流动,带动乡村建设的一种商业模式。从城乡融合的角度分析,田园综合体既能吸引城镇精英到此创业,也能吸引市民到此消费,既能留住年轻人建设家园,也能吸引离村的乡民返乡创业。田园综合体的最终目的是将乡村打造成能满足城乡居民宜居、宜游、宜业的理想家园。

按照田园综合体设计思路,基础设施的完善,能为人们提供现代化的生活环境;新业态的不断拓展升级,使农民增产增收,形成综合的产业链;乡村功能的转化,由单一的粮食生产转向集生产、加工、销售为一体的多元功能;生态环境的改善,延续文脉,保护绿脉,建设诗意的宜居家园。乡村价值由单一、低层次向着多元、高层次的经济、生态、文化、美学等方向转变(表1-2-4)。

---

[1] 林峰等. 乡村振兴战略规划与实施[M]. 北京:中国农业出版社,2018:379.

田园综合体的设计理念转向　　　　　　　　　　表1-2-4

内容	目标转向
基础设施的完善	为城乡居民提供现代化的便捷生活环境
新业态拓展升级	使农民增产增收，形成综合的产业链，加强产业的体验性
乡村功能的转化	由单一的粮食生产转向集生产、加工、销售为一体多元功能
生态环境的改善	延续文脉，保护绿脉，建设诗意的宜居家园
乡村价值的提升	由低层次向着多元、高层次的经济、生态、文化、美学等方向转变
运营模式的升级	由单一的农业运营向着"农业、文旅、地产"的综合结构升级

（图表来源：作者自绘）

"田园综合体"作为深化新农村建设、实现乡村振兴、促进城乡融合发展的一种模式或者新路径，有着自己的一套设计策略。从城乡融合的时代背景切入，以"主客统一"的设计理论为基础。从客体看，乡村最具价值的资源是乡村农业、乡土文化，主体是城乡居民。主客统一背后的逻辑即是城乡融合。对于消费主体，不再满足走马观花的观光游，而是要获得深度参与的体验游。从客体看则是要以生态农业、可持续农业为核心，围绕传统农耕文化与现代文化的融合，赋予农业文化创意。所以概括起来，田园综合体的设计策略是以生态农业为核心，创意农业为特色，深度体验为宗旨。也有学者进行了更为深入的总结，提出"以农业生产体系构建为基础，以'农业+'产业体系构建为核心，以农事休闲体验为带动，以生态体系及配套服务体系构建为保障，以新型农业经营体系为载体，以综合开发为主要手段"的田园综合体的设计策略[①]（图1-2-7）。

3. 特色小镇建设

"特色小镇"是在城乡中国的新时代背景下，由国家主导培育的大力推进新型城镇化的发展策略和深入推进新农村建设的重要举措，是城乡融合发展的重要连接平台。特色小镇的建设云南走在全国前列，2011年云南省率先颁布《云南省人民政府关于加快推进特色小镇建设的意见》，浙江紧随其后，提出创建特色小镇。2016年7月国家发布《关于开展特色小镇培育工作的通知》，计划到2020年培育1000个特色小镇。2016年10月国家发改委发布了《加快美丽特色小（城）镇建设的指导意见》，在国家、地方政策的大力支持，社会各界的积极参与下，特色小镇建设发展迅速，已经成为新农村建设，实现乡村振兴的重要平台。

---

① 林峰等. 乡村振兴战略规划与实施［M］. 北京：中国农业出版社，2018：385-387.

图1-2-7　无锡田园东方（图片来源：裸蓝建筑提供）

这里谈的"特色小镇"不是行政单元，是有别于建制的小城镇。我国的"镇"在历史上经历了一系列内涵的演变。"镇"最早出现于北魏，是一种军事聚落，到了宋代一些军事聚落的贸易逐渐繁荣，承担军事功能的镇逐渐转化为以满足商业功能的市镇或集市，慢慢地演化为县以下一级的行政建制，直到今天"镇"仍然是指我国最低的行政层级。特色小城镇由建制镇发展而来，"以传统行政区划为单元，特色产业鲜明、具有一定人口和经济规模"。而特色小镇不是建制镇、不是产业园区，"是一个技术、产业和社区的集聚平台：按照创新、协调、绿色、开放、共享发展理念，融合产业、文化、旅游、社区功能于一体。"[1]（表1-2-5）

自2016年以来特色小镇建设发展迅速，到2018年已经公布两批403个国家级特色小镇，96个国家级休闲运动小镇。作为助推乡村振兴、新农村建设，实现农业、农村现代化的发展模式，国家和人民抱以极大的希望。在国家政策支持力度不断增加的背景下，特色小镇建设持续升温，出现了不少成功的案例，比如浙江西湖艺创小镇、杭州云栖小镇、嘉兴乌镇等。但一些地方冒进开发，缺乏前期研究与规划，建设水平参差不齐，同质化严重，房地产化明显，盛名之下其实难副，产生了较大的负面社会舆论。比如2018年互联网推送了一篇名

---

[1] 周武忠. 新乡村主义——乡村振兴理论与实践[M]. 北京：中国建筑工业出版社，2018：327.

特色小镇与特色小城镇的区别　　　　　　　　　　　　　　表1-2-5

	特色小镇	特色小城镇
概念	聚焦特色产业、新兴产业，集聚发展要素，不同于行政建制和产业园区的创新创业平台。特色小镇是相对独立于市区，具有明确产业定位、文化内涵、旅游和一定社区功能的发展空间平台	以传统行政区划为单元，特色产业鲜明、具有一定人口和经济规模的建制镇。一般指城乡地域中地理位置重要、资源优势独特、经济规模较大、产业相对集中、建筑特色鲜明、地域特征突出、历史文化保存相对完整的乡镇
主管单位	国家发展和改革委员会	住房和城乡建设部
提出背景	经济转型升级，城乡统筹发展，供给侧结构性改革	新型城镇化建设，新农村建设
面积大小	规划面积控制在3平方公里以内（建设面积控制在1平方公里以内）	整个镇区（一般为20平方公里）
产业类型	信息技术、节能环保、健康养生、时尚、金融、现代制造、历史文化、商贸物流、农林牧渔、创新创业、能源化工、旅游、生物医药、文体教育	商贸流通型、工业发展型、农业服务型、旅游发展型、历史文化型、民族聚居型
建设路径	政府引领、企业主体、市场化运作	政府资金支持、城乡统筹、规划引领建设
属性	强调经济性、产业性，产业是特色小镇的命脉	注重公共性、社会性；体现在基础设施、小城镇配套、居民公共服务等方面

（图表来源：作者自绘）

为《2018年中国特色小镇死亡名单》，一时间引爆舆论，将特色小镇建设推上了舆论的风口浪尖，遭到网民绝对数量的口诛笔伐。行业内部其实已经意识到问题的严重性，并引起政府部门的关注，2017年12月发改委等部门联合发布《关于规范推进特色小镇和特色小城镇建设的若干意见》，紧接着2018年5月国家发改委发布《关于建立特色小镇和特色小城镇高质量发展机制的通知》，强调特色小镇严格申报，有序发展。对于不达标的"问题小镇"，如存在房地产化倾向、政府债务率高于100%、特色不鲜明、潜力有限、破坏环境、规划不到位等问题的小镇要逐渐淘汰。可见，国内特色小镇建设状况仍是喜忧参半，但它作为新农村建设、城镇化发展，实现乡村振兴的重要举措，必将在未来发挥着积极作用，因此对于存在的问题，要加强政策引领及监督力度，切忌急功近利，强化前期研究，突出规划设计的重要性。

根据特色小镇的内在属性，其规划设计理念应紧紧围绕地域特色、支撑产业、功能多元来进行。特色小镇建设首先要考虑"特色"问题。中国地域广阔，各个地方特色各异，自然特色小镇也应呈现不一样的地域品格。然而从当前的现状看，前期研究不足，数量过多，同质化现象仍十分严重。在2016年文件中明确到2020年培育1000个左右的特色小镇，但现在除了国家公布的403个外，地方各级政府纷纷上马，数量多了质量就难以把控。从属性看，当前的特色小镇以文旅小镇为主，背离了"特色"初衷。在最初文件中培育的是"富有活力的休闲旅游、商贸物流、现代制造、教育科技、传统文化、美丽宜居等特色小镇"，而文旅小镇是以吸引消费为主，与乡村旅游很相近，很难成为持续发展的支撑产业。但特色小镇吸引消费只是一部分，更主要的还是以特色小镇为平台培育新的支撑产业，尤其是涉及科技、教育的高精尖产业小镇，探寻新的消费领域。通过调研发现，中西部地区的很多特色小镇其实就是空壳，虽看重建筑设计，但普遍缺乏产业规划，更像是一个地产项目。中西部科技教育能力有限，从产业看，主要以农业小镇、宜居小镇、旅游小镇为主。陕西咸阳袁家村以休闲农业、乡村旅游为主题被打造成为西北地区的一个成功典型（图1-2-8）。东部地区在大城市郊区多侧重发展科技小镇、教育小镇、产业型小镇等，如杭州的云栖小镇以云计算大数据及相关衍生产业为核心真正走出特色之路（图1-2-9）。从功能看，特色小镇是多元的，不仅是宜业的产业空间，还是宜居的生活空间、宜游的生态空间、宜商的商业空间、宜教的文化空间，人们能很好地生活于此、工作于此，物质生活与精神需求都能得到较好地满足。

图1-2-8 陕西咸阳袁家村（图片来源：孙博闻拍摄）

图1-2-9 杭州云栖小镇（图片来源：网络）

4. 三种乡建模式小结

前述从缘起、概念、特征、现状、存在问题、规划思路、设计策略等方面就美丽乡村建设、田园综合体、特色小镇进行了归纳和分析。这三类乡建模式都是在新时代背景下实现社会主义新农村建设与乡村振兴，促进城乡融合发展的重要举措，在未来相当长的时间内这些措施还将继续存在，只是会根据变化的实际不断地调整，有共性，也有侧重。虽然都是以乡村空间为载体，农业为基础，但出发点不同，其定位、服务对象、目标也有差异。美丽乡村强调生态保护、文化传承，以乡村生活为主兼有现代农业、休闲体验，为城乡居民创造高品质的生产、生活、生态空间；田园综合体是以企业为主体，以城乡居民为服务对象，是以盈利为目的，融"农业、文旅、地产"为一体的商业开发模式；特色小镇不是行政建制，不同于小城镇，是以政府、企业为主体，以培育富有活力的休闲旅游、商贸物流、现代制造、教育科技、传统文化、美丽宜居等产业为目标，重点在找准地域特色，正确定位支撑产业，创建一个宜业、宜居、宜游、宜商、宜教的多功能人居空间（表1-2-6）。

新农村建设过程中探索的多元乡村发展模式异同比较　　　　表1-2-6

		美丽乡村	田园综合体	特色小镇
不同点	实施主体	政府、村民	企业	政府、企业
	产业定位	现代农业、休闲体验	农业、文旅、地产	休闲旅游、商贸物流、现代制造、教育科技、传统文化、美丽宜居
	服务对象	城乡居民	城乡居民	城乡居民
	发展目标	生态建设、延续文脉	生态建设、商业运作、盈利为目的	地域特色、支撑产业、多功能空间
	规模大小	一般为行政村区域	一般较大	规划面积约3平方公里
相同点	①新时代背景下实现社会主义新农村建设、乡村振兴，促进城乡融合发展的重要举措 ②在未来相当长的时间这些措施还将继续存在，会根据实际的变化不断地调整 ③都是以乡村空间为载体，农业为基础，服务于城乡居民			

（图表来源：作者自绘）

（五）乡村振兴战略全面开启城乡融合发展

2017年10月18日，党的十九大报告明确提出"实施乡村振兴战略"，并将其列为决胜全面建成小康社会的七大战略之一。乡村振兴战略是相比以往新农村建设、美丽乡村建设、田园综合体、特色小镇更具全局性、高瞻性、创新性，是党和国家在新的经济发展阶段做出的战略选择，是对以往乡村建设政策高屋建瓴的总结，也是未来乡村发展的行动纲领。

在党的十九大报告中乡村振兴战略的总方针是坚持农业农村优先发展，总要求是产业兴旺、生态宜居、乡风文明、治理有效、生活富裕，制度保障是建立健全城乡融合发展机制。2018年是实施乡村振兴的开局之年，在2018年中央一号文件印发了《关于实施乡村振兴战略的意见》，2018年的政府工作报告中再次强调要抓好决胜全面建成小康社会三大攻坚战，大力实施乡村振兴战略。2018年两会期间，习近平总书记参加山东代表团审议时提出乡村"五个振兴"，进一步深化了乡村振兴战略的内容。2018年7月由国家发改委牵头起草的国家《乡村振兴战略规划（2018—2022年）》已经颁布，随后全国各地方陆续编制地方乡村振兴战略规划，乡村振兴成为全国各级政府、各族人民共同关注的重大战略，乡村发展迎来了一个新时代。

1. 城乡关系博弈："离"与"融"

毋庸讳言，中国长期实行的城乡二元体制，导致城乡差距越来越大，中国的"不平衡不充分发展"除了东、中、西部的"三级阶梯式"差异外,就是城市与乡村的二元隔离。改革开放以来,中国城镇化迈入炽热化发展期,在市场机制作用下,乡村的人口、资源等要素以单向为主逐渐流向城市,乡村不断地被城市"抽空",逐渐出现了乡村的空巢化、空心化、空废化现象。传统的"农耕经济"式微,"打工经济"崛起,很多乡村呈现"农耕经济"与"打工经济"并存的格局,甚至一些地方"打工经济"代替"农耕经济"成为村民的主要生计来源,土地被抛荒,宅基地被闲置,房屋空置率居高不下。留守乡村的主体以"老幼病残"为主,乡村与城镇的差距越来越大。城乡自古以来都是相互补充的,乡村衰落的趋势如不加以遏制,必将阻碍我国全面建成小康社会,阻碍城镇的全面、长远发展。

在城乡差距逐渐成为显性问题的同时,也蕴含着融合的趋势,而且"城乡二元隔离"与"城乡一体融合"呈此消彼长的关系。2005年国家实施社会主义新农村建设战略以来,国家以政府行政力量不断地在政策、资金、人才、技术等方面给予乡村扶持。虽然这种方式有些被动,但客观上促进了城市要素流向乡村,开启了城乡之间的融合。2013年"美丽乡村建设"首次在国家文件中出现,以及之后的田园综合体、特色小镇等乡建模式的陆续出台,表明城乡关系中的"融"在不断增加,"离"在缩小。乡村振兴战略中城乡融合发展的明确提出,说明城乡融合迎来了全面发展期。根据城乡关系演变中的博弈态势,城乡的差距在未来相当长的时间内还将客观存在,但城乡融合发展是未来的必然走向。

2. 城乡融合发展下的乡村重构

长期以来,我们习惯将乡村问题等同于"三农"问题,但在城乡融合发展下,"三农"思维会制约我们全面深入地看待乡村问题。因为乡村产业不等于农业,农民也不是乡村居民,农村不是乡村。在城乡融合发展下,各种新业态被培育发展,比如加工业、智能业、娱乐业、旅游业、餐饮业、民宿业等,不再是"乡土中国"下以农业为主兼手工业的经济结构,而是多元化的乡村产业体系,农业仅是乡村产业体系中的一类。在这些产业体系中一、二、三产融合发展,农业是基础,可在此基础上发展农产品加工业,以农业、加工业以及乡村其他资源为基础可以大力发展第三产业,如此形成良性循环,形成产业创新融合的新态势。乡村产业的多元化伴随的是乡村主体的重构。在"乡土中国",乡村主体是以农业为生的农民,在城乡融合下,城乡居民在空间上不断地交换,农民进城成为"城市人","城市人"下乡成为"新乡民",其中也包括离乡又返乡的农民。这些"新乡民",有的是投资创业、有的是休闲养老,有的是短期旅游，有的是社区营造等，他们共同形成乡村新的人口结构。伴随着产业、人口的变化，乡村的文化属性、组织结构、治理模式、生活方式，乃至村落的建筑形态、空间布局、村落风貌、生态环境等方面都面临着全面重构的可能。

此时，乡村重构的内容将是一切乡村环境设计研究与实践必须要考量的，也只有如此，乡村环境设计才能与时俱进，才有前瞻性。所以乡村规划师、建筑师、环境设计师甚至艺术家在介入乡村振兴，对乡村谋篇布局时，都要摆脱"三农"思维的影响，以城乡融合发展的超前视野来看待乡村设计。

第三节 乡村文化振兴与乡村环境设计研究回顾

一、乡村文化振兴的发展演进

"乡村文化振兴"的提出并非偶然，而是在漫长乡建实践演进中的质变结果。其渊源可以追溯至20世纪的"乡村复兴运动"，在经历了新中国成立后长期的"农村文化建设"，到2018年3月8日习近平主席提出包括乡村文化振兴在内的"五个振兴"，标志着"乡村文化振兴"研究伴随着乡村振兴战略的相关理论研究进入爆发期。

（一）乡村复兴到乡村振兴的世纪跨越

"乡村文化振兴"作为新时期"乡村振兴战略"的重要组成部分，虽然提出的时间仅三年，但这个概念最早可追溯至20世纪20~30年代，当时中国乡村的政治、经济、文化、教育等各领域出现了前所未有的危机。在这样的背景下，乡村复兴思潮涌动，有识之士认为应从中国传统文化及近代西方文化中汲取资源以实现乡村复兴。由于全面抗战的爆发，抗日救亡图存思潮替代了乡村复兴思潮[1]。历史过去近100年，中国走上了繁荣富强之路，政治、经济、社会、文化、生态"五位一体"得到全面发展。党和国家站在新的时代高度，基于城乡融合发展，全面建设小康社会的时代需求，高瞻远瞩地提出"乡村振兴

---

[1] 刘峰. 20世纪30年代农村复兴思潮研究[D]. 长沙：湖南大学，2015.

战略",并指明了乡村文化振兴是乡村振兴的精神保障。相比较百年前,今天所处时代、周边环境、经济基础、文化氛围、国家力量等方面皆不可同日而语,但"乡村复兴"中关于乡村文化的许多内涵仍然值得"乡村文化振兴"继承并发扬,如对传统文化、乡风、乡贤的重视。

(二)农村文化建设向着乡村文化振兴转变

党和国家对农村文化的关注从未偏废过。这从国家"三位一体"到"五位一体"的总体布局演变就可以看出"文化建设"始终是党和国家治国理政的重要内容。但相对"三农"问题,农村文化建设的落实度疲弱,以致出现"文化说起来重要,做起来次要,忙起来不要"[①]的窘境。但近些年文化建设在乡村建设实践中被越来越重视,不论是新农村建设,还是乡村振兴战略的总体要求都明确提出"乡风文明"。2018年中央一号文件从思想道德、优秀传统文化、公共文化建设、移风易俗四个层面对乡风文明提出指导意见[②]。在《乡村振兴战略规划(2018—2022年)》第七篇也明确提出"繁荣发展乡村文化"。乡村振兴应是文化建设先行,因此乡村振兴首要的是文化振兴,这意味着对乡村文化振兴的重视进入新的时期。

(三)乡村文化振兴的爆发式研究

继乡村"五个振兴"提出后,专家学者展开了不同视角的研究,在不到一年的时间出现了一批有深度、广度、创新性的研究成果,乡村研究进入爆发式研究期(图1-3-1)。概括起来乡村文化振兴的研究涉及文化发展政策、文化振兴的建设思路与基本路径、文化供给侧改革、乡贤文化的重建困境与路径等内容[③④⑤⑥⑦]。以上研究成果主要集中于人文社科类学者,其研究的内容相对较为宏观,虽然角度不一样,但都试图为乡村文化振兴给出指引性建议。

---

① 刘彦武. 乡村文化振兴的顶层设计:政策演变及展望——基于"中央一号文件"的研究[J]. 科学社会主义, 2018 (3).
② 本书编写组. 中共中央国务院关于实施乡村振兴战略的意见[M]. 北京:人民出版社, 2018.
③ 倪国良, 张世定. 乡村振兴中乡村文化自信的重建[J]. 新疆社会科学, 2018 (3).
④ 赵秀玲. 乡村振兴中的文化发展向度[J]. 东吴学术, 2018 (2).
⑤ 徐勇. 乡村文化振兴与文化供给侧改革[J]. 东南学术, 2018 (5).
⑥ 李文峰, 姜佳将. 老区与新乡:乡村振兴战略下的文化传承与反哺[J]. 浙江社会学, 2018 (9).
⑦ 邓坚. 乡村振兴战略背景下新乡贤文化建设的困境与途径[J]. 学术论坛, 2018 (3).

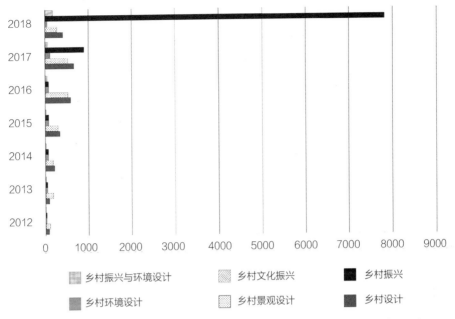

图1-3-1 相关乡村主题研究对比（2012—2018）（图片来源：作者整理，岳梓豪改绘）

二、乡村环境设计的相关研究

（一）乡村环境设计研究的回顾

1. 乡村环境设计中文化重要性研究

为了对抗全球化、现代化、城镇化对乡村文化的浸淫，在乡村环境设计的理论研究和实践过程中地域文化被不断强调，重视乡土文化的地域主义、文脉主义等已成为设计界强劲的潮流。概括起来有基于艺术视角探讨乡建的内生动力、在乡建实践中回归传统建筑文化、在美丽乡村建设中兼顾乡村的自然特质和人文特质双重属性[1][2][3]。从当前乡村环境设计的理论研究及实践可知，乡村环境设计的文化属性已逐渐受到重视。

2. 乡村规划设计策略的研究范式

从实践领域看，关于乡村的规划设计策略研究是随着"城乡一体化""城乡

---

[1] 程慧福. 北戴河艺术村环境共生与景观塑造策略研究[D]. 秦皇岛：燕山大学，2016.
[2] 向雷. 传统建筑文化的回归——当代青年建筑师乡村建筑实践研究[D]. 南京：南京工业大学，2013.
[3] 王勇，郭锋. 基于民族传统文化的美丽乡村环境设计研究[J]. 设计艺术研究，2015（2）.

融合发展"提出而集中出现的。从研究成果的学科归属来看,主要是基于建筑类的传统范式研究。如基于新乡村主义,从美丽乡村建设、乡村景观旅游、田园综合体、农业特色小镇等几个方面系统的探究了乡村振兴理论与实践①。基于乡土再造视角从自然、建成、文化的角度探索乡建的核心价值等。②有的从长期的乡村规划设计实践活动中不断地进行理论总结,探讨乡村振兴的本质、政策、规划与行动纲领,阐述现代农业与休闲农业、村庄规划与乡村旅游、乡村综合开发与田园综合体的关系③以上论著中都提出许多切实可行的乡村规划设计方法、设计策略。从宏观、中观、微观角度的不同领域展开了论述,对于今后乡村环境设计有重要的参考价值。

3. 文化振兴视角下乡村环境设计专题研究

通过梳理文献发现,相对于建筑学而言,基于环境设计专业所展开的国内乡村环境设计理论研究成果较为鲜见。部分成果如:结合中国慢文化探索出适宜中国国情的乡村慢城模式,并运用到乡村环境设计实践中④;有从美丽乡村建设视野探讨乡村建筑环境的改造设计方法⑤;还有基于设计价值和理念等角度提出乡村人居环境设计改造的指导意见等方面⑥。有学者试图构建一种基于当代视角的传统乡村文化传承、改造与景观建设的新型认识和思考模式⑦。从研究成果来看,虽然出现了明确的乡村环境设计专题,但从研究方法、研究内容来看,这些成果从深度、广度、系统性都有待进一步拓展和完善,与传统的建筑学类研究范式区别并不明显,仍然没有形成自己独立的学术体系。

(二)乡村环境设计研究的反思

作为"五个振兴"之一的乡村文化振兴虽然被定义为乡村振兴的精神保障。但由于文化振兴周期长、见效慢,相对而言呼吁的多,行动的少。从乡村规划设计角度来看,主要还是延续以建筑学类的传统研究范式,从环境设计角度进行专门系统的研究成果还很少。这也预示着本研究的空间潜力巨大。通过文献调研并结合实例分析,笔者认为当下国内乡建研究主要在五个方面值得商榷:

---

① 周武忠. 新乡村主义——乡村振兴理论与实践 [M]. 北京:中国建筑工业出版社,2018.
② 本书编委会. 乡土再造——乡村振兴实践与探索 [M]. 北京:中国建筑工业出版社,2018.
③ 林峰等. 乡村振兴战略规划与实施 [M]. 北京:中国农业出版社,2018.
④ 宁晓敏. 基于北戴河村的乡村慢城模式和环境设计研究 [D]. 秦皇岛:燕山大学,2016.
⑤ 孟瑾. 美丽乡村建筑环境设计研究 [D]. 石家庄:河北科技大学,2017.
⑥ 黄兆成. 乡村传统民居环境设计改造与保护略谈 [J]. 创意设计源,2016(6).
⑦ 聂影. 乡村景观重构与乡村文化更新 [J]. 创意与设计,2019(6):12-24.

第一，乡村环境设计的逻辑基点的探讨。乡村设计作品是要体现时代特征、社会结构的，但在分析时往往浮于表面，如"城镇化""工业化""空心化""慢乡村""乡村游"等。本书认为应该从社会结构变迁的深度来思考这些现象的出现，并将之确定为乡村环境设计的逻辑基点。乡村环境设计的逻辑基点应该立足于"城乡中国"的实际。逻辑基点的确立目的是打破当下乡村"就设计论设计"的局限性、浅根性，打破乡村设计理论研究的分散性，为系统性研究寻找"支点"。在稳固的"支点"上探索"慢乡村设计""空心化改造设计""乡村旅游规划设计"等实践与理论研究，方能彰显其内涵的深厚性。

第二，从学科角度看，乡村设计多数以建筑学、城乡规划学、风景园林学为切入点，侧重技术、功能、个案研究，弱化整体环境的生态性、文化性和精神性，研究视野受限，成果在深度、广度、系统性方面有待完善。目前出版不多的一些涉及环境设计方面的乡建书籍，基本上以普及性读物或者乡村实例汇编为主，在内容上欠缺系统性、学术性。基于目前所掌握的资料国内鲜见与本研究内容相一致的学术性较强的论文或著作。

第三，从研究思路看，现有的众多研究成果与乡村振兴中的文化振兴、生态振兴结合得不够紧密，与"生态宜居""传承乡土文化"的要求不相符。这主要源于乡村建设延续"城市化"思路惯性所致。最常见的便是将城镇建设、城中村改造的经验粗暴地移植到乡村建设中，这样的研究思路直接导致实践领域对城市经验的移植。

第四，从乡村规划设计实践看，国内现阶段某些"新农村建设""美丽乡村""特色小镇"等建设存在着再造新村、过度商业开发、攀比趋同、泛旅游化等现象，导致与之相关联的环境设计严重脱离当地的地域性，传统乡村文化被漠视、被误读、被肢解、被扭曲。片面注重单体的乡土建筑和片段的历史景观，而忽略了乡村的整体性设计，致使乡村风貌不统一，"千村一面"现象突出（图1-3-2）。

第五，从研究内容的侧重点看，在利益驱使、跟风导向下，当下乡村建设大多针对"明星村落"进行理论研究与设计实践，相对于中国海量的普通乡村，这仅是极小的一部分。这样的做法不利于乡村的全面发展，只会加剧乡村发展的不平衡不充分，更与城乡融合发展的大趋势背道而驰。因此要通盘考虑中国的乡村分化问题。从发展进程和地理区位来看，我国乡村分化为城中村、城郊乡村、偏远乡村；从价值看，又可分为传统村落和普通乡村。根据乡村的分化问题，分类型、有针对性地提出相应的设计策略。现在城中村已经纳入城市管理范畴，不作为本书关注的重点。城郊乡村作为城乡融合发展的最优区域，也

图1-3-2　单调无趣的乡村景观（图片来源：作者自摄）

是市场偏好的区域，而偏远乡村数量众多、体量巨大，其发展成功与否更是乡村振兴的关键所在。

　　文化是乡村振兴的灵魂所在，"乡村文化振兴"是乡村振兴战略的重要组成部分。文化振兴视角下乡村环境设计研究是"城乡中国"下国家发展与专业结合的具体体现。在经历了乡村复兴运动到乡村振兴的世纪跨越，走过农村文化建设到乡村文化振兴的历程，乡村文化振兴研究迎来了自己的时代。虽然乡村研究已进入繁荣时期，也已取得一定成绩，但与环境设计结合的乡村研究仍然处于起步阶段，学科的研究视野与研究深度有待进一步拓展和深化。

第四节 乡村环境设计研究取向

　　通过对文化振兴视角下乡村环境设计现状的评析，作者认为本研究还尚处于起步和探索阶段，从环境设计专业角度尚未建立起自己的学术话语体

图1-4-1 日本岐阜县合掌村（图片来源：网络）

系，研究思路及实践范式受城市化思维影响深刻，并未形成自己明确的研究内容。

　　事实上，上述国内乡建中存在的各种问题，在国外学界的理论和实际层面都积累了一定的成功经验。日本在乡建过程中就比较成功地解决了城镇化与乡村特色保持这一尖锐的矛盾，如岐阜县白川乡合掌村通过文脉延续，对具有数百年历史的茅草屋环境进行保护性设计，使之成为世界闻名的原生态美丽乡村（图1-4-1）；地广人稀的北欧乡村，则充分考虑农民既能享受现代文明，又在整体环境设计中充分展示乡村魅力等方面作了深入探索（图1-4-2）。但这些发达国家的成功实践都是建立在其特定的社会历史背景之下的，我们不能全盘照搬，也不是简单地刻意恢复乡村的原始状态，而是有选择性地吸收并结合我国的基本国情，结合学科的发展现状探索一条具有中国特色社会主义文化振兴的乡村环境设计之路。因此这里从宏观层面提出本书研究的未来发展取向。

图1-4-2　北欧挪威峡湾地区的乡村环境（图片来源：作者自摄）

一、剖析中国乡村环境设计面临的社会结构变革

自2003年国家提出"统筹城乡发展"以来，实施了"新农村建设""美丽乡村建设""特色小镇建设""田园综合体"等多种建设模式，国家在资金、政策、技术上都给予了巨大的投入。不同层次的研究机构、设计团队为乡村建设做出了各种类型、不同层面的建设方案，但乡村的无序发展仍然在进行，乡村的衰败仍然没有得到遏制，部分乡村仍然面临着"政府不断投入，市场不断抛弃"的窘境。虽然很多专家学者积极寻找良方，但似乎收效甚微，仍未能找到问题的源头，以致于在实践领域出现"头痛医头、脚痛医脚"的现象。当前国内众多乡村的规划或设计方案要么还停留于"乡土中国"理念，未顾及时代的变化，主观追求还原乡村的浪漫诗意；要么继续承袭城市化思维，漠视乡村本体特质。笔者认为，社会结构变革是问题产生的根源，我们应该深度剖析我国的社会结构演变，并确定当前社会结构的特征，以此为逻辑基点，乡村的各类环境设计方案才能有一个稳固的根基。根据中国人民大学刘守英教授的观点，中国已经告别"乡土中国"，进入"城乡中国"，"城乡中国"最大的特征就是"城乡融合发展"，未来相当长的时间段内，中国将处于这样的状态。"乡村环境设计"要想摆脱片段式的城乡规划、景观设计、建筑设计的老路，首先要对当下社会结构变革进行深度剖析。

二、建构乡村环境设计的学术话语体系

乡村振兴战略是全面复兴乡村、全面建设乡村,需要众多不同学科、不同专业、不同行业长期持续地投入,其中环境设计相对建筑学、风景园林学、城乡规划学涵盖面更广,视野更为开阔,具有"大设计"的思维逻辑。因此环境设计能够以整体、系统的眼光看待乡村人居环境改善,建设宜居家园。但我们要意识到当前乡村环境设计之所以没有引起足够重视,在乡建中话语权微弱,与研究成果散、少、浅不无关系。因此从文化振兴视角切入,挖掘乡村深厚的文化内涵,在环境设计中使作品或研究成果具有一定"分量"。只有这样,环境设计专业在未来乡村振兴与发展规划建设中才能被认可,被委以重任。因此本书强调在传承乡土文化的前提下,从环境设计的角度,研究乡村建设的有关问题,并借此确立乡土文化在实施"乡村振兴战略"建设中的地位,进一步完善乡村环境设计的理论体系。从这一角度上来讲,本课题既有助于专业学科建设,也契合新时代的乡建需求。

三、搭建乡村环境设计研究的内容

中国乡村数量众多,分布广泛,经历了改革开放后四十余年的社会发展变革,中国乡村不可逆地走向分化:一部分乡村被城市发展包围,成为城中村,纳入城镇建设体系;一部分乡村因中青年人口流失、生态环境恶化、资源匮乏,走向衰亡;一部分乡村因为保存有丰富的历史文化、旅游景观等资源,而被保护与开发,逐渐走向活化与更新;而毗邻城市郊区的乡村依托巨大消费市场,往往被打造成围绕城市的"后花园"。除此之外的大多数乡村面临着"衰而未亡"的局面,"衰而未亡"的乡村在未来的岁月中会因各自的境遇或走向复兴,或逐步衰亡或继续"苟延残喘"。

本书主要针对当前及未来我国急需进行乡村环境设计的村落进行研究。首先是城镇郊区的乡村,因为有巨大的城镇消费群体,这类乡村在城乡融合背景下,市场会最先介入,在市场的推动下,城镇各种资本介入,促成多元产业化格局的形成;其次是偏远地区以农业为主的乡村,这类村落在一定区域之内同质性较强,蕴含着深厚的传统农耕文化,但其中一个村落相比周边村落,其文化遗产资源相对突出,往往是"中国历史文化名村"或"中国传统村落",或是"中国景观村落"等,对于这类村落往往以片区联动、农业主导为主要设计策略;还有一类也大多位于偏远地区,以"散点"形式镶嵌于广袤的乡村,作为

一个地区传统特色村落的典型代表而存在，资源突出、特色鲜明，以发展特色旅游为主，但周边的村落往往在城镇化浪潮中失去特色，村落发展仍以政府输血为主，社会资本需要通过政策优惠、规划设计来吸引，这种资源极度稀缺性村落对设计师的专业水平要求很高，同时还要担负激活村民内生动力，让其具备自主"造血"的功能。针对特色旅游型乡村，往往采取"主客一体"的设计策略。此外就是广泛分布于各地的普通乡村，这类村落属于"收缩型"，本研究提出"精明收缩"的策略，以期实现收缩背景下的精明发展。

概括起来，当前以及未来我国急需探索乡村环境"分化"后的设计策略，针对城郊乡村，走多元产业化道路，坚持城乡互动的设计策略；针对农业主导型的乡村，坚持片区联动的设计策略；针对特色旅游型乡村，坚持"主客一体"的设计策略；针对"衰而未亡"的普通乡村采取"精明收缩"的设计策略。①

四、确立乡村环境设计以文化为魂的理念

通过梳理大量文献可知，当前无论是"乡村文化振兴"，还是"乡村环境设计"，研究成果仍乏善可陈，且系统性不足、分散性有余，至于文化振兴关联乡村环境设计对策的研究就更为稀少，系统性的研究成果鲜有呈现。所以总体来说该领域的研究是浅显、碎片化且不系统的。以文化为魂探讨乡村环境设计理论与实践，是契合乡村振兴战略中"文化振兴"和中央农村工作会议精神要求的。所以无论理论还是设计实践层面我们都要摆脱城市化思维的桎梏，立足于乡村文化，结合乡村空间各子系统，探索新时代背景下乡村文化传承的环境设计合理模式及一般设计方法，提出乡村建设中乡土文化传承之环境设计的应对策略，配合新时期国家乡村振兴战略的实施，推动乡村提质、引智，走有序、渐进、可持续的乡村振兴之路，实现还原乡土文化、修复乡村生态、重塑乡村活力的愿景。同时本研究有助于人们正确认识乡村建设中环境设计真正的艺术内涵和建设理念，对提升当地管理者和村民的文化自觉、自信，对提高他们艺术审美、培育文明乡风具有良好效果。

总之，乡村环境设计的理论研究与设计实践应确立"以文化为魂"的理念，以乡土文化传承与发展为总体指导，以环境设计的基本原理为基础，同时我们也需要站在当前及未来乡村形态的发展趋势上来探索正确的乡村文化振兴之路，谋划新时代乡村文化振兴之环境设计对策。

---

① 李朝阳，王东. 文化振兴视角下乡村环境设计研究新思考[J]. 艺术设计研究，2019（4）：69-73.

第二章

乡村环境设计背景：
中国社会结构变迁

近150年来，前晚清重臣李鸿章在给同治皇帝的奏折《复议制造轮船未可裁撤折》（1873年）以及给光绪皇帝的《因台湾事变筹画海防折》（1875年）分别提到"三千余年一大变局"[①]"数千年未有之变局"[②]。讲的是在世界资本主义经济发展的大背景下，中国封建社会的政治、军事、经济发生的巨变。然而无论当时中国如何巨变，在其后的乡村社会结构却稳定地走过了晚清、民国，直到中华人民共和国成立。这里所说的"稳定的乡村社会结构"就是著名社会学家费孝通先生提出的"乡土中国"。从1949年，尤其是改革开放以后我国城镇化的快速发展，城市和乡村发生了翻天覆地的变化。在党的十九大报告中指出进入新时代我国社会的主要矛盾已经转化为"人民日益增长的美好生活需要和不平衡不充分的发展之间的矛盾"，而乡村是我国当前最大的不平衡不充分发展区域。费孝通笔下的"乡土中国"也已经逝去，中国的乡村也面临着"千年未有之大变局"。对于我国当下乡村的巨变，贺雪峰教授将其总结为"新乡土中国"[③]，周武忠教授将其提炼为"新乡村主义"[④]，中国人民大学刘守英教授从中国乡村社会结构演变的历史视野推导出中国社会结构经历"乡土中国—城乡中国—城市中国"三部曲（图2-1-1）。"乡土中国"已然是告别了的昨天，今天我们所面临的是"城乡中国"。在"城乡中国"阶段，我国城乡发展由单向、片

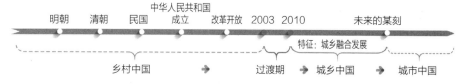

图2-1-1　中国社会结构三部曲演变示意图（图片来源：作者自绘）

[①] 清同治十一年（1873年），李鸿章在《复议制造轮船未可裁撤折》写道："臣窃惟欧洲诸国，百十年来，由印度而南洋，由南洋而中国，闯入边界腹地，凡前史所未载，亘古所未通，无不款关而求互市。我皇如天之度，概与立约通商，以牢笼之，合地球东西南朔九万里之遥，胥聚于中国，此三千余年一大变局也。"

[②] 光绪元年（1875年），李鸿章在《因台湾事变筹画海防折》写道："历代备边，多在西北。其强弱之势、主客之形，皆适相埒，且犹有中外界限。今则东南海疆万余里，各国通商传教，来往自如，麇集京师及各省腹地，阳托和好之名，阴怀吞噬之计，一国生事，数国构煽，实为数千年未有之变局。"

[③] 贺雪峰. 新乡土中国［M］. 北京：北京大学出版社，2013.

[④] 周武忠. 新乡村主义——乡村振兴理论与实践［M］. 北京：中国建筑工业出版社，2018.

面的城市化向着城乡融合、互动转变，一种新型的城乡关系正在被建构。可以肯定的是，中国在今后相当长的时期内将处于"城乡中国"阶段，而"城乡中国"之后中国的社会结构究竟路向何方，历史会给我们答案的。

第一节 昨天：乡土中国

一、乡土中国的概念及延伸

"乡土中国"是费孝通先生提出并用于界定中国传统社会结构的一个概念。他认为中国传统社会从基层看是乡土性的，"以农为本"的社会将农民牢牢地束缚在土地上，以家庭为单位形成的小农经济是主要的生计模式，辅以家庭手工业基本能自给自足。城市主要是提供政治和军事功能的空间，其经济有赖于乡村供给，许多在城市供职人员在乡村也有田产，从这个意义上说城市仍然属于乡村的一部分。广大的农民被土地所束缚，城乡间的人口流动率极低，但城乡却是一体的，只是这里的城乡关系由乡村来主导。所以用"乡土中国"来概括中国传统社会是极为适宜的。当然了费孝通还讲到熟人社会、差序格局、礼制秩序、乡绅治理等内容，这些内容也是乡土文化的延伸。

刘守英教授在费孝通先生"乡土中国"概念的基础上凝练出了乡土中国的基本特征，他认为乡土中国具有"以农为本""以地为生""以村而治""根植于土"的特征[1]。历朝历代的统治者为了稳定乡村秩序，为其提供稳定的生计来源，将农业确定为立国之根本，皇帝每年春天都要举行春耕仪式，以鼓励农桑。人们依赖于土地，从土地上刨食，积累了丰富的农业知识和农耕技术，成熟的手工业使得乡民对市场的依赖度极低。聚族而居是他们主要的住居模式，以村落为单位的族群共同体是典型的熟人社会，在这个熟人社会里以乡绅为领导，人们形成了自我治理的社会组织，并相应地形成一整套礼制秩序来规范人们的行为举止。乡民长期耕耘于土地，孕育了中国深厚的传统农耕文化，并形成了内向保守、安土重迁、重视家庭、回乡养老、落叶归根、青睐自然、向往

---

[1] 刘守英，王一鸽. 从乡土中国到城乡中国——中国转型的乡村变迁视角[J]. 管理世界，2018（10）.

田园等复杂多元的乡土价值观，土地俨然成了解释乡土中国一切现象与奥秘的钥匙。在今天，设计师所开展的乡村环境设计要想取得成功很有必要重拾乡土中国的记忆，从土地探寻乡村设计的源泉。

二、乡土中国已逝

自晚清洋务运动以来，中国就开始了不同形态的工业化进程[①]，到今天已经建立了完整的现代化工业体系。但是在20世纪90年代中期前的国家工业化和乡村工业化时期，国家城乡二元化的户籍制度仍然把农民牢牢地束缚在土地上，乡村工业化虽然改变了乡村的经济结构，农民得以参与工业建设，但他们仍然被限制在本乡本土。城乡之间的流动仍然极其有限，城乡仍然是二元分割的关系。所以从中国广大的乡村看，不论其社会形态、社会结构、社会文化、生产生活方式与乡土中国相比都没有太多的变化。直到20世纪90年代中后期，国家实行社会结构改革，大力发展工业化，推进城镇化的进程。东部沿海地区由于区位优越，人们有着强烈的开放革新意识，率先成为中国工业化、城镇化最为发达的地区，人们的物质水平极大提高，使得东中西部形成经济上的"三级阶梯"。东部发达地区对中西部有着极大的拉力作用，加之中西部落后经济的推力，在推拉力双重作用下，首次实现了市场化的大规模跨区域人口流动。近十年来在中西部地区的城市化、工业化也得到快速发展，出现多个城市群、各类高新开发区，东中西部间的跨区域人口流动以及区域内由乡村向大城市流动两种模式同时并存。

可以发现，土地对农民的束缚力已逐渐减弱，中国乡村社会结构在发生着根本性的变化，乡土中国逐渐远去，"城乡中国"成为当前乃至今后相当长的一段时间的社会特征。我们的一切城乡建设行为及策略制定都必须立足于"城乡中国"这样一个实际特征，方能做出科学合理的答案。

三、乡土中国意象

"乡土中国"在城镇化的浪潮下已经成为历史记忆，与此同时城市的喧嚣、

---

① 晚清至民国时期主要为国家官僚工业化，1949年至20世纪70年代末主要为国家工业化，20世纪80年代初至90年代中期，为短暂的乡村工业化，20世纪90年代中后期，中国进入工业化、城市化的快速发展阶段，全国各地的工业园区快速增长，其中东部沿海有着优越的区位条件，工业化、城镇化发展速度领先全国。

环境的恶化、生存压力的剧增，使人们怀念乡村的浪漫，渴望重归自然田园，有道是"久在樊笼里，复得返自然"。然而乡村正在经历的空巢化、空心化、空废化，预示着乡村衰败成了不可逆之势，城乡两极化发展带来的城乡差距不断加大。城乡越是朝着异化的方向发展，记忆中的乡土中国愈加被人们所美化，甚至诗化，赋予了极高的浪漫主义色彩。因此在城镇化建设大浪潮下，在某个角落有幸得以延存下来的传统村落遗产成了乡土中国的种子或血脉。它们以散点的形式似珍珠般镶嵌在当代中国乡村的地理空间中，熠熠发光。目前国家前后共公布五批中国传统村落共6819个[①]，全国行政村52.58万个，中国传统村落占全国行政村的比例仅为1.27%，在这个比例中有相当一部分传统村落是自然村，实际的占比还要更小。

这些仅存的传统村落遗产成为当前乡村格局中的稀缺资源（图2-1-2、图2-1-3）。因此乡村振兴中的文化振兴首先要对这些稀缺资源蕴含的传统农耕文化进行深度挖掘，并借助相关文献总结乡土中国的意象语汇，为乡村环境设计提供理论指导。

图2-1-2 传统村落：贵州盘州妥乐村（图片来源：作者自摄）

---

① 第一批646个（2012年），第二批915个（2013年），第三批994个（2014年），第四批1598个（2016年），第五批2666个，截至2018年全国列入《中国传统村落名录》的传统村落有6819个。

图2-1-3 传统村落：广东龙门县永汉镇鹤湖围（图片来源：作者自摄）

乡土中国的意象存在于每个中国人的心中，这是中华民族深厚农耕文化遗传基因的凝练。每个华夏子孙对乡村的接触渠道、体验程度、认知方式的差异，导致乡土中国意象存在个体的差异化，但综合的印象及认知还是趋近的。改革开放40多年来，中国城镇化快速发展，城镇化率从17.92%提升到58.52%（2019年），因此大部分的城镇居民都在乡村生活过相当长的时间。计划经济时代国家"上山下乡"的政策，使得一大批城市知青奔赴广阔的乡村，乡村给他们留下了不可磨灭的印象。在中国传统社会，士大夫阶层有恋乡、恋土的情怀，他们崇尚自然，纵情山水，归隐乡居，孜孜不倦地追求天人合一的人居审美环境。他们寄情田园乡舍间，情满意浓时，挥笔成就了大量优秀的诗词歌赋绘画等文学艺术作品，这些作品是对乡土中国不同阶段意象的高度凝练，是中国乡土文化的精华。今天随着互联网传播平台将千家万户串联一体，大量反映乡村景观、乡土文化的电影、电视、小说、诗歌等文学艺术作品，更是为人们直观了解乡土世界提供了极大便利。不管是对乡村的真实生活体验，还是间接地从古今文学艺术作品中了解乡村，在每个人的心中，都建构了一个"乡土中国"的意象。心中的"乡土中国"意象是吸引人们离开喧嚣的城市，走进田园乡舍的最根本动力，同时心中的"乡土中国"意象也是评判乡村景观的根本标准。在乡村游快速发展的今天，我们会发现很多乡村经过设计改造后，刚开始门庭若市，但很快门可罗雀。究其原因就是失去了乡土味道，与人们心中的"乡土中国"意象相距甚远，这样的乡村游自然也是昙花一现。因此在乡村环境设计中有必要坚持从"乡土中国"的文化根源去找寻设计源泉，总结凝练"乡土中国"的意象，使设计改造的乡村弥漫着乡土的味道，这也是乡村振兴战略中"文化振兴"的现实需要（表2-1-1）。

乡土中国意象掠影表　　　　　　　　　　　　　表2-1-1

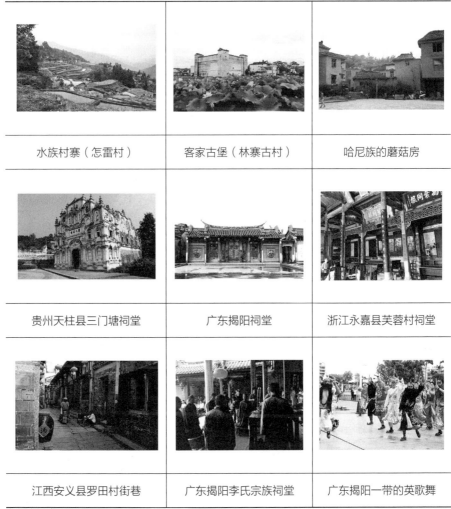

水族村寨（怎雷村）	客家古堡（林寨古村）	哈尼族的蘑菇房
贵州天柱县三门塘祠堂	广东揭阳祠堂	浙江永嘉县芙蓉村祠堂
江西安义县罗田村街巷	广东揭阳李氏宗族祠堂	广东揭阳一带的英歌舞

（表格来源：作者自绘）

四、传统乡村功能空间分析[①]

(一)乡土中国下的"世俗生活"与"信仰崇拜"

面对愈发丰富复杂的乡村建设需求,或许我们应该调整思路,进入更宽广的时空领域,来重新认识中国乡村的传统功能。从中国传统乡村的一些典型场景和功能空间入手,根据中国人的文化定势和历史学、社会学研究成果,我们可以更深入地理解中国传统乡村民居、院落、道路、亭台等场景如何建构多样化的乡村生活内容、多层次的社会关系和丰富的内心世界。

当我们回溯乡土中国下的乡村生活时,无论是典籍所载还是文化想象,都在帮助我们建构这样的生活场景:1. 乡村生活自然以农业生产为主,因地区和时代的不同,其中有粮食作物也有经济作物,所谓的"小农经济"在明清时期的中国已非普遍常态,江南地区甚至以经济作物为主,甚少种植粮食作物[②]。2. 服务于乡村生活的手工业者也大多生活工作于乡村,既有个体或小群体工作的情况,也有订单式的规模生产方式。3. 乡村市集可能是长期设置,也可能是多天一次……著名汉学家施坚雅先生提出的、后被学术界称为"施坚雅模式"[③]的结论极有启发性;在真实生活中,乡村中围绕市集而展开的世俗活动往往是乡间最为欢快的生活场景。4. 乡村中的人情往来通常比城市中的更复杂,且集中体现在婚丧嫁娶中;这一过程又是中国伦理关系和乡村习俗的进一步宣誓和强化;其中常有神鬼崇敬内容,让生活在现世中的人们更深刻地认定家族管理的可信度和正确性。5. 高规格的寺观建设大多服务于城市生活,但乡村中也常有自己的祭神场所,而且乡村的宗教内容和神佛系统较不清晰却常有明确的功能指向(如姻缘、求子、风调雨顺等);本地神所占比重较大,最常见的即是土地庙和娘娘庙,沿海地区的妈祖庙亦是一例。

对于乡土中国,我们应厘清其文明形态与其长期固化的空间、功能、形态间有甚为紧密的关联性,当我们按照现代社会逻辑和空间认知模式,将中国古

[①] 此章节部分内容发表于《创意与设计》2019年第6期。

[②] 相关内容请参看如下著作:李伯重:《江南的早期工业化,1550—1850》,社会科学文献出版社,2000年;[美]彭慕兰(Kenneth Pomeranz):《大分流:欧洲、中国及现代世界经济的发展》,史建云译,江苏人民出版社,2004年。

[③] 学术界所谓的"施坚雅模式",是指施坚雅(G. William Skinner, 1925-2008)发明的、用以解剖中国区域社会结构与变迁的分析模式。一般认为,该模式包括了农村市场结构与宏观区域理论两部分,前者用以分析中国乡村社会,后者用以分析中国城市化问题。施坚雅模式虽然建立于1948年以前的传统中国社会,但是,这一模式即使在1949年之后,也依然适用。

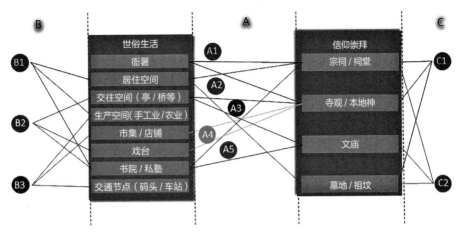

图2-1-4 乡土中国下"世俗生活"和"信仰崇拜"的空间建构及社会关系示意图（图片来源：聂影绘制）

人的乡村生活分为"日常生活"和"精神世界"两大部分时便会发现，中国乡村生活事实上包括了"世俗生活"和"信仰崇拜"两大部分。在当时人们的观念中，二者互相支撑、互相印证、密不可分；而且二者都有一系列配套的空间内容和行为准则；针对某些社会行为，二者可以各成体系，而在另外一些更加重大事项时，二者穿插互动、变化多样（图2-1-4）。

（二）中国传统乡村空间关系中的"三件套"

当我们审视图中的各种特征空间时，我们会发现生活于传统乡村里的中国人，许多重要观念的塑造、重大仪式的完成、人生轨迹的变化，都可在"三件套"（三个一组）的空间转换中完成。我们将其简称为"三件套"（非"三位一体"），旨在强调其世俗性和意象特征。

A：世俗生活——信仰崇拜

A1：衙署——宗祠/祠堂——寺观/本地神：这是社会统治与精神控制中至为重要的空间组合"三件套"，"家国天下、孝悌廉耻、来世今生"三者的紧密联动和长久有效，绝对有助于社会稳定和统治有序。

A2：居住空间——宗祠/祠堂——墓地/祖坟：祠堂和祖坟是家族生活的精神和情感寄托载体，即使贫民群体无法参与大家族宗祠活动或建设规模较大的墓地，也会在自家房屋院落中设有祖宗牌位或在田间山林中掩埋先人，单独供奉。

A3：交往空间——寺观/本地神——文庙：寺观和文庙总体上均属于社会的公共祭拜空间，寺观祭拜的普适性更强，尤其能满足家族中老人和女性的祭拜需求，文庙的祭拜则特别"服务"于欲求功名的男性群体。文庙的建设常与城市生活或书院设置联系更紧密。乡村的社交空间其实较多样，但寺观、戏台这类空间的功能更明确，而桥、亭、廊及道路两侧的空间，则相对自由宽松，是村民们随意交流、互相观察、自我炫耀的最佳场所。

A4：市集/店铺——戏台——寺观/本地神：乡村市集的形成通常有周期性，店铺则指能长期营业的场所，还有一些铺面是"前店后场"形式，这三种经济交易空间，在中国南北方广大地区普遍存在，也因地区经济发展水平不同，三者的比例关系多有差异。中国传统文化中"世俗生活"与"信仰崇拜"之间的有趣交叉便在此产生了。通往公共拜祭场所寺观的道路两侧是人流密集地，往往因此而成为店铺和市集集中地；有了市集店铺，各种娱乐杂耍空间也因应而生……

A5：书院/私塾——宗祠/祠堂——文庙：我们都知道，隋唐以来科举制度成为中国官员的选拔基础，也是社会阶层流动的最重要通道，这三者联动是家族子弟上进升迁的最可靠途径，是家族繁衍、生生不息的保证。其中，进入书院者大多是富有家庭的子弟或由家族资助的贫困少年。能设有私塾的富户，也大多会招收同族子弟一同读书，这是宗族联系、同窗之谊和官场互助的起点。

B：世俗生活

B1：居住空间——生产空间——书院/私塾：乡村家族聚落的基本功能是满足生产、生活和受教育等多种需求，也是古代中国世俗观念和社会生活的绝对重心，最现成的例子可算是山西灵石的王家大院了。

B2：交往空间——戏台——书院/私塾：这三者构成了乡村中的文化活动场景，戏台和书院可被视为大众文化和精英文化的两端；同时，书院的学子可以给戏班写戏本子，戏台上也不断上演着才子佳人的故事；作为观众的乡村民众就在这种频繁互动的文化隐喻中度过日常生活或节日庆典。

B3：生产空间——集市/店铺——交通节点：这三者构成了乡村生产的基本形态，乡村中的许多初级手工业工作都在庭院中完成，至今在中国南北方各地，乡村中的院落仍兼顾生产与生活双重功能；前店后场的生产方式亦常以院落为中心；水陆驿站均依托交通要道而设置，通常又与地区制造业或商业的繁盛同时发展。

C：信仰崇拜

C1：宗祠/祠堂——寺观/本地神——墓地/祖坟：大家族的寺庙供奉通常是为家族的兴盛或特定家族成员祈福，成为家族利益延伸到宗教寺观中的重要途径；长盛不衰的家族可成为寺观在本地长久可靠的赞助者，寺观则为家族提供心灵或精神庇佑。无论宗祠还是家祠，房间中排列的都是祖先的牌位，就是一种写了祖先名字、辈分的木牌子，通常以朱砂填写、黑色大漆打底。而先逝者的肉身则必须在其逝后的适当天数和时辰被葬入家族墓地，所谓"入土为安"。如果不能"入土"或不被葬入"祖坟"都是甚为悲惨的事情，自然无法享受家族香火。就是说，某位先人必须通过家族墓地的"入口"，其名字才有可能出现在祠堂牌位中。

  C2：宗祠/祠堂——文庙——墓地/祖坟：这三者形成了祖先庇护、现世努力、泽被后人的循环系统；三者联动能达成极好的教化作用，相当于先辈对子孙的不断告诫。年轻人若遵循祖先教诲，认真读书取士、作孔子门生，则光宗耀祖能风风光光地葬入祖坟，并在宗族祠堂中有一席之地，永世享受家族香火。这也常是受过教育的中国男性的毕生追求。

  实际上，在具体的空间布局和功能安排中，"世俗生活"空间往往更为复杂、多样和多变；而"信仰崇拜"空间的功能安排则相对明确单一。

第二节 今天：城乡中国

一、城乡中国的内涵及特征

  "城乡中国"最早由北京大学国家发展研究院周其仁教授在《城乡中国》一书提出（图2-2-1）。其在开篇中作者写道："中国很大，不过这个很大的国家，可以说只有两块地方：一块是城市，另一块是乡村。中国的人口很多，不过这十数亿中国人，也可以说仅分为两部分人：一部分叫城里人，另外一部分叫乡下人。这样看，城乡中国、中国城乡，拆开并拢，应该就是一回事。"[①]从这段话可知，周教授主要基于城市与乡村、城里人口与乡下人的并存结构来界定"城乡中国"的。基于这样的理念周教授延展出了"城乡美国""城乡德国""城乡法国"……的说法。认为世界上是没有"乡村国家"这回事的——整个国家全部由乡村组成，完全没有城市——不但当今没有，似乎很远久之前也从来没

---

① 周其仁. 城乡中国[M]. 北京：中信出版社，2013.

图2-2-1 乡土中国走向城乡中国的两本重要著作（图片来源：作者自绘）

有过。①可见作者并没有对"城乡中国"的概念、特征进行深入总结。

中国人民大学刘守英教授将"城乡中国"的特征总结为乡土变故土、告别过密农业化、家乡变故乡、城乡互动融合。②他认为在城乡中国阶段一半农村人，一半城市人，这一阶段变化激烈，城乡要素流通、城乡关系变化极大，并认为当前中国已经进入城乡中国阶段。③

"中国的城乡关系终于在2003—2010年期间出现革命性的跃迁，进入我们所称的'城乡中国'阶段。"④这里刘守英教授将2010年确定为进入"城乡中国"的时间节点，而2003—2010年为"乡土中国"向"城乡中国"转变的重要过渡时期。在过渡期农一代是城乡流动的主体，他们离乡不离土，出村还回村，挣钱寄回家，他们的迁徙模式被称为"候鸟式"。到了2010年前后农一代随着年龄增长逐渐回乡养老，他们的后代（以80后、90后为主）成为迁徙的主体，但他们离乡不回乡，只要有可能就努力脱离土地，转而接受现代的城市生活方

---

① 周其仁. 城乡中国[M]. 北京：中信出版社，2013.
② 刘守英，王一鸽. 从乡土中国到城乡中国——中国转型的乡村变迁视角[J]. 管理世界，2018（10）.
③ 刘守英. "城乡中国"比"城市化"更符合当前的阶段定位[N]. 社会科学报，2018-12-20（003版）.
④ 刘守英，王一鸽. 从乡土中国到城乡中国——中国转型的乡村变迁视角[J]. 管理世界，2018（10）.

式，这也就意味着构成乡村主体的结构将要重组，主体的变化必然也对乡村环境设计提出新的需求。从农业看，一方面种地的农民少了，一些条件好的闲置土地被流转出去，为规模化、机械化的农业生产提供了可能，这样自然提高了单位面积的生产效率；另一方面农业主体、业态向着多元化发展，既能够保障城乡对农业的物质需求，也是乡村复兴的基本保障。

在城镇化快速发展的进程中，城乡中国下乡村分化越演越烈。一部分村落将走向衰亡，甚至空废化。年轻人纷纷出走谋生，老年人逐渐逝去，田园荒芜。乡村资源有限，不能很好地与城市进行交换，也不能吸引新乡民入住。这样的村落在生态、经济环境相对较弱的西北地区、东北地区不断大量出现。对于这样的村落，我们要从国土空间规划的宏观角度对土地进行整合，以实现土地的精明合理配置。一部分村落面临着衰而未亡的局面，这类村落数量最多，分布最广，村中人口虽流失严重但还留有一定数量，生态环境还并未遭到破坏，村民（即使是农二代）的受教育水平不高，生存能力有限，他们到城市中也只能主要从事低端技术的工作，以体力劳动为主，可替代性强。但随着人工智能、大数据的不断发展，这类低技术工作开始逐渐减少，他们只好回乡谋生。这类村落通常没有什么特别的资源，区位也不理想，投资价值不大，不能吸引新乡民介入，目前这种情况在南方、西南偏远地区比较常见。如果从市场资源自由配置看，这类村落通常不会成为设计市场角逐的对象，通常在政府主导下进行农业产业规划设计，强调基础设施建设、农业功能维持、自然环境保护、村民享受公平教育等。一部分村落则迎来了活化复兴的机遇。前面也提及，从2005年开始，我国陆续进行了社会主义新农村建设（2005年）、美丽乡村建设（2012年）、传统村落保护与发展（2012年）、特色小镇（2016年）、田园综合体（2017年）以及党的十九大提出的实施乡村振兴战略（2017年）。这些政策为乡村复兴提供了时代契机，但并不意味着所有的乡村都能在国家政策的关怀下走向振兴。首先得利的是城市周边的乡村，巨大的消费潜在市场、便捷的交通条件为城乡之间频繁流动提供了可能。党的十九大中提出的城乡融合发展首先将在这一区域实现；其次就是有特色资源的村落，这类村落或是自然环境优越，或是历史底蕴深厚、民族文化灿烂，或是聚落与建筑形态别具特色，是不可再生的文化遗产资源。这些丰富的资源，具有很强的开发潜力。这样的村落通常被列入《中国历史文化名村》《中国传统村落》《中国少数民族特色村寨》《中国景观村落》名录，或列为各级文物保护单位。这些村落通常集万千宠爱于一身，既能为政府带来政绩，成为地方文化遗产的名片，也是学者开展科研的典型，还是投资者眼中的潜力股，极大地吸引着各方利益主体的介入。强大外力的介入有效地改善了当地的基础设施，创造各种新业态，在盘活村落的同时让当地村民增收。但这样的村落仅占全国海量村落的极少部分，比如"中国传统村落"是"国字号"数量中最多的一类，其传统村落也仅有6819个，占全国行政村的比例仅为1.27%。这类村落因为有丰富的景观、历史、文化、艺术、经济价值而备受各界关注，因此也是乡村设计的重中之重。规划设计的水平直接影响村落综合价值的体现，稍有不慎就有可能产生"建设性破坏"。在调研中我们也发现这类村落通常除了编制多套综合规划设计方案外，还有旅游规划、产业规划、保护与发展规划等专项规划，很多方案因存在不足而无法进入到施工阶段。其中主要是城市化的编制思维、设计师的表现欲望过强等原因导致创意思维严重跑偏。

在"城乡中国"下，最大的特征就是城乡关系由以前的二元对立走向融合发展。一方面农二代不断进城定居，另一方面城市也出现逆城市化现象，城镇市民除了节假日短暂的乡间游外，还有到乡间租村民的农舍改造，有的做民宿，有的做工作室，或者是开新农场、乡村体验园之类的空间环境，成为农村创客、家庭农场主。还有各地高校把乡村作为课外实践基地，利用假期师生到此写生、开工作坊等（图2-2-2）。这些多元主体衍生出了乡村的新乡民。

随着新乡民的到来，城镇的各种资本、知识、资源、先进的管理运营模式

图2-2-2　城乡融合下的河北省怀来县坊口村（图片来源：作者自摄）

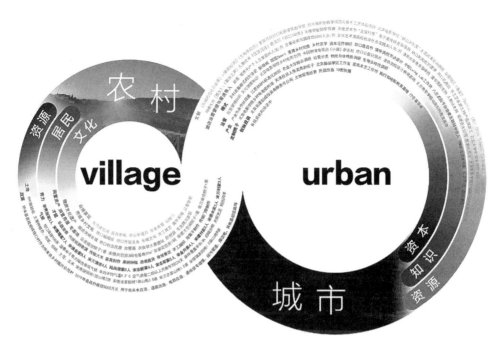

图2-2-3 城乡要素对流机制示意图（图片来源：静西谷提供）

被带到乡村。在城乡各类要素的流动中，农村的自然景观、文化遗产、闲置房屋、宅基地、剩余劳动力、土地等资源被盘活，资源变资本。这样一产不断升级，二、三产蓬勃发展，促使乡村一、二、三产业融合发展，多种业态并存（图2-2-3）。城市文明在四十年的高速发展中暴露出种种弊端，诸如生态、食品、快餐文化、压力等，而乡村文明却能很好地化解这些弊病，乡村文明成了治疗城市病的良药。

"在城乡中国阶段，城市文明与乡村文明的共存与呼应是基本特征，实现两种文明的共同发展不仅是为了乡村，也是为了城市。"[1] "城乡融合发展"是城乡中国背景下城乡关系最主要的特征，我们的乡村环境设计策略研究要以此作为最大的逻辑基点。

综上所述，并根据刘守英教授的论点，笔者将城乡中国的概念简单归纳为：城乡中国是继乡土中国之后对我国当前城乡关系革命性变化特征的高度凝练，在城乡中国下农民离乡不回乡，农业告别过密化，农村向着两极分化，城乡关系由分割走向融合，城乡之间各要素快速流动，城乡之间向着平等方向发展。

---

[1] 刘守英，王一鸽. 从乡土中国到城乡中国——中国转型的乡村变迁视角［J］. 管理世界，2018（10）.

二、城乡中国面临的主要问题成为制约乡村设计的根源

中国改革开放已有四十余年。这短短的四十余年是极具变革性的，中国的社会结构、生产生活方式、城乡关系等各方面都发生了深刻的变化，很多时候制度的更新滞后于时代的步伐。当前中国的社会结构已由乡土中国转变为城乡中国，但却还延续乡土中国背景下的农民与土地的关系。作为乡土中国孕育的农耕文化却在转型中逐渐消逝，割断了乡村文脉，使得乡村特色大减。这些问题成为制约当前乡村设计策略制定的根源。

（一）延续乡土中国的土地政策：农民与土地的关系是乡土中国的根

在乡土中国阶段，土地对于农民而言是其安身立命之根本，这里"安身"的土地主要指的是宅基地，"立命"的土地则是指耕地，所以在这里土地主要包括耕地和宅基地两部分。中国作为一个历史悠久的农业大国，经过几千年的沉淀，形成了深厚的农耕文明，在农耕文明的滋养下中国农民有着根深蒂固的恋土情结，他们只有把土地牢牢地攥在手中才能心安。在人民公社化时期，土地所有权归公社，管理权归生产大队，村民通过挣工分获得报酬，这种制度富有"吃大锅饭"的平均主义色彩，不利于调动农民的生产积极性。低效率生产导致村民物质极度匮乏，竟连温饱问题都难以解决。改革开放后全面推行家庭联产承包责任制，农民事实上掌握了土地的经营权，"上交国家的，完成集体的，剩余自己"的合约极大地激发了农民的积极性。经历过计划经济时代的人们大多对饥饿有着非常深刻的记忆，他们对已掌握的土地倍加珍惜，他们的观念是只有将土地经营权掌握在自己手中才能掌握自己的生计，因此他们是不会轻易从土地上退出来的。在乡村生活过的人都知道，农民与农民之间、村与村之间很多问题是围绕着土地发生的，对土地是寸土必争，稍有不慎就引发争端，甚至暴力。在新农村建设、美丽乡村建设等惠农工程中，地方上组织修水渠、修道路、建产业区等基础设施建设遇到最大的困难除了资金筹措外就是征用农民土地的问题。在乡村如果谁家出卖土地（集体内部）往往会被贴上"无能之辈""不肖子孙"的标签，这便是中国乡村特有的土地伦理。我们可以这样理解，在乡村只要土地关系稳定，乡村社会秩序也就能稳定。这也是党的十九大报告中提到的"保持土地承包关系稳定并长久不变，第二轮土地承包到期后再延长三十年"的依据之一。

当下中国的社会结构属性已是"城乡中国"，延续乡土中国背景下的"城乡

二元、政府垄断资源"的政策显然不合时宜,这对于进一步瓦解城乡二元对立关系,促进城乡融合发展带来很多阻力。在乡村环境设计中土地问题得不到解决,乡村环境设计往往就很难落地。

在城乡中国背景下,耕地已经不再是单一的粮食生产功能,二、三产业也得以蓬勃发展。实际上在乡村环境设计策略中涉及产业规划部分都会考虑如何盘活闲置土地、实现低效率土地功能的转型,然而新的土地制度还没有确立,加之中国乡村的土地非常"零碎",这就给土地的重新配置带来困难。还有当前在施行的土地流转政策也遇到很多问题,新乡人向村民租赁土地,进行规模化、机械化经营,这里就会涉及农民和新乡人的权益分配问题。偶尔会出现新乡人利用信息不对称、政策的漏洞侵占村民的合法权益。反之,作为经营者的新乡人的权益也经常得不到保障。最常见的就是所经营的产业刚起色,部分乡民依托地域优势强硬把土地经营权收回去自己经营[1]。因为新的乡村土地秩序没有建立,新乡人开发乡村的意愿不能够很好保障,从长远来看,遏制了新乡人的投资热情,很多产业规划就很难落地,乡村振兴难以推进。

再来说宅基地的问题。当前乡村人口的大量流出,大量的宅基地及其上的民宅闲置。一方面加速了民宅的破坏程度,另一方面也是对资源的一大浪费。实际上这些海量的农村闲置资源对于城乡融合发展下的城镇是巨大的成长空间。现在有很多城镇居民都愿意到乡间新建或改建乡舍,以满足自己修身养性之需,或者是拓展相关新业态。但是巨大的市场需求却因宅基地制度而不能得到很好满足。我国目前乡村宅基地是依据村集体成员资格而无偿获得,现在最新制度是"一户一宅",拥有独立户口就可向村集体无偿申请宅基地。户主对宅基地享有占有权和房屋所有权。但是宅基地使用权不得单独转让,没有市场行为的宅基地就不能体现农民的财产权利。"宅基地制度安排的强成员权弱财产权倾向,进一步强化农民以成员身份获得占有宅基地的倾向,弱化了农户之间以财产权交易和市场方式配置宅基地。"[2]可喜的是在2018年中央一号文件对宅基地三权分置做出改革部署:"落实宅基地的集体所有权,保障宅基地农户资格权,适度放活宅基地和农民房屋使用权。"2019年国家已经开展试点工作,这对于城乡融合发展将起到巨大作用。

---

[1] 根据调研主要有两种情况:一是村民把土地流转出去,发现自己没有更好的生计来源,土地流转的费用不能满足生存所需,无奈只能要回土地自己耕种;二是流转出去的土地产值很高,一些村民觉得租金相对较低,即使违背契约精神也要收回。这些情况在土地流转起步阶段频繁发生,现在逐渐少了,违约成本很高,不仅是违约金的问题,一人违约可能导致整个流转系统崩溃,也破坏了其他农户的利益,在熟人的乡村,这样的人往往成为众矢之的。

[2] 刘守英. 城乡中国的土地问题 [J]. 北京大学学报(哲学社会科学版), 2018(3).

近些年我们在乡村建设中发现，因为耕地与宅基地（包括其上的房屋）的土地政策改革的滞后性，导致乡村设计难以推进。设计师及专家学者提出的一些优秀设计策略不被认可，地方官员和村干部对规划中涉及整合村民零散土地的问题往往十分头疼。各方主体的立足点不一样，自然看法也不一样。设计师或专家学者在空间环境上要兼顾全局与局部的统一，时间上要考虑近期与远期的结合，而地方政府及村干部主要考虑的是如何落地，如何兼顾各方实际利益，而农民主要考虑个人利益。对于集体利益的考虑是建立在个人利益保全的前提下，比如在做产业规划中，设计师基于集约化、规模化的思考欲将某片土地集中起来做特色产业，这样的设计理念通常会被村干部否定。因为把零散的土地集中起来，工作量巨大、困难重重，会面临村民的各种利益纠纷。还比如进行村落风貌统一规划、公共空间设计时，按设计任务书往往要面临拆除民宅、占用宅基地等问题，村干部对于此类规划设计非常敏感，他们会一再强调，在设计文本时尽可能不要触及村民的宅基地或民宅。村干部都清楚，可能一个小问题没协商好，整个规划方案就得搁置或者更改甚至放弃。

基于这样的状态，近些年一些设计师在乡村设计中总结出了"最小干预的设计""弱建筑设计""大规划、小设计""微更新设计""此时此地的设计""不要试图实现设计欲""节制设计欲望"等设计理念。这些理念背后所涉及的是土地利益的分配、土地原有秩序的维持。在"城乡中国"背景下，乡村要进一步发展，现有的土地政策、土地秩序、土地伦理显然已不太合时宜。为了适应城乡融合发展中出现的土地功能转化、土地资源配置、宅基地流转等问题，也为了乡村环境设计方案得以推进并能落地，乡村土地、宅基地已经到了必须改革的阶段。

（二）割裂乡土中国的文化脉络：农民与文化的关系是乡土中国的魂

显然，土地能为乡民提供物质生存资料，解决的是乡民的生计问题，对应的是物质文化；文化则是为乡民提供精神食粮，解决的是乡民的思想问题，对应的是精神文化。乡村要振兴，要可持续发展，物质文化和精神文化二者不可偏废。

在乡土中国阶段，中华民族根植于土地，创造了以农耕文化为核心的中华文化。这里的农耕文化也即传统乡村文化。乡村文化是从土里长出来的，乡民被相对固定束缚在一块土地上，每个成员"生于斯，长于斯，死于斯"，若无外在不可预测的天灾人祸，乡民在一块土地上生息繁衍，代代相传，极少流动,对土地上的一切有强烈的认同感,土地的成员共同遵循祖辈流传下来的生产生活方式,认可共同的价值观,维持着亘古不变的乡村治理秩序,传承着祖先创造的各种营造工艺。在时间的流转变迁过程中这些传统文化一方面表现出极大的稳定性,另一方面也不断地适应时代变革,及时做出适应性调整。在乡土中国阶段,乡民与土地的关系相对稳定,传统乡村文化结构也是较为稳定的。但随着社会结构调整,乡民不断流出乡村,乡民与土地的关系变得不再紧密,这从根本上动摇了传统乡村文化的根基。从晚清洋务运动的官僚国家工业化起,经历中华人民共和国成立后的国家工业化,改革开放后的乡村工业化,虽然在100余年期间,西方文化、城镇化建设对乡村文化产生了一定的影响,但并没有改变乡村文化的属性,乡土中国的文化脉络仍然在广大的乡村地区延续着。但是到了20世纪90年代末,东部地区工业崛起,城市化加速,出现了世界工厂,东中西、城乡之间人口流动加剧,乡民见识到了外面世界的繁荣,羡慕现代城市文明,对自己的文化深感自卑,极度渴望融入城市文明。第一代农民工受制于城乡户籍制度,很难融入城市,但他们把在城市中看到的文化带回家乡,并以此为荣。他们首先改变的是服饰、发型、语言甚至回乡盖房的建筑形式等外在层面,这些改变进一步激发了乡民去大城市谋发展谋生存的欲望。在这个过程中,城市文明不断被夸耀、模仿,乡村文明被不断否定、遗弃。人们不再穿传统服饰,不再留恋传统建筑,中规中矩的发型被视为"老土",老建筑被视为落伍,言语中混杂着各种腔调,乡村文化的根基正在被撬动(图2-2-4)。

这里以河北省涞水县西租村民居建筑近20年以来的变迁为例,来阐述中国乡村文化走向衰落的轨迹。1999年村中陈某外出打工学会砌砖墙和混凝土施工,回家便自建了一层三开间的砖混结构房屋,钢窗代替木窗,造价2万多元。当时三开间两层的传统建筑造价3000多元(不装修),但自第一栋砖混建筑建起后,村里再没有人建传统民宅。到2002年,经过三年左右的时间,很多村民通过打工[①]和种烤烟、卖粮食攒了几万元钱。以2003年为节点,村里建新房的人家突然增多,很多是把老宅拆掉建新居,如果有多余宅基地则不拆。截至目前已经过去17年了,村中传统建筑式样慢慢消失,新房子盖得越来高,越来越大。村中的木匠、石匠自2003年就纷纷改行,传统建筑的营造技艺以2003年为

---

① 调研中有一个案例很典型:2002年村中一对郑姓小夫妻出去打工一年能净赚人民币近2万元,而种地一年把所有的农作物换算成钱都很难达到1万元。打工经济的高收入惹红了村民的眼,到2006年,村中的男女青壮年都出去打工了。这些人出去再回来,基本把传统文化的血液给彻底换了,但好在这些人的记忆库里还装有传统文化。

图2-2-4　隔断文脉，失去乡魂（图片来源：作者自摄）

节点中断了。村中的其他传统文化也基本上面临着这样的窘境，40岁以上的村民对传统文化还都了解，在重要节假日还偶尔举行一些活动。这个年龄段的村民同时携有传统乡村文化和现代城市文化，但40岁以下的基本上都放弃对传统文化的学习。全国的乡村文化几乎是在"一夜之间"被抛弃的，甚至都没有明显的过渡痕迹。不论北方或南方，传统建筑风貌都受到很大影响，取而代之的是风貌杂糅的所谓的"洋式建筑"（图2-2-5）。究其原因，则是土地的收益远远低于打工所得，以至于从土地上生长出来的文化也一同被嫌弃了，尽管它有几千年的厚重积淀。伴随着传统文化的式微，外来文化也在村中崛起，因为缺乏辨别能力，现代优秀文化和糟粕文化一并进入村中。西租村的文化演变基本能代表改革开放后中国广大乡村文化走向衰落的轨迹。

　　乡村文化是乡村的灵魂，乡村文化逝去了，意味着特色没了，也就意味着在城乡融合发展过程中失去了最重要的交换资本。我们都知道，在乡村环境设计中要突出村落的地域性和独特性，延续传统文脉是不可规避的问题。2018年3月20日习近平总书记参加山东代表团审议时就如何实施乡村振兴提出要从产业振兴、人才振兴、文化振兴、生态振兴、组织振兴五个方面系统推进。乡村文化振兴被视为乡村振兴的动力源泉，是"城乡中国"的核心资源之一，是城市与乡村互动的资本。乡村环境设计不仅要延续乡土根脉，彰显乡土文化，还要通过乡村环境设计深挖文化内涵，将文化资源转化为经济价值，重建乡民对传统文化的自信与认同，最终实现乡土文化的重构。

南方：云南泸西县西租村

北方：河南鹿邑县史寨村

图2-2-5　南北地区风貌杂揉而成的乡村建筑（图片来源：作者自摄）

三、城乡融合发展是当下"城乡中国"的必然选择

当前城乡二元格局依然存在，但融合的趋势也非常明显。城乡关系不再是以前的乡村人口、乡村资源流向城市，而是双向流动。在乡民不断流进城市谋求发展的同时，城里人也想到乡村投资、创业、养老、旅游等。在城乡双向流动背景下，通过乡村土地改革，在保证农民权益的前提下，吸引多元主体投资，城市资本流向周边的乡村，流向自然环境优美、文化资源丰富的便偏远乡村，盘活空心化闲置的海量民宅以及农业衰败抛荒的巨量耕地。乡村耕地、宅基地的单一功能必然被打破，旅游、养老、康养、休闲农业、乡村创客、民俗、工作坊、艺术村等将成为乡村空间功能的组成部分（图2-2-6）。

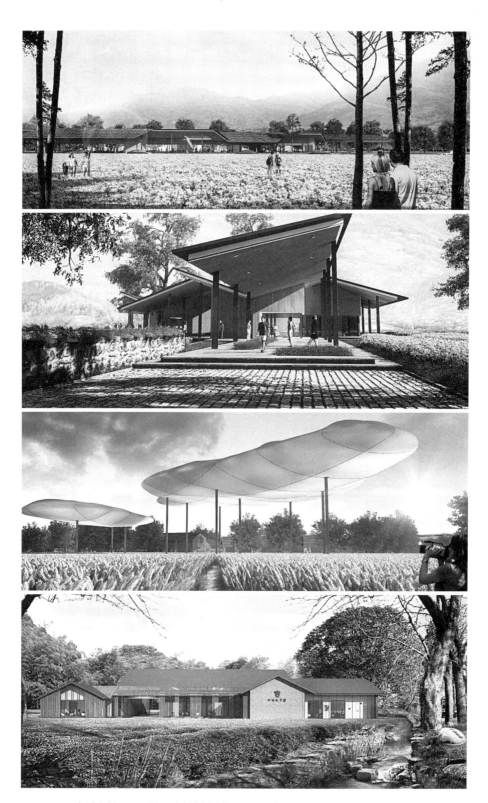

图2-2-6　盘活乡村：四川德阳高槐村乡村振兴项目效果图（图片来源：袈蓝建筑提供）

"城乡中国将是今后一个时期的基本经济社会形态,从单向城市化转向城乡互动是这一阶段的主要特征,乡村在这一格局下正潜移默化地发生转型。"[①]为了适应中国经济社会形态的变化,国家也积极地做出战略部署。党的十九大报告提出"建立健全城乡融合发展体制机制和政策体系"。2019年4月15日中共中央、国务院印发《关于建立健全城乡融合发展体制机制和政策的意见》,明确要重塑新型城乡关系,走城乡融合发展之路,促进乡村振兴和农业农村现代化。为了打破城乡融合发展的阻碍,国家也在积极探索宅基地、耕地改革的政策。在不久的将来,这些问题将会陆续地被解决。那么作为设计师,在乡村环境设计策略的制定就要积极地做出调整,以适应"城乡中国"下城乡融合发展的需要。

四、城乡中国下的乡村空间功能重构

我们可以发现,城乡中国下乡村的传统功能和空间在乡村振兴过程中仍具场所文化意义,但也有更多空间功能的复杂度、精细度、层次性等的要求远非前代所能及。图2-2-7中列出的各种生活、文化、商业等空间功能未必在同一村落中全部存在,但这种新的结构值得继续深入研究。

第一,图中的结构更为复杂,而且每一个组团之间均可有资源、人员、信息或商业机会的流动。比如"日常生活"中的"节日活动"本身既是村民生活的年节活动,也可成为"旅游休闲"的观赏场景,还可成为观赏者的"自媒体"内容。

第二,现代乡村中明显祛除了"神鬼崇敬"的主要内容,这既与时代发展有关,也与国家倡导的主流观念有关;但相关的情感联系不应被漠视,而应被转化。1. 与中国文化艺术中"同情共感"的艺术审美逻辑相一致,今后乡村中文化内容和文化设施建设的重要目标是乡村文化和本土情感的延续传承。2. 村史馆、文化站等新设施值得重视,这将有利于共同建构起乡村文化生活场景,规范乡村居住者的行为模式;这是一个更加开放的、打破了家族宗族圈子的新型文化系统,符合现代社会运作逻辑,利于构建出一种新型乡村邻里关系,成为乡村文化情感传承的新模式。3. 乡村墓地的布局和丧葬形式仍在不断变动中,无论如何,它仍是中国乡村生活中较为"固化"的内容,仍居于情感核心,任何变动都需非常谨慎。4. 确实有少数村庄内或村庄附近仍有公开或私下的祭

[①] 刘守英. "城乡中国"由单向城市化转向城乡互动[J]. 农村工作通讯,2017.10.

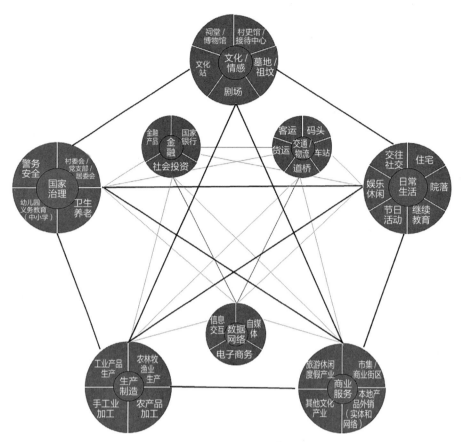

图2-2-7 城乡中国下的新农村功能空间分析（图片来源：聂影整理）

拜行为（宗教性的或家族性的），这是一种传统行为习惯的印记，不宜急于完全清除。而华东或华南地区的宗族祭拜或联谊活动让我们发现，宗族聚会已越来越"世俗化"，家族边界越来越模糊，已经演变为大规模的社交活动，还可能成为地区风俗文化的盛景，因而早已进入文化情感层面。

第三，乡土中国时的"世俗生活"内容在城乡中国背景下明显愈发多样，甚至形成了各自独立的活动板块。1. 与实体空间和日常生活生产联系最为紧密的四个支点分别是：国家治理、日常生活、生产制造和商业服务，这是乡村可以留住人，乡村生活内容不断丰富的根本保证。2. 当代国家治理的内容愈发丰富，村委会、党支部等基层组织是政府与村民共同进行乡村治理的支点，村镇的警务、医疗和中小学教育是国家为村民提供正常生活保障的基层机构。3. 日常生活场景中不仅有生活、交往、娱乐和节日活动等空间，伴随当代中国产业发展的需求、还应有对村民进行职业培训的场所，这是村民进入乡村产业中必由之路，无论是培训活动还是生产场景，都是乡村建设中的特有场景和重要景观特色。4. 乡村中的产业内容和生产形态可能较多样，但无论如何应以无污染或可回收、可降解的产品为主，其中农产品的粗加工和深加工、手工艺生产过程和成果，还常成为休闲观光产业的观赏对象和消费内容。5. 乡村市场系统愈发繁荣，不仅因商品的外销和本地交易，也与休闲度假产业引入的外来观光客数量的上升有关，这些外来者对商品品类的要求、规模等可能远超乡村聚落本来的生活需求。当然，实物展示、实体店与网上交易往往同时发生、共同作用，这可能是互联网时代中国乡村产业升级最直接、令人感触最深的场景。6. 与以上五个板块相配合，当代金融、互联网和物流平台是长期服务系统，也能非常高效地与本村本地区之外的相关系统相连，迅速进入更广阔的金融、互联网和物流系统中。

第三章

"城乡中国"视域：乡村环境设计学术话语建构

"乡土中国"已逝,"城乡中国"来临,"城乡中国"最大的发展特征就是"城乡融合发展"。"在设计介入乡村建设时,应多从这个城乡互补的价值体系中定位新时代的乡村发展,在异化中凸显乡村的价值优势。"[①]国外成功的城乡融合发展设计实践以及国内城乡发展积淀的基础,为乡村环境设计介入乡村振兴提供了可能。在迎来机遇的同时,面临着盘活土地、村落分化等需要国家进行顶层设计的问题;也面临着如何实现乡村文化振兴,如何保持乡村环境设计特色,以实现乡村现代化的目标问题。通过对顶层设计的反思、乡村环境设计特色的分析,探索设计在城乡融合发展中的角色演变,最终推导出城乡融合发展下建构乡村环境设计学术话语权的可能性和必要性。

第一节 乡村振兴背景下"设计现实"的反思

在第二章里,从宏观角度提出了当前"城乡中国"下土地政策与文脉断裂是制约乡村设计的根源。土地改革、文脉延续本属于国家顶层设计需要解决的问题,顶层设计同属于"大设计"范畴,其是否科学合理,直接关乎具体乡村环境设计的顺利进行。因此我们直面"城乡中国"下顶层设计的现实问题,盘活乡村闲置土地,推进宅基地改革,为城乡融合发展提供物质空间,促进城市文明与乡村文明共生发展,传承优秀农耕文化,建构现代乡村文化体系;另一方面在乡村振兴过程中我们必须直面乡村分化的不可逆之势,一部分村落在城镇化中必将走向衰亡,一部分紧抓城乡融合发展机遇,实现复兴与转型,还有一部分面临"衰而未亡"的局面。

不同乡村的分化走向必然需要采取不同的环境设计策略。

一、直面"城乡中国"下的顶层设计现实问题

乡村振兴中的政策规划与制度设计是由国家各级政府力量主导进行的,我

---

① 方晓风. 设计介入乡村的伦理思考[J]. 装饰,2018(4).

们常称之为"顶层设计",乡村规划设计是在"顶层设计"的框架中进行的。在"城乡中国"下顶层设计需要着重解决土地改革、文化建构的问题,为城乡融合发展提供物质空间、精神空间。

(一)土地:提供城乡融合的物质空间

在"乡土中国"阶段土地是农民的命根。我国已经进入"城乡中国"阶段,农民对土地的依附关系逐渐减弱,出现很多耕地抛荒撂耕、宅基地空置现象,但由于我国的土地制度和宅基地制度限制了外部市场进入乡村,以及对非农用途的限制,就连农民自己都不能随意进行非农建设,导致产业单一,土地无法盘活转化为资本。虽然村民的耕地除了种植效益低下的传统粮食作物、经济作物外,不能获得额外的其他收益,但也不愿意无偿将土地使用权交回集体或国家。这就出现了一大矛盾,乡村端是宅基地闲置、房屋空置、产业单一,耕地抛荒愈演愈烈;城市端则是需要大量土地空间发展多元产业,需要大量房屋进行民宿、酒店等运营需求,而城市的这些诉求需要更改农民的土地用途,这些发展非农产业的诉求却很难得到满足,可这些需求恰好又是促进城乡融合发展的根本动力,如果这些问题解决不好,遏制乡村衰败也将很难实现。

可见,乡村的一切发展都离不开土地供给,土地改革是实现乡村振兴的关键点。

近几年,国家针对土地政策与城乡融合发展的矛盾,也在积极推进乡村土地政策改革。如土地承包经营权改革、宅基地制度改革。土地承包经营权改革的基础是农民土地确权。按照计划全国从2011年提出土地确权,到2018年完成全面农村土地确权。土地确权证书是城乡融合发展过程中农民土地收益的根本保障。在土地确权的基础上土地流转就有了保障,土地纠纷就有了依据。2016年10月中共中央、国务院办公厅印发了《关于完善农村土地所有权承包权经营权分置办法的意见》,该意见明确要始终坚持农村土地集体所有权的根本地位,严格保护农户承包权,加快放活土地经营权,逐步完善"三权"关系(表3-1-1)。意见的出台对引导土地经营权流转,发展适度规模经营,推动乡村农业现代化,促进农民增收,深化城乡融合发展提供了制度保障。党的十九大报告中提出"保持土地承包关系稳定并长久不变,第二轮土地承包到期后再延长三十年",这为推进土地规模化流转,进一步完善"三权分置"制度,有效保护承包户权益、经营主体权益上了一道保护锁。如此,农民得到了实实在在的土地收益,经营主体有了制度保障,在制度的保障下乡村的供给端和城市的需求端有

农村土地"三权"分置内容　　　　　　　　　　表3-1-1

集体所有权	农户承包权	土地经营权
维护农民集体对承包地发包、调整、监督、收回等各项权能	占有、使用承包地，依法依规建设必要农业生产、附属、配套设施，自主组织生产经营和处置产品并获得收益	维护经营主体从事农业生产所需的各项权利
就征地补偿安置方案等提出意见并依法获得补偿	通过转让、互换、出租（转包）、入股或其他方式流转承包地并获得收益；有权依法依规就土地承包经营权设定抵押、自愿有偿推出承包地	经营主体有权使用流转土地自主从事农业生产经营并获得相应收益
		享有优先续租的权利
建立健全集体经济组织民主议事机制	依法依规获得土地征收补偿款	经承包户同意，经营主体可再流转或抵押土地经营权

（图表来源：作者根据《关于完善农村土地所有权承包权经营权分置办法的意见》整理）

了顺畅的连通渠道。这样通过对土地转让、互换、出租、入股等形式实现规模化流转，把小农户的零碎耕地整合，也只有在此基础上进行的土地规划设计方案才能大大提高落地的可能性。

　　乡村土地的另外一个重要组成部分是宅基地。我国自20世纪末以来快速的城镇化进程，促使大量的农民进城务工，所挣的钱主要用于回乡建房，以至房子越建越大，住的人却越来越少，平时主要是老人、孩子居住，青壮年主要在逢年过节时才回家小住几日。近几年一些农二代在城镇择业、购房、定居，老家所建的"大房子"只剩年老的父母居住，空巢老人成为乡村又一个新的社会问题。随着这些老人去世或者随子女进城，逐渐空心化、空废化（图3-1-1）。在中国人的心中，老家的房子是家的象征，根之所在，即使废弃也不愿意拆除，要给家人及后代留个念想，也就是常说的"乡愁"。但是从国家发展层面看，这导致大量土地资源的浪费。根据2011年的研究报告称，空心村中废弃的房屋通过整治可以增加土地1.14亿亩，相当于一个宁夏回族自治区的面积。[①]将近十年过去了，这个数据只会更大。所以宅基地制度改革是整合宅基地，盘活闲置房屋，保障城乡融合发展的另一个土地政策。按照现行宅基地制度，农民根据村集体成员资格无偿取得宅基地，并拥有分配权、占有权和房屋所有权，但没有收益权、出租权、抵押权和转让权。一方面宅基地及其房屋能满足记住"乡愁"的情感需求，另一方面没有经济收益的物质回报，导致村民不会轻易退出宅基地。

---

① 刘彦随. 中国乡村发展研究报告——农村空心化及其整治策[M]. 北京：科学出版社，2011.

图3-1-1　空心化、空废化的乡村（图片来源：作者自摄）

2014年《关于农村土地征收、集体经营性建设用地入市、宅基地制度改革试点工作的意见》发布，文件明确了探索宅基地有偿使用，探索进城落户农民在本集体经济内部自愿有偿退出或转让宅基地。2015年确定了15个县（市）作为宅基地改革试点，2017年扩大到33个。在试点过程中根据宅基地改革存在的问题提出"不得以买卖宅基地为出发点，不得以退出宅基地使用权作为农民进城落户的条件的新要求"。2017年中央一号文件提出，全面加快"房地一体"的农村宅基地和集体建设用地的确权登记颁证工作，探索农村集体组织以出租、合作等方式盘活利用空闲农房及宅基地，增加农民财产性收入。[①]整理退出的宅基地以发展乡村旅游，对超标的宅基地收取有偿使用费用，取得确权的宅基地及其上的房屋可以一同申请贷款。2019年5月5日中共中央、国务院印发了《关于建立健全城乡融合发展体制机制和政策的意见》，提出了从构建城乡统一建设用地市场的角度，对农村土地制度改革作出了部署，其中明确了"允许村集体在农民自愿前提下，依法把有偿收回的闲置宅基地、废弃的集

---

① 参见2017年中央一号文件《关于深入推进农业供给侧结构性改革，加快培育农业农村发展新动能的若干意见》。

体公益建设用地转变为集体经营性用地入市。"这是国家给予农村土地政策的红利。

乡村闲置的耕地、宅基地、空置的房屋通过深化土地改革,激活市场机制,在保证农户土地承包权收益的基础上以转让、互换、出租、入股、联营等方式发展乡村的旅游、农业、加工业等多元化产业,为城乡融合发展提供所需的物质空间。因此,只有在解决好城乡融合发展所需物质空间的基础上,进行乡村环境设计才有稳固的根据,才可能落地。

(二)文化:塑造城乡融合的精神空间

墨子曰:"食必常饱,然后求美,衣必常暖,然后求丽;居必常安,然后求乐。"人在满足基本的物质需求后,就有精神追求上的需求,我们的世界也由物质和精神两个层面构成。在城乡融合发展过程中物质建设与精神建设二者不可偏废。但是改革开放以来"以经济建设为中心"的思想主导了城乡发展,城市物质空间的极度扩张,城乡人民的精神空间却不断萎缩。

实际上,中国特有的农业文明形态使得乡村不仅是中国人真实的生活空间,也是中华文化的根脉所在。因此乡村文化不仅是家长里短和集市社火,还承载着久居城市的人们的文化想象,而所有这一切均成为中华文化传承中人们的共同情感,让中华文明的传承者能达到同情共感。同时,对于曾经或一直生活于乡村的人们来说,真正承载着其情感记忆的往往是一些细小物件和生活点滴,如村头的大槐树、斑驳的石板桥、夜间的蛙虫鸣……

改革开放以后的很长时间里,中国乡村明显缺乏整体自觉,没能集中力量进行乡村文化和乡村情感的梳理。在华东、华南一些传统宗族力量较强大的地区,宗族观念也不断嬗变,愈发成为联系同乡、同族、同姓,进而成为组织经济、人脉和资源的平台,而传统宗族的伦理和文化属性则相对弱化。乡村学校的集中化在客观上进一步削弱了年轻父母为了孩子留在乡村的必要性……历史上曾蕴含了丰富情感、孕育了丰富文化的乡村,几乎丧失了经济、文化产业和情感生成的全部活力。

既然乡村的衰落是因为融生产和生活于一体的乡村被单一的农业生产空间所替代,那么乡村振兴也就不单纯是农业的振兴,而必须重建乡村的生活空间和生活方式。这既是乡村振兴的手段也是振兴的目标。简言之,乡村文化振兴必须以新型乡村现代化——经济的复兴、产业的整合、社会生活不断丰富和人口有序回流为基础。当今的乡村文化振兴过程,其实就是在空间场景和思想观念上重构中国"田园生活"的革新过程。因此,重建乡村生活自然需要不断改善乡村的经济结构、物理空间和社会关系，且必须因地制宜、逐步落实。

随着乡村文化的振兴和村民自我意识的增强，乡村中的"文化差异性"越来越引发关注。传统乡村通常较为封闭——空间关系和社群关系均是如此；但现代乡村，哪怕资源匮乏不以旅游收入为主的普通村落，因产业模式的变化，也逐渐成为较开放的系统，其信息、物流和人员往来的频度和幅度都远超传统村落。这一过程虽有利于村民的观念更新、经济发展，但当其频度或幅度过大时，非常不利于乡村生活的安宁稳定和良好有序的乡村邻里关系建设。于是，那种在传统乡村中代代相传、自然生发的村落认知系统必须被重构。为保证乡村文化的传承有序，为保证生活于其中的原住民和热爱田园生活的外来者，共同达成文化认同，积极推进乡村的公众参与制度非常重要，这也是中国基层民主建设的重要内容。中外经验都告诉我们，只有基层需求和政策导向能相向而行，才能保证乡村生活品质的不断提升。

无论如何，现代乡村生活的精细度、空间功能的层次性和多样性已远非前代经验所能比拟。因此在新时代的乡村建设中，设计师群体既需面对较大挑战，又有极大施展空间，村民对本地文化的自我认同也需要在实体空间中才能真正有效达成。

基于这样的现状，国家从顶层设计的高度实施各种形式、不同层面的文化建设。2017年1月26日中共中央办公厅、国务院办公厅印发了《关于实施中华优秀传统文化传承发展工程的意见》，该意见指出："实施中华优秀传统文化传承发展工程，是建设社会主义文化强国的重大战略任务，对传承中华文脉，全面提升人民群众文化素养、维护国家文化安全，增强国家文化软实力、推进国家治理体系和治理能力现代化具有重要意义"。[①]中华优秀传统文化根植于乡土中国的农耕社会。优秀传统文化的传承、文化的振兴要从乡村文化切入。2018年的中央一号文件提出要繁荣兴盛农村文化，焕发乡风文明新气象。习近平提出的"五个振兴"中的文化振兴，更是乡村振兴的主要内容。国家文化领域的制度、政策的顶层设计为城乡精神空间的重构指明了方向。

城乡精神空间的重构首先要明确城市文明与乡村文明是共生互补的关系。在城镇化高速发展形势下，表面上看城市文明蓬勃发展，乡村文明不断衰落，二者构成了此消彼长的关系。但实际上所谓的城市文明的"成功"主要体现在

---

① 中央办公厅办、国务院办公厅印发《关于实施中华优秀传统文化传承发展工程的意见》[N].新华社，2017-1-26.

物质建设的繁荣,即城市空间的急速扩张,精神建设却远远落后于物质建设,城市文明的全面发展需要将眼光投向乡村文明,汲取乡村养分。所谓的乡村文明的"衰败"主要还是物质上的匮乏、经济上的落后,乡村的精神文化并没有消失,所以遏制乡村文明衰落需要将眼光投向城市,尤其在乡村的物质空间建设上需要得到城市资本、技术、政策的大力支持,使城市文明与乡村文明构成共生互补的关系。"在城乡中国阶段,城市文明与乡村文明的共存与呼应是基本特征,实现两种文明的共通发展不仅是为了乡村,也是为了城市。"[①]所以乡村文化振兴不是简单的复兴传统农耕文化,还要结合城市文明,融创现代文化。

从传承角度看,乡村文化振兴主要是复兴与继承乡土中国下的文化。这是乡村的根脉所在,也是其特色所在。我们的祖先在农耕实践活动中创造了文化,在广阔的乡土大地上留下了数不尽的文化遗产,如古民居、风俗习惯、耕作工具、民间小调、节日庆典等(图3-1-2)。从创新的角度看,吸收以城市为载体的现代文化,建构包含乡土性、现代性的乡村文化体系,唤醒乡村居民的文化自觉、激发文化自信、实现文化自强。在此基础上,引入市场机制,促进乡村文化资源向文化资本转化,进而产生经济价值,让乡村得实惠。通过对乡土文化的传承与复兴,对现代文化的融创,重构新时代背景下的乡村文明,让与城市文明相对应的乡村文明,成为医治"城市病"的良方。在城乡文明的共同作用下,城乡融合的精神空间重塑才有可能实现,乡村环境设计也才具有生命力。

二、直面"乡村分化"下的环境设计现实问题

党的十九大明确了当前"我国社会的主要矛盾已经转化为人民日益增长的美好生活需要和不平衡不充分的发展之间的矛盾。"其中乡村是最大的不平衡不充分发展区域,乡村的不平衡不充分发展的问题具体表现为乡村的巨大分化。在未来相当长的一段时间内,城乡融合发展与乡村的分化问题同时存在,一部分村落必将走向衰亡,一部分"衰而未亡",一部分实现复兴与再生。不同类型的乡村有不同的发展诉求,因此不论是国家的顶层设计还是具体的乡村环境设计,都要科学把握"乡村分化"问题,分类施策(图3-1-3)。

---

① 刘守英,王一鸽. 从乡土中国到城乡中国——中国转型的乡村变迁视角[J]. 管理世界,2018(10).

图3-1-2 乡村文化遗珍(图片来源:作者自摄)

第三章 "城乡中国"视域:乡村环境设计学术话语建构 | 71

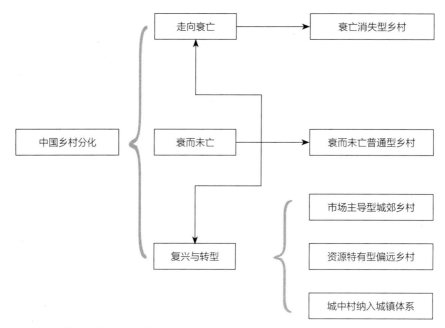

图3-1-3 中国乡村分化示意图（图表来源：作者自绘）

从"乡村分化"的实际出发进行乡村环境设计，是站在"确定性"之上进行乡村建设的有效表达，是对过往乡村经验的反思，是对当下乡建现状的审视。民国以来的乡建，尤其是民国乡建之所以失败，就是站在不确定性的前提下进行的。在实施乡村振兴战略的新一轮乡建浪潮中，我们对于乡村分化的确定性研究还涉及不多，诸多著作中乡村衰败、城乡差距拉大等言论是笼统的和不确定性的，极易造成误导的价值取向。从调研分析看，我国乡村一部分扩张，一部分收缩，但由于"农本"文化对土地的眷恋，走向收缩的乡村在未来相当长的时间内多不会消亡，而是呈现"衰而未亡"的特征。扩张型乡村主要是乘时代之风，顺势而为，如特色资源丰富的传统村落和区位较好的城郊乡村在新一轮的"乡村振兴"与"资本下乡"中整体走向扩张。但是对于缺乏区位优势及特色资源的乡村，如何在新一轮乡建中摆脱收缩、衰亡的命运是环境设计必须面对的人文语境变化。实际上我国乡村能否振兴主要是由这类村落决定的。因此站在"乡村分化"的确定性基础上开展乡村环境设计是研究和实践首先需要考量的问题。

（一）部分乡村在城镇化中不可逆的走向衰亡与衰落

伴随着城镇化的发展，乡村人口不断的流向城市，乡村数量不断减少，甚至消亡成为不可逆之势。2017年中国乡村人口比2000年减少了3.13亿人，平均每年减少约1800万人。人口的流失伴随着乡村的衰落，甚至衰亡。1985年，我国行政村数量为94.1万个，2016年仅有52.6万个，减少了44%。自然村数量从1990年的377万个减为261万个，减少了30%。①这样的乡村演变趋势将在未来相当长的时期内存在，如果没有采取强有力的措施，村落递减的速度会越来越快。

对于一些自然条件恶劣、交通闭塞、区位不佳、资源匮乏、经济落后的村落，无法留住年轻人，难以吸引外来人群和外来资本投资建设，这样的乡村必然走向衰亡。当前在我国欠发达的东北、西北等一些省份的偏远乡村已经出现"连片区"的空废化村落，在发达省份一些偏远乡村也出现"斑状"的空废化现象，但这类村落在数量上仍占少数。"人去村空"意味着"乡村振兴"的空间载体消失了，也意味着具体的乡村环境设计的动力丧失。针对这类村落，更多的是应该纳入国家的顶层设计，如在宏观层面的国土空间整合再配置，或者中观层面的区域规划设计，通过"撤村并点"，整合土地资源重新植入新的土地空间功能。"撤村并点"后，村落分布密度的降低，导致村落耕作半径加大，为农业的规模化、机械化耕作提供了可能，为乡村新的产业结构调整提供了连片的土地空间。

除了一部分走向衰亡的村落外，大多数村落面临着"衰而未亡"的局面。在城镇化浪潮中，乡村人口锐减、农业凋敝、文化失落、传统治理机制式微等问题在近20年内集中出现（图3-1-4）。乡村的衰落似乎已是不可逆之势，这也是国家陆续提出新农村建设、美丽乡村建设、乡村振兴战略的现实依据。在乡村不断"失血"的过程中，乡村也在造血或者说是得到外部力量的部分"输血"，只是这个新陈代谢的机制变得"老态"，同时中国农民受"恋土"情节的影响根深蒂固，即使在乡村整体走向衰落的趋势下，也不会走向衰亡。从人口来看，这类村落仍然拥有绝对数量的村民，随着农一代的不断老去，他们很难在城市谋生，他们及其父母将成为农村人口的稳定构成部分。农二代甚至农三代虽然迫切想融入城市，但他们由于接受教育的差异，一部分能成功融入城市。但有相当一部分只能在城市中从事"低技术"含量的工作，尤其是随着大数据技术、人工智能等的发展，很多低端技术的职业将被代替，这部分群体在城市谋生将越来越艰难，他们中的大部分最终只能返回乡村，或者与"农一代"一样过着往来于城乡之间的"候鸟"生活：大部分时间在城市中打工，节假日

---

① 蔡玉萍，罗鸣. 变与不变的鸿沟：中国农村至城市移民研究的理论与视角［J］. 学海，2015（2）.

图3-1-4 衰而未亡型乡村（图片来源：作者自摄）

返乡。这个群体对外面世界有一定程度的了解，也明白自己的处境。他们深知融入并定居城市不太可能，渴望不再奔波于城乡之间，在家门口就业是他们最理想的状况。因此他们可能成为乡村振兴的积极参与者，但他们需要引导，需要外部力量的支持。一旦有外部企业、新乡民、政府力量介入发展新兴产业，将会得到他们的积极支持和响应。如果城乡融合发展得以顺利推进，这类村落可能会走向再生与复兴。此外还有一部分村民在城里开阔了视野，根据乡村的特点及需求，有针对性地在城市中学习一些新技能，目的就是返乡创业，比如手机修理、乡村淘宝、简易钢结构施工、制作糕点等。一方面满足乡村的生产生活需求，另一方面也促进了乡村的自我造血能力。这个群里最有可能发展成为乡村的精英阶层。他们从事的往往是乡村的二、三产业，也能带动地方就业。如轻钢结构在乡村中价格低、施工质量能满足乡村的需求，施工速度快备受乡民青睐。一些在城市中从事钢结构施工的建筑工人看到乡村市场需求，返乡组建钢结构施工队。他们中的一些会成长为包工头、小老板，甚至企业家。

针对"衰而未亡型"村落，国家或政府或社会媒体的关注度是有限的，甚至是不足的，但数量却占绝大多数。这类村落需要外力的引导、政策的支持，因此国家的顶层设计非常重要。实际上我国的乡村能否振兴主要是由这部分决定。这类村落可能没有特别的资源或优越的地理区位条件，但如上文所述，留下的村民是乡村振兴能否实现"内生式发展"的关键。对于不能融入城市往返于城乡的"打工者"，国家或政府通过培育新兴产业，让他们能够在家门口就业或创业。对于返乡创业者，国家或政府应该给予政策上的引导、支持、保护。他们"生于斯，长于斯"，熟悉乡村的一切，同时有市场经济的思维，了解城乡的需求，具备相应的专业技能，他们最了解乡村，也是最有动力将乡村土地资源、文化资源、人力资源进行转化利用的一个群体。他们缺的是新技能、资金及政策保障。当前的土地政策就严重限制乡民创业者的实现。如发展养殖业、花卉业、小食品加工等产业对土地空间需求较大，"保护耕地红线"的政策让乡民几乎不可能获得审批。

可见对于"衰而未亡型"乡村局势的逆转更多需要国家顶层设计的介入，顶层设计引导的成功与否，基本上决定了继续"衰而未亡"，还是实现转向"振兴"的关键。顶层设计的成功与否是开展此类乡村环境设计的前提。目前对于"衰而未亡"的村落如果盲目进行乡村环境设计，可能是资源的浪费，这样的项目也难以落地，乡村振兴也无从谈起。

（二）部分村庄在城乡融合下实现复兴与转型

在城镇化背景下，一部分乡村除了走向衰落、衰亡外，也有一部分因为其独特地理区位条件、丰富的历史文化资源、特殊政策的支持、新乡贤的带动而走向了复兴与再生。这些村落在空间上、时间上、发展上都呈现出分化的特征。

1. 空间层面的分化

从空间层面来看，乡村可分为城中村、城郊乡村、偏远乡村。城中村、城郊乡村依托城市的消费需求通常能获得持续的发展动力。城中村是在城镇扩张过程中，由城郊乡村演变而来，周围由城市包围，深受城市的生产生活方式影响，但生活水平、基础设施低于周围的城市，游离于城市管理与乡村治理之间，生活成本普遍偏低，成为乡村"打工者"的最佳临时所居。城中村是所有村落类型中经济实力最强的，但生态环境通常却是最恶劣的。因此常常成为乡村环境设计研究与实践的对象。有的城市将城中村进行微设计、微更新，尽可能地延续其时代特征、固有特点，作为城市发展的一种脉络而保留，有的则进行大刀阔斧地改造,完全城市化。城郊乡村生态环境良好,距离城市较近,成为城市的"菜园地"和"后花园",为城市居民提供物质、精神上的各种需求。作为城乡交流最为密切的区域,有着巨大的市场发展潜力,目前城郊乡村成为社会各界投资的首选区域,也意味着将在城乡融合发展中较早受益。当前城郊乡村发展势头迅猛,为了实现良性发展,亟待乡村环境设计的介入。在远离城市的偏远乡村,因环境闭塞、交通落后,保留下众多资源丰富、特色突出的传统村落,这些村落因其自然环境优美、文化底蕴深厚、传统建筑风貌保持完整、产业资源独特等成为乡村中的稀缺资源(图3-1-5~图3-1-7)。在近些

图3-1-5 中国传统村落:广东龙门县官田王屋村(图片来源:作者自摄)

图3-1-6 中国历史文化名村:贵州三都水族自治县怎雷村(图片来源:作者自摄)

图3-1-7 浙江桐庐县环溪村（图片来源：作者自摄）

年针对乡村的各项评比中这些村落没少荣获各种世界级、国家级、省市级的荣誉称号，如世界文化遗产、世界非物质文化遗产、中国历史文化名村、中国传统村落、中国少数民族特色村寨、中国景观村落以及各级文保单位、特色小镇等。这些村落有较高的保护与开发价值，吸引了地方政府、企业、NGO、相关专家学者等各种团体、个人投入研究与开发。相应地在资金、政策、技术方面都能得到很好的保障，综合、专项规划设计也是做了一轮又一轮。这类村落远离城市，以散点式分布于全国各地，虽然缺乏区位优势，但特色鲜明，仍然能吸引城镇资金、人才、技术的流入，进而促进城乡融合发展，通过"以点撬面"带动周边村落的发展。各地偏远乡村虽然备受关注，但因地方差异巨大，规划设计水平参差不齐，有的成功转型，有的则面临建设性破坏。所以从研究的角度，具有很强的学理意义。

以上三类村落在城乡融合发展背景下得到社会各界不同程度的关注，往往有一定量的资金支持、完善的政策引导、先进的管理制度，在这些因素作用下可能以不同的形式实现复兴与转型。为了能够健康发展，这三类村落也是较早开展各种专题规划设计的对象，作为具有系统性、全局性的乡村环境设计首先介入的也主要是这三种村落类型。

2. 时间层面的分化特征

首先是传统与现代的割裂。在城镇化快速发展的冲击下，传统文化日渐式微，尤其在城中村、城郊乡村较为明显。年轻人的生活方式逐渐城市化，几乎不愿意从事农业生产，工作主要是以二、三产业为主。现代建筑取代传统建筑，乡土中国的景象也已不存在；其次从代际关系来看，随着第一代农民工的老去，第二代农民工只要具备一定能力，就尽可能地脱离农村融入城市，在城市中定居，乡土变故土，家乡变故乡。他们的孩子则完全城市化，乡村的传统慢慢地变成远去的记忆。在偏远乡村，现代化、工业化影响有限，一些传统文化整体保留较好，传统与现代的割裂"度"还不显著，但在代际传承中，由于贫穷落后，物质匮乏，导致年青一代对家乡传统文化的自卑心态仍居主导，他们不但主动放弃对传统文化的学习，甚至为了融入城市，努力消除身上携带的乡村印迹。如果在代际传承中不能通过有效途径重新树立文化自信、文化自尊，那么文化振兴、乡村振兴将面临巨大障碍。笔者从文化振兴的视角探讨乡村环境设计也是基于这样的现实问题提出的。因此在乡村环境设计中，乡村的"时间分化"问题要求我们既要尊重传统文脉，也要体现时代特征，正确处理代际的传递过程中"根"与"叶"、"源"与"流"的关系。

3. 发展层面的分化特征

上述三类村落一直是近些年乡村建设的重要对象，确实也取得了不错的成绩，有的已经实现振兴，并成为"明星村落"，但在功能层面仍存在分化问题。城中村作为城市化过程中一个特殊存在，缺乏城市有效管理，其发展过程主要是"以自由生长"为主，为了最大化地获得空间面积，提高出租的利润空间，建筑无序建设，生态环境十分恶劣，"握手楼"即是其特色。不能回避，在我国，很多城中村往往成为各种社会问题频发的集中区域。在城郊乡村建设中要引以为戒，这一区域稍有不慎就会重走城中村的老路。城郊乡村由于距离城市较近，其设计定位往往是作为城市的"后花园"，良好的自然生态、社会生态、人文生态是城市最为需求的，是城市工作人群下班、周末、节假日休憩之地，能满足他们宜居、宜游、宜业、宜教的功能需求。因此生态功能是第一位的（图3-1-8）。

目前偏远乡村振兴主要是依托其特色资源，但这类村落面临"重开发、轻保护"的问题。偏远乡村经济普遍落后，不论是当地政府还是村民，都迫切希望通过开发乡村资源以取得政绩、获得经济收入，导致盲目、非理性开发的现象较为普遍，通常会以发展乡村旅游为主，产业模式非常单一化、线性化。在开发过程中，前期的规划设计不合理，缺乏现代管理运营机制，建设过程中行政指令干涉过多，"赶工期"完成行政任务，导致施工质量低劣粗糙、后期服务不到位、消费者不买账、"一锤子买卖"等现象屡见不鲜。这种做法不仅稀释了稀有资源的价值，而且，长远来看也将遏制乡村的发展。因此这类村落前期的规划设计是否到位，是否具有科学的现代管理机制，尤为关键。

图3-1-8 城市近郊乡村（图片来源：作者自摄）

第二节 文化振兴是乡村环境设计的特色保证

在乡村振兴背景下，城乡融合发展全面开启，乡村正在经历解构、重构的激变时期。既然是激变，就面临着两种结果，一是按照预设的轨迹良性发展，既延续乡村的特色，又融入时代特征，建成美丽宜居、宜游、宜业、宜教的乡村环境；二是失去乡土味，成为城市的附庸，或者是沦为平庸的小城镇，甚至因为特色丧失，没有强劲的吸引力，走向衰而未亡的局面。后者是当下乡村环境设计中频繁出现的问题。近年来，经常能看到一个特色鲜明、价值丰富的村落（以传统村落居多），吸引了不少学者、游客前往研究或览胜，当地政府给予了"高度重视"，随即开展规划、设计、施工，通过一番"大手术"后，试图打造成为地方乡村发展的一个新的政绩点或经济增长点。然而由于照搬其他乡村发模式，移植其他村落的设计套路，致使"大手术"后特色尽失，逐步迈向衰亡。

一、乡土文化与现代乡村文化

（一）乡土文化

在城乡融合全面开启的背景下如何才能避免乡村沦为城市的附庸？如何在乡村环境设计中保持特色？这是一个常常被提起，却一直未得到解决的问题。我们认为乡村的特色在于"乡土性"，乡土性是对乡土文化的凝练，乡土文化是乡土中国的核心内容之一。那么问题又来了，上文不是说"乡土中国"已经被"城乡中国"所替代，现在又要谈论乡土文化，岂不矛盾？实则不然，只是思考角度的差异所致。"城乡中国"代替"乡土中国"是基于中国社会结构演变而言的，而这里探讨的是乡村环境设计特色保持的问题。

文化是乡村的灵魂，是乡村保持特色的关键。这里涉及乡土文化与现代乡村文化的辨析。从历史的视角看，乡土文化是乡土中国下的产物，有历史的维度蕴含其中。乡土中国以农耕文化为核心，以土为本、以土为生，根植于土是其特征。稳定的人地关系，形成了以血缘为主的聚族而居的聚居模式，并表现为血缘与地缘的同构性。家本位的小农经济，既保障了稳定的家庭关系，也形成了中国特有的"差序格局"，形成对外团结一致，对内相互帮助的社会关系。为了维持社会关系的稳定，推选乡村代言人，即乡贤、乡绅。乡绅在一定地理空间中享有很高威望，他们是乡村秩序维持者，是"耕读传家"的典型，"耕"是经济上的体现，"读"是文化上的要求，所以通常乡绅也是地主。统治者为了束缚农民，稳定统治，选拔优秀人才为己服务，大力颂扬耕读文化，并将"耕读取仕"确定为古代学子进入庙堂的主要途径进行宣扬，普通乡民引为榜样，辛勤耕耘的老农民是被鼓励的，能熟读四书五经等经典的"先生"是被尊敬的。"耕读文化"是从土里长出来的，所以"故土难离""安土重迁""落叶归根"是深植于中华民族内心的价值观。在古代官员上了年纪要"告老还乡"，还乡后扮

图3-2-1　乡村中各式祠堂建筑（图片来源：作者自摄）

演着治理乡村的精英角色。所以"耕""读"基本上构成乡土中国的核心意象元素，耕读文化也基本上构成了乡土文化的内核，相关的经济文化、政治文化、制度文化、宗教文化等都是从耕读文化衍生出来的。为了适应耕读文化的人文环境，在古代很多村落按照"文房四宝"进行空间布局，村中建有书院建筑，建有祠堂建筑（图3-2-1），为传统文化的传承发挥着巨大作用。

（二）现代乡村文化

现代乡村文化是在对传统乡土文化继承与扬弃的基础上，吸收新时代文化，整合而成的新的乡村文化体系（也有学者称之为新乡土文化）。传统乡土文化的衰败，现代乡村文化的建构是与告别乡土中国，进入城乡中国的历程相对应的。现代乡土文化没有稳定的人地关系，土地已经不是唯一的经济来源，农民（牧民）进可入城打工、创业，退可返乡种地（放牧）。村民经济来源的多样性，以及国家保障制度的不断完善，使得村民对宗族不再依赖，转而依赖产业，形成聚业而居的模式，宗族对乡村的治理权威也逐渐弱化，转为基层党政组织管理的自治制度。经济除了农业外，工业、第三产业蓬勃发展，并向着三产融合发展。青壮年外出谋生，老人、妇女、儿童留守，导致乡村空巢化家庭，夫妻两地分居成为常态，离婚率居高不下。在城乡不断融合发展下，村民渴望融入城市，对外是开放的态度，内部村民间互帮互助的传统慢慢消失（在偏僻边远之地还保留），一切行为是以货币进行等价交换。乡村居民构成多元化，融入各行各业的新乡人，有种地的农村、休养的游客、创业的企业、研究的学者、社区营造的志愿者等。整个乡村逐渐形成市场思维。乡村的意象也不再是传统的"耕、读"，还融入了众多的时尚元素。

现代乡村文化是脱胎于乡土文化，二者在时间上是连贯的，是继承与融合创新的关系。乡土文化属于过去，也属于现在和未来，它并没有随着乡土中国的结束而消失，而是以新的姿态融入现代乡村文化中。在城乡融合下的乡村环境设计中我们要延续乡土文化，对乡土文化受到破坏的乡村需要重构乡土环境，强化乡土文化的复兴与再生。当然这不是简单复归到乡土中国的状态，而是在新的时代下有创造、融合的乡土文化复兴。最终是在保持乡土性的基础上实现乡村产业、乡村生活、乡村文化、乡村治理的现代化目标（表3-2-1）。

乡土文化与现代乡村文化的异同　　　　表3-2-1

		乡土文化	现代乡村文化
不同点	社会结构	乡村中国	城乡中国
	人地关系	稳定，牢牢束缚	不稳定，可进可退
	聚居模式	聚族而居，血缘与地缘同构	聚业而居，业缘与地缘同构
	宗族制度	宗法伦理	逐渐瓦解，基层党政管理的自治制度
	经济形态	小农经济	多元产业，三产融合
	家庭关系	稳定，多代同堂	不稳定，空巢化、夫妻离异
	社会关系	对外团结，对内合作	城乡融合、对外开放、互助理念瓦解
	乡村精英	乡贤、乡绅（地主）	村官、新乡贤（乡村创客、返乡创业者等）
	主体构成	农民（包括地主）	农民、企业家、学者、官员等
	文化内核	耕读文化	以"市场思维"主导的多元文化
	意象元素	耕、读（山水田园、村庄茅舍、鸡鸣狗吠等）	延续"耕读"意象，融入时代的元素：新农村、美丽乡村、田园综合体、特色小镇等
二者关系	外延内涵	乡土文化是乡村文化的一种。乡土文化与现代乡村文化表现于时间维度上的连贯性，乡土文化主要属于乡土中国阶段，现代乡村文化主要属于城乡中国阶段。二者之间不是替代的关系，而是传承与创新的关系。乡土文化不会随着乡土中国的结束而消失，相反在新的时代背景下成为特色之所在。现代乡村文化传承着乡土文化，也吸收其他现代城市文化形态，导致乡村发展趋向多元化，其中既有优秀文化，也有糟粕文化。因此乡村文化振兴要传承优秀文化，发展创新文化，剔除糟粕文化	

（图表来源：作者自绘）

二、乡村文化振兴

自1949年以来,国家对乡村文化建设并未停滞,但过于强调"三农"建设,在文化建设上呈现"文化说起来重要,做起来次要,忙起来不要"的局面。①随着乡村物质条件的不断改善,乡民的精神文化建设却没有跟上,这也是乡村各种社会问题频发的重要原因。在2005年国家提出社会主义新农村建设的总方针中就明确了要"乡风文明"。国家主席习近平多次强调"要让居民望得见山、看得见水、记得住乡愁"。现在"乡愁"成了热点词汇,引发了人们,尤其是城市人对乡村田园牧歌环境的向往,对乡土中国生活的追忆,也带动了乡村旅游业的发展,促进了乡村创客的密集出现。不得不承认,这一阶段的"乡愁"行为是夹杂着浓厚的感情色彩的,但它确实引发了全民对乡村的关注,加速了城乡融合的全面开启。2017年10月18日党的十九大明确提出"实施乡村振兴战略",将全民对乡村的关注热情推到极致。在乡村振兴战略中提出的20字总方针中,"乡风文明"再次出现,而其他内容都做了调整,说明"乡风文明"是我们一直追求、恒定不变的目标。"乡风文明就是要促进农村文化教育、医疗卫生等事业发展,推进移风易俗、文明进步,弘扬农耕文化和优良传统,使农民综合素质进一步提升、农村文明程度进一步提高。"②这里对"乡风文明"的解释是从现代乡村文化体系切入的,作为乡土文化的农耕文化与优良传统仅是其中一部分(表3-2-2)。

新农村建设与乡村振兴战略20字总方针内容对比　　　表3-2-2

新农村建设	生产发展	生活宽裕	乡风文明	村容整洁	管理民主
乡村振兴战略	产业兴旺	生活富裕	乡风文明	生态宜居	治理有效
变化与否	变	变	不变	变	变

(图表来源:作者自绘)

在2018年全国两会山东代表团审议时习近平主席首次提出产业振兴、生态振兴、文化振兴、组织振兴、人才振兴的"五个振兴",这是对"乡村振兴战略"思想的深化,其中"文化振兴"是对"乡风文明"的新表达。乡村文化振兴是乡村振兴的精神保障,是重建乡村秩序,加强乡村伦理道德等价值观建设

---

① 刘彦武. 乡村文化振兴的顶层设计:政策演变及展望——基于"中央一号文件"的研究[J]. 科学社会主义,2018(3).
② 林峰等. 乡村振兴战略规划与实施[M]. 北京:中国农业出版社,2018:10.

的导引。乡村文化振兴首先要挖掘并传承优秀农耕传统文化的思想观念、价值取向、社会心理、审美理想等内容，同时要以新时代社会主义核心价值体系为引领，构建新时代的乡村伦理、乡村秩序、公共文化，改善乡村精神面貌，焕发乡村新气象，培育淳朴民风、良好家风、文明乡风，融创优秀传统、时代新风的乡村文化体系。

三、艺术介入乡村文化振兴

艺术是文化高度凝练的精髓，艺术介入乡村建设对于乡村文化的振兴将产生积极作用。作为艺术学门类下设计学范畴的乡村环境设计，兼具感性与理性、艺术与技术相融合的综合特质，也是环境设计相对于其他工科范畴各学科所具有的天然优势，理应属于艺术介入乡村的重要组成部分。这也是环境设计介入乡村，推动乡村文化振兴的职责所在。

（一）艺术介入乡村建设

随着乡村振兴被确定为国家发展战略，一批有志于乡村建设的艺术家介入乡村，他们以自身的专业特长为乡村赋能，挖掘乡土文化，举办各种艺术活动，美化乡村人居环境，挖掘新的经济增长点，促进乡村振兴。当下"艺术乡建"已经成为乡村振兴实践活动中的一道靓丽的风景线，其所呈现的特色发展路径已经越来越被关注、被认可。

"艺术乡建"是一种全面系统的发展路径，包括物质空间的营建、精神空间的塑造。在物质空间层面，艺术家对建筑装饰、室内陈设、建筑风貌、村庄环境、田园景观、山水林木草进行更新改造设计，结合乡村传统营建新的公共空间，在其中设计各种景观设施、公共艺术作品，甚至结合乡村资源，开发各种文创产品，在美化环境的同时还为乡民开创新的经济增长点。在精神空间层面，艺术家们充分发挥自己的优势与资源，在乡村开展各种大讲堂，传授美育知识，增长村民的艺术认知，邀请专家学者进村传经送宝，增强村民的乡建能力。通过举行各种乡村艺术活动，丰富村民的精神文化生活，吸引外界人士下乡消费体验，改变社会大众对乡村"脏、乱、差、穷"的固有形象认知，树立"静、雅、洁、富"的乡村形象。在带来经济增长的同时，增强村民的文化自知、自信、自尊、自强，从根本上激发包括村民在内的各界人士投入乡村的建设激情。

艺术是最具创新思维的学科之一。随着介入乡村的艺术团队越来越多，多元化的艺术乡建路径被不断探索,尤为重要的是艺术乡建摆脱了初期单纯的"工作室模式",开始将艺术创造与乡村环境改善、乡建生活方式重塑、扶贫、扶志、美育结合。这也预示着艺术乡建从"曲高和寡"进入了"接地气"的发展阶段。

(二)作为艺术学范畴的环境设计介入乡村

1. 艺术乡建与文化振兴

艺术是文化的范畴,是文化的精华部分,"艺术乡建"最终就是以实现建设乡村文化、振兴传统文化为目标。关于"艺术乡建"与文化振兴的实践,较有影响力的是艺术家渠岩带领的团队在广东佛山青田村开展的调查实践与理论研究,渠岩教授将此总结为"青田范式"。"青田范式"被认为是"中国乡村文明的复兴路径的复兴方案"之一。"青田范式"认为"艺术乡建"首先要复兴乡村生活的文化样式。[①]可见,"青田范式"下的"艺术乡建"十分重视乡村文化振兴,这也是艺术学的内在要求。

"青田范式"强度尊重地方文化知识,对传统文化的挖掘整理,复习地方传统文化。"青田范式"确立的乡村文化复兴路径由九个子范式构成,分别是:①生态永续:人与农作物的关系;②民艺工造:人与物的关系;③经济互助:人与富裕的关系;④宗族凝聚:人与灵魂的关系;⑤耕读传家:人与圣贤的关系;⑥忠义礼信:人与神的关系;⑦自然风水:人与环境的关系;⑧乡规民约:人与人的关系;⑨血脉信仰:人与家的关系(图3-2-2)。可见文化复兴路径的构成范式主要指地方文化,包括历史、政治、经济、信仰、礼俗、教育、民艺、审美等多领域,"青田范式"通过将地方文化、传统与时代特征、村民需求结合,建构起与时俱进的"新乡村文化体系"和"新的文化价值观",真正实现乡村文化振兴。"青田范式"的艺术振兴乡村文化不是简单地在乡村创作艺术作品,而是强调在开展扎实田野调查的基础上振兴乡村生活的文化样式,包括当地人的信仰习惯、情感价值、审美取向等内容。

2. 艺术范畴的乡村环境设计

环境设计作为艺术学门类下设计学的重要专业方向,秉承"艺术乡建"振兴乡村传统文化的目标,同时作为"人类生存空间的综合设计系统"的环境设计在介入乡村后充分发挥自身的专业优势,在赋予乡村空间艺术气质、美学特色,承担美育功能与职责具有重要意义。

---

① 《艺术乡建,什么才是最重要的?》www.sohu.com/a/299415573_149159

图3-2-2　青田范式：艺术乡建之乡村文化复兴路径
（图片来源：www.sohu.com/a/299415573_149159）

第一，赋形：美化乡村空间环境。

环境设计首要任务在于赋予空间环境以美的形式。设计师通过运用各种设计手法在乡村创造美的视觉语言。视觉语言是直观形象的，利于村民直观的感受空间艺术的魅力。形象的视觉语言也有利于设计师与村民的沟通。中国人民大学艺乡建乡村振兴研究中心主任陈炯认为："艺术可以直观地带来传统村落的视觉提升。"

山东泰山九女峰乡村度假项目通过艺术设计介入乡村环境，极大地提高了空间的视觉震撼力，其中"故乡的月""故乡的云"颇具艺术气质。"故乡的月"位于神龙溪大峡谷入口，具有接待与展示功能，从远处看，仿佛一轮明月抑或悬浮于水面，抑或悬挂山腰，熠熠生辉，是周围空间环境的点睛之笔；与"故乡的月"遥相呼应的是"故乡的云"，"故乡的云"为精心设计的民宿建筑群，除了民宿外，还有书房、咖啡厅、会议室、健身房等建筑类型（图3-2-3、图3-2-4）。

图3-2-3 山东泰安东西门村"故乡的月"仪式堂(图片来源:袈蓝建筑提供)

图3-2-4 山东泰安东西门村"故乡的云"乡村民宿（图片来源：袈蓝建筑提供）

环境设计除了营造乡村物质空间环境外，还是生活情趣的润滑剂，将空间艺术与生活环境统筹设计，让乡村各主体生活在艺术化的空间环境中，提升其幸福感、满足感。

2018年在浙江衢州举办的柑橘文化艺术节以"艺术振兴乡村，橘业福润柯城"为主题，通过"艺术+农业"打造柑橘品牌，促进农业产业升级，助推乡村振兴。比如对柑橘的艺术绘图、创意摄影、艺术雕塑等营造丰富多彩的艺术空间，吸引各地游客到此游赏体验，既丰富了乡村主题的生活空间，也提高了村民的经济收入。通过创新设计理念、开拓新的业态、新的模式，创造以农业空间为底本，融经济、文化、社会、艺术于一体的公共艺术空间。

河北省保定市易县安各庄乡的田岗村位于易县西部深山区，交通闭塞，基础条件差，群众观念保守，劳动力文化水平普遍低下，造成了坐拥山水却无法致富的贫困局面。其2013年曾被列入省级扶贫开发重点村，直到2016年才乘着河北省首届旅发大会和产业扶贫的东风，搭上了将资源优势转化为产业优势建设美丽乡村的快车，基础建设有所改善，特色产业（核桃、兰花种植）初现成果。在解决村民安置后，袈蓝设计团队以现有村民聚集居住区的村落建筑群改造为建设重点，多层次改善乡村环境，通过植入大区域规划下的大地艺术主题体验内容，初步形成乡村场域的"艺术+"和"产业+"的有机互动，推动了人的城乡融合。并打通城乡通路的"艺术共同体"概念，形成以中央农田为核心、对可利用房屋进行优化提升营造艺术田园，利用现有宅基地打造众创田园，并在妥善安置村民的前提下有序建设未来的综合度假区思路，呈现一环（最美田园路）、一带（滨河景观带）、五区（艺术田园、众创田园、村民安置区、易水度假区、山地生态区）的艺术主题村空间布局（图3-2-5）。

乡村大讲堂是互动交流，发出城乡融合理念声音的场地。设计师将一片草皮掀起形成建筑，寄托了对人与自然共生、城市与乡村共融的无限向往，也将建筑本身化作了艺术主题村中标志性的大地装置，审美效果颇佳（图3-2-6）。

第二，赋能：承担乡村美育功能。

乡村场域中的环境设计除了能直接营造美的物质空间外，即"赋形设计"，还能提升重构精神文化空间，提升村民的综合能力，尤其突出表现在乡村美育功能的提升，即"赋能设计"。这也是作为艺术范畴的环境设计所固有特征，是激发乡村活力的内生动力，是乡村可持续发展的精神保障。关于环境设计在乡村承担的美育功能主要表现在三个层面，即感知美的能力、欣赏美的能力、创造美的能力。

村民长期囿于一个相对固定的环境中，他们的审美思维受限、审美取向固化，尤其对现代美学要么接触较少，难以接受而排斥，要么盲目崇拜，全盘吸收，对现代美学、传统美学缺乏辨证的认知。前者往往由于思维固化所致，且主要集中高龄群体，在调研中常常遇到，他们视一些新潮事物为"伤风败俗，有失体统"，对于一些新式建筑、景观认为是"破风水"，并极力阻挠。后者则是文化自卑所致，主要集中于中青年群体，他们见证了我国城乡分割、融合发展的全过程，体验了现代文明的强大威力，尤其是以现代文为主的城市建设，给他们极大的视觉冲击，勾起他们内心的物欲。然后回到乡村，低矮的房屋、衰败的经济，让他们的心理产生很大的落差，自卑之感便产生，于是他们选择放弃自身传统文化、拆除传统民居。因此环境设计介入乡村要发挥自身优势，辩证地看待现代文化与传统文化，在乡村设计出融传统与现代的作品，让村民身临其境的感知这些作品。也可以通过打造美术馆或类似"乡村大讲堂"等公共空间，培养村民对美的辨证认知，能正确感知乡村传统的美与城市现代的美，让他们感知现代与传统不是一分为二的，而是可以有机结合。

河北怀来的坊口村将当年遗存的废弃储水"水包"，打造成一个微型美术馆，特色独具。面积还不到20平方米，堪称世界上最小的美术馆。之前静西谷团队还重构了公共交流空间，利用率颇高（图3-2-7、图3-2-8）。

通过上述诸多案例可以看出，为乡村注入新的功能形态和艺术语言，能培

图3-2-5 田岗村风貌及空间规划布局（图片来源：袈蓝建筑提供）

图3-2-6 颇具艺术气质的乡村大讲堂(图片来源:袈蓝建筑提供)

图3-2-7　坊口村的微型美术馆（图片来源：作者自摄）

图3-2-8　坊口村的公共交流空间（图片来源：孙博闻拍摄）

养村民感知美的能力，使他们在城乡融合发展过程中就能辩证地看待城市文明和乡村文明，并能客观地欣赏城市空间环境。既能看到城市物质景观的繁华，也能看到城市文化景观的不足；既能乡村生态空间环境的诗意，也能看到乡村建筑功能空间的不适宜性。环境设计师可以通过在地设计的方式，与村民一道，将乡村传统营建的智慧运用设计中，让中青年村民亲身体验祖先的智慧；也可以通过讲座、论坛等形式，为村民传授如何欣赏乡村传统建筑、景观的知识技巧，最终实现提升他们欣赏美的能力（图3-2-9）。

乡村的建设主体是村民自身。乡村环境的美与丑不完全是由设计师决定了的，而与村民的审美取向有关，设计师主要扮演着引导角色。在设计师未大量

图3-2-9 江西婺源篁岭村山地徽派民居独特的"晒秋"景观（图片来源：网络）

介入乡村以前，村民自己主导村落的建设，受现代西方思潮的深刻影响，在中国广袤的大地上，乡村民居和环境设施、装饰小品等不约而同地形成了统一面孔，形式单一、美感尽失，枯燥乏味。此时，需要通过设计师和公共艺术家的介入营建具有美感的建筑和景观环境，传授美学知识，让村民学习运用健康的审美建设乡村，挖掘乡村传统美学智慧，提升村民感知美、欣赏美的能力，为村民创造美的乡村空间环境提供基础条件。"授之以鱼不如授之以渔"，通过设计师的审美教育，村中会诞生无数"设计师"，他们掌握了一些简单的现代设计手法、了解现代材料的美学属性，同时又重新认知了传统营建的审美文化。当他们自己主导乡村建设时，也有能力创造出美的乡村空间环境。

四、文化振兴与乡村环境设计

乡村文化振兴不仅仅是乡土文化的振兴,也包括现代乡村文化的融合创新。所以文化振兴要体现乡土性和现代性,乡土性是乡村的特色所在,现代性是乡村发展的本质需求、时代表征,但现代化不是按照城市化逻辑,而是乡村现代化。所以在乡村环境设计中要实现乡村现代化,一是警惕复归到乡土中国,二是避免乡村城市化。

(一)警惕复归到"乡土中国"设计思维

当前由于乡村衰败、城市环境恶化,对"乡愁"的广泛宣传,在乡土文化的召唤下,在国民心中形成了对乡村浪漫诗意的美化,对诗意乡村环境的向往,加之整个社会的浮躁心理,都市阶层掀起了到乡村避世隐居的新潮。可以这么说,乡村振兴是城乡融合发展全面开启的重要节点,但现阶段的国民情绪是非理性的,这也是当前田园综合体、特色小镇、民宿业等乡建实践案例失败居多的重要原因。

在当前的乡村建设中,非理性、盲目性是普遍存在。我们在做乡村环境设计时经常会遇到这样有浪漫情怀的乡建参与者,他们可能是规划师、建筑师、环境设计师和艺术家,也有可能是投资者、政府工作人员以及大量的游客,但绝不会是农民。在非理性因素的作用下,他们会自动强化乡土文化的设计价值,并尽可能地重现"乡土中国"的景象。这种行为从大处说是逆时代潮流,从小处说是情绪化的设计思维,其作品难免打上理想化的色彩。这样的乡村环境设计作品对于风景名胜区或者乡村旅游开发也许是适宜的,能有效满足部分乡村外的旅客短暂休憩、寄托乡愁的精神需求。但对于一般的乡村,突出审美功能,弱化实用功能,甚至倒退,是很难被乡民认同的,因为它不能满足乡民对现代生产生活的需求。实际上按照这样的设计思维改造或新建的乡村聚落与住宅,在里面长久居住,会在生产生活上带来诸多不便。随着经济水平的不断提高,村民对居住环境的要求也越来越高,如果复归到"乡土中国",其物质空间的舒适感是远不及现代新民居的;再从心理上看,也不容易被乡民认可,因为城乡物质水平的差异,在中国广大乡村普遍形成了老宅是贫穷、落后的象征,是房屋主人无能的表现。2016年笔者参与了广东省河源市林寨新农村示范片区的规划设计项目。当地由客家四角楼改造成的民宿就是恢复成过去的状态,目的就是让游客寄托乡思、乡愁。四角楼是客家人在特定时代背景的产物,防御性要求很高,内部非常封闭,少开窗,开小窗,采光差,空气流通不

图3-2-10 广东河源市林寨客家四角楼（图片来源：陈仰天提供）

畅，夏天蚊子很多，现代人已经很难适应这样的环境。当时团队成员多来自广州，第一次见到这样的民宿，充满了好奇与兴奋，纷纷积极入驻欲体验一下客家风情。然而在经历了短暂的兴奋后就是失望、绝望。大家基本上通宵失眠，主要是闷热及空气流通不畅，加之夏天蚊子肆虐，笔者和舍友到半夜直接放弃睡觉，转到院子里聊天。这样的案例相信很多乡建者、乡村游客都会感同身受。在经历了便捷舒适的现代生活后，这样的乡建作品不论是自住还是商业运营，都是低度需求的。所以提醒我们在乡村环境设计过程中要警惕回归到"乡土中国"的设计思维（图3-2-10）。

（二）避免乡村城镇化建设思维

中国改革开放四十余年，城镇化高速发展，中国的发展重心一直在城镇，大量的建设项目围绕着城镇展开。从建筑教育内容看，以前主要是城市设计、城市建筑设计、城市景观设计、城市规划等，所以决策机构、建筑师、规划师一直以来都受到城镇建设思维的深刻影响。近些年国家开始高度关注乡村建设，在学科建设上将城市规划专业从建筑学中独立出来，成为一个新专业，并更名为"城乡规划学"，而且2008年颁布了《城乡规划法》，将乡村规划纳入规划体系。但至今我们的城乡规划体系并未完善，在实际的乡村规划设计中城镇化思维仍然起主导作用。国家重心由城市建设转向城乡建设是在较短时间内进行的，不论是各级政府、还是规划师、设计师，在乡建政策、专业技能、规划思维、设计理念都很难在短时间内实现适宜转化。近几年的乡村规划设计项目很多都是城市规划设计的移植或翻版，很多项目套搬城市规划模式，规划建设的公园、广场、绿地、博物馆、道路、商业街等，完全脱离乡村实际需求，这些项目很难落地，即使仓促建成，很多项目因为低需求而闲置荒废。以致于国家在乡村建设中投资越大，破坏就越大，乡村特色也在建设中逐渐消失，资源转资本的潜力在这个过程中被消耗殆尽，形成"建设性破坏"。这种状态在以市场主导的规划院、设计院比较突出。市场化追求利润最大化，而好的乡村规划设计需要前期投入大量的人力、物力、财力进行调研分析，精准策划、精准设计。相反，一些高校设计师、"海归"设计师或小型化的设计团队，他们的设计往往理念先进，带有研究性质，潜心钻研、反复论证，创作出了不少精品。虽然数量有限，却是对未来乡村现代化建设的引领，大有"星火燎原"之势。

（三）走乡村现代化的设计

乡村已无法回到"乡土中国"，那是逆历史潮流的做法，走城镇化道路意味着乡村特色的丧失。那乡村该走什么样的设计之路？十九大提出的"乡村振兴战略"为我们指明了方向——走乡村现代化的设计之路。

乡村振兴战略立意高远，在深入总结以往乡建的经验教训后，明确了乡村振兴的本质是"乡村现代化"，不是乡村城镇化。所以我们不论是乡村政策制定，还是在乡村环境设计都要摒弃城镇化思维。基于城乡融合发展的趋势，乡村既不走城镇化道路，也不走乡土化道路；不唯城市文化，也不唯乡土文化。改变以往城市支持农村、工业反哺农业的发展思维，促使我们走城乡融合下的乡村现代化道路。

乡村现代化的设计道路要坚持乡土性原则、现代性原则。

"乡土性"解决的是特色问题。乡村无论怎么发展还是要有乡村的样子，这是对乡村过往历史的尊重，也是传承农耕文化的现实要求。在城乡融合下，城市对乡村的需求是乡村发展的动力，而需求能否满足源于乡村的乡土文化特色和乡土资源，也就是交换价值。"城市是反生命和反生态的根源，城市的活力和生命力是乡村不断充实和加入所赋予的"[①]。不管乡村旅游、创业、养老等活动，城市居民的出发点主要是从乡村获得如精神舒缓、心灵放空的精神回报以及经济利润的物质回报。在进行乡村环境设计时，要对乡村的所有资源进行深入挖掘整理，如山水田园格局、空气环境、聚落与建筑、风俗文化、地方物产等，这些资源都是乡土性的体现。比如城镇中生态环境恶劣、空气污浊、噪声刺耳

---

① （美）路易斯·芒福德. 城市发展史——起源、演变和前景[M]. 北京：中国建筑工业出版社，1999：484.

图3-2-11 黑龙江省横道河子的俄罗斯老街（图片来源：作者自摄）

等因素影响着人们的生活品质和身体健康，乡村的山水田园、清新的空气就是对城市环境的弥补，生态果蔬、肉类是城市超市所缺乏的。设计师在设计中充分运用乡土元素就是对乡村的最大尊重。

"现代性"解决的是变化问题。现代文明是人类进步的标志，现代文明成果理应为全人类共享。乡村为人类的进步做出了重要贡献，涉及地域广阔，人口也占大多数。现代文明在润泽城市的同时，也给乡村带来曙光。城乡共享也是人类社会公平正义的体现。在欧美、日韩等发达国家或地区都非常重视乡村的现代化发展问题，乡村除了有田园风光、乡土景观外，也有与城市一样的便捷生产、生活基础设施，乡村相反成了最理想的人居环境，不但能留住乡民，还不断地吸引着城市居民到乡村居住、旅游。黑龙江牡丹江市的横道河子的俄罗斯老街经过更新改造，很好地保存了历史遗存，再现了浓郁的俄罗斯异域风情，同时为了适应现代的生产生活方式，适度地进行了现代基础设施完善（图3-2-11）。

乡村文化景观的打造绝对不能仅满足于对乡村原有建筑的修复或复原。一些以特色传统内容为依托的乡村文化建设，在本质上并非对原有文化成果的再现，而是将其文化要素进行打散、重组，且通常会整合进来一些新的文化内容和消费模式，区别只在各自的比例关系各有侧重罢了。无论是为了发展经济还是改善生活，"新版"景观和建筑设计必须在技术、功能等层面满足现代生活和

图3-2-12　三宝蓬艺术聚落（图片来源：作者自摄）

休闲空间的基本要求，比如（太阳能）路灯、免费Wi-Fi、问询处、咖啡厅、美术馆、特色工艺品店等。其中一些功能可有效提升村民生活品质，而另一些功能可能主要为了服务游客。

江西景德镇市的三宝村，在中国五代时期每日出产的优质瓷土价值如同三个元宝，三宝村的村名便源于此。目前三宝村已吸引了三千多名国内外"创客"和"景漂"在此驻扎，成为景德镇最有名的网红村。肖学锋先生带领团队打造的"三宝蓬艺术聚落"，将业态整合与地域文化融入当代艺术和时尚设计领域，颇具现代性，好评如潮，名声大噪（图3-2-12、图3-2-13）。

实际上以前的三宝村就是原始村落，更是缺乏基础设施，甚至破败不堪，而如今竟然"一房难求"。"村里的环境变了，村民对生活品质的要求也提高了。"在肖学锋看来，变得开放的不仅仅是环境，还有三宝人的心态，同时也给该村带来了新的生活方式和审美。

通过上述案例的对比分析可以发现，乡村振兴的动力来源并非原汁原味的传统建筑景观，而是文化和产业的持续发展和不断更新。能把传统文化的内涵和成果融入当代建筑环境及文化产业之中，才是乡村振兴和文化传承的根本途径。

图3-2-13 三宝蓬丰富的室内外空间环境（图片来源：作者自摄）

确实，我国乡村曾经为国家工业化、城镇化发展做出了重大牺牲，没能与城镇一样很好享受现代文明，致使乡村逐步走向衰落。可以这么说，没有现代化的乡村，是没有希望的乡村，是留不住人的乡村，衰落是不可能遏制的。所以乡村振兴的本质必须是乡村现代化。乡村现代化不是肤浅的建造现代建筑，而是涉及生产、生活、文化、治理机制等方面。比如生产方面除了实现农业生产现代化，还要大力发展二、三产业，促进二、三产业之间、传统产业与新兴产业之间的融合发展。同时不断完善基础设施建设，在保留乡村一些独特的生活方式的同时，使乡村居民也能与城镇居民一样享受现代生活的便利快捷。

在治理机制上维持乡村秩序的乡绅阶层已经瓦解，取而代之的是基层党政管理制度，然而新的治理制度存在诸多不足和缺陷。随着新乡贤的进入，重构乡村人口结构以及智慧乡村的建设，探索现代化的治理机制也成为可能，文化上秉承优秀传统农耕文化，融合创新现代文化，建构符合时代需求的乡村文化体系。可见，乡村的生产、生活、文化、治理机制的现代化也是乡村产业、生态、文化、组织、人才振兴的本质要求。

第三节 乡村环境设计学术话语建设的需求

一、设计在城乡融合发展中的角色演变

(一)由"重器"到"道器合一"的设计观

我国传统社会有"道器分离"的理念,"形而上者谓之道,形而下者谓之器"。人分三六九等,"上等人"坐而论道,"下等人"起而行之。古代工匠被列为"下等人",他们所掌握的技艺被视为"末技"。中华人民共和国成立后,消除阶级,人人平等,受到西方现代设计的深刻影响,我国设计及设计行业蓬勃发展,设计师与其他行业从业者一样拥有平等的地位,甚至成为备受青睐、有较高社会地位的职业。但所从事的内容仍然是侧重于"形而下之物","重器"的设计观仍然在相当长的时期内起主导作用,这也是我国设计类各专业在行业实践中取得有目共睹成就的直接原因,但在理论研究、经验总结方面却很薄弱,从长远看,这将成为制约设计实践深入拓展的重要因素。

在当下,我们的设计是要服务于社会经济建设的,其中城乡融合发展是新时代背景下的重大社会问题。如果设计仍然延续"重器"的理念,那么设计的外延和内涵将面临不断萎缩的风险,甚至失去已占有的领地。因此,新时代对设计提出了新的要求,一个好的设计师不仅要有好的设计理念,还要有社会学家的关怀、人类学家的细微、美学家的敏感等,设计学要不断地吸收其他学科的养料来完善自己的学科体系。因此在新的时代背景下,无论是设计实践,还是设计理论研究都要摆脱"重器"的束缚,确立"道器合一"的设计观。

(二)城市优先向城乡平等发展转变中设计价值取向

在社会主义新农村建设提出之前,我国优先发展城市,之后城市支持农村、工业反哺农业,逐步确立了新型的城乡关系,但实际上乡村的发展仍然延续城镇化思维,表现为"融入城市发展""就地城镇化发展"。直到2017年党的十九大在乡村振兴战略中提出"城乡融合发展",才真正标志着城乡平等发展的到来。城乡发展是重大的社会问题,在城乡关系演变过程中,设计以不同的视角介入,并逐渐地形成了相应的设计价值取向。

从设计的角度看,最先介入城乡关系的是城乡规划学。2008年《中华人民共和国城市规划法》正式修改为《中华人民共和国城乡规划法》,确立了乡村

规划的法定地位。城乡规划学也在随后的2011年从建筑学下的二级学科城市规划演变而来①。所以在2008年以前，乡村在我国的规划设计体系中是缺位的，城市规划专业主要为城市建设培养专业技术人才，这也反映了我国特定时间段内的"城市优先发展"策略。城市规划主要针对大空间、大尺度的宏观层面的设计，虽然主要关注城市，但城市发展也是重大社会问题，涉及政治、经济、社会、文化等层面因素，涉及的利益主体具有多元化特征，相对于设计学的其他范畴（研究领域或专业方向），其规划设计的价值取向就具有"道器合一"的特征。所以一个好的城市规划师，还要了解城市经济学、城市社会学、人文地理学等知识。2011年城市规划更名为城乡规划学，从专业的角度明确了乡村规划的重要性，为城乡平等发展提供了专业保障。之后乡村规划设计项目在规划市场的占比逐渐增多，之前主要从事城市规划的主体也纷纷介入，但在乡村规划中仍然延续城市规划的设计思维、价值取向。一方面，延续城市规划"道器合一"的设计观是应该被肯定的，但另一方面，不应该生搬硬套，乡村的政治、经济、文化、社会、主体与城市完全不一样。所以很多乡村规划方案是在不了解乡村的实际情况下做出的，导致很多规划方案没办法实施。一些有特色的村落，如"中国传统村落""中国历史文化名村""中国少数民族特色村寨"，因为不合理的规划导致"建设性破坏"，这种破坏往往是不可逆的，有的建成后引起了村民及社会各界的不满，进而产生了很多负面的社会影响。

由此可见，自2011年后，城乡关系虽然在国家层面、专业层面获得了平等的地位，但在乡村规划实践中，设计价值取向仍然延续城市化思维。但随着乡村理论研究与实践的不断深入，具有乡村特征的规划设计体系在不断被建构。直到2017年在乡村振兴战略中提出"城乡融合发展"理念，才标志着"城乡平等发展"在乡村规划实践层面上进入了新的时期。现在人们已经普遍意识到乡村规划设计中前期研究的重要性，并进而影响到包括环境设计在内的"大设计"向着符合乡村实际的"道器合一"设计观转变。

相对于城乡规划学秉承的"道器合一"设计观，其他设计类如建筑设计、环境设计所针对的小空间、小尺度是更为具体的对象，属于中、微观层面的设计。主要在有限的空间内完成具体的建筑物或构筑物的设计，相对而言所涉及的社会、经济、文化是间接的，主体也是相对单一的。所以很多非公共设计项

---

① 根据国务院学位委员会与中华人民共和国教育部联合下发的关于印发《学位授予和人才培养学科目录（2011年）》的通知，城市规划专业在学科调整中提升为一级学科，并更名为"城乡规划学"，隶属于工学，学科编号0833。所以当前国内建筑院校的学科布局通常是建筑学、城乡规划学、风景园林学三个一级学科并列存在。

目,设计师主要扮演的角色是再现甲方想法的"画图员"。由于这样的"小设计"不涉及太多的社会内涵,所以长期以来,在市场机制的作用下,建筑设计、环境设计、景观设计主要侧重"形而下之物"的层次。按照中国传统的"道器"观,表征为"重器轻道"。当然,对于公共设计项目则完全相反,坚持"道器合一"的设计观是其成功的关键。

在城市优先发展阶段,设计师的实践主要在城市。虽然在市场经济下,甲方往往主导着设计的走向,但他们往往受教育水平、综合素质普遍偏高,他们有自己独立的设计想法、审美倾向,对周边环境保持理性认知,所设计的作品还是理性占主导。当一个对乡村缺乏体验、完全陌生的设计师参与乡村景观环境、乡村建筑设计或者更新改造实践时,延续城市的设计逻辑是不合时宜的。从设计师的角度看,近些年不管是乡村建筑设计、还是景观环境设计都有很明显的城市痕迹,甚至可以说是城市设计手法在乡村的移植。从建筑看,农民建房一般很少请专业设计师。自古以来,中国农民建房的逻辑是"随大流",模仿攀比周边做法,别人怎么建我就怎么建,只在建筑局部或细部装饰或建筑高度有些变化。在一个区域内,疫情由于长期封闭,建筑风格甚至可以一直保持。所以建筑师介入乡村首先是要参与乡镇的相关建筑设计,通过将所设计的建筑作品以实体呈现后,如果得到所在地村民的认可便会流行起来,逐渐形成一种新的乡村建筑风格。考察我国近30年乡村建筑的演变,我们会发现,自20世纪90年代以来,我国的乡镇建筑风格偏好于西方古典风格,喜用柱式、山花等装饰,或是模仿中式的大屋顶,追求"大""豪""洋气"。乡镇的建筑风格首先被村民模仿,村民之间又相互模仿、攀比。只要经济允许,乡村建筑风格很快就可以与乡镇实现统一。所以现在乡村建筑追求外表的大与豪,"罗马柱""山花"[①]非常盛行(图3-3-1)。建筑师直接介入乡村建筑设计往往是政府或企业主导的新农村建设的相关项目。早期新农村建设受城市化思维影响深刻,强调另建新村,统一规划,风格一致,基本与地方文脉割裂。近几年的新农村建设中,出现了如美丽乡村、特色小镇、田园综合体等新模式,开始关注地方文脉、地域特色。在景观设计领域,乡村也深受城市景观设计影响,最突出的是在乡村建公园、绿地、广场、滨河廊道,挖塘筑岛,引入名贵植被,景观功能空间划分清晰具体,最终占用大片土地,地域特色尽失,同质化现象凸显。这

---

① 在调研中发现,很多"罗马柱",其实不是严格意义的罗马柱,村民都笼统地将西式的相类似柱式均称为"罗马柱"。这些柱式往往由当地小作坊制作,工艺粗糙,做成一个"壳",包在正立面的承重柱上,或者贴在正立面墙壁上。"穹顶"技术难度大,乡村工匠难以掌握,所以流行不起来。

图3-3-1 嫁接西式建筑元素的中国乡村建筑（图片来源：作者自摄）

些问题出现的根源在于延续城市优先发展思维，以及对乡村了解的不深入。随着城乡融合发展的推进，这样的设计思维所产生的负面影响被广泛关注，引起了政府、行业、学术界对"乡村是什么""乡村环境设计该如何走"等问题的反思与讨论。

第一，当前乡村环境设计应定位为"公共产品"。虽然已经告别"乡土中国"，但"乡村共同体"意识仍然很强，城市中以满足个性化需求，以市场为设计动力的模式在乡村很难实行。乡村聚落、建筑、环境的营建都是由乡民自己完成，他们有自己一套稳定的规划设计逻辑。但在城乡融合发展的今天，传统的营造已经不适应社会的普遍需求，需要建立新的乡村设计逻辑。但乡民自身不具备这个能力，一般也不愿意购买专业的设计。任由乡民自由营建，乡村必然无序生长，这也是当前我国乡村建设面临的主要问题。所以乡村设计首先得由国家进行顶层设计引导，并定位为"公共产品"，通过制定优惠的公共政策，引导社会各种力量介入。在当前的乡村设计中，主要是政府或部分企业投资方扮演甲方角色，出资购买设计师的产品。

第二，根据我国乡村营建传统及实际情况，乡村环境设计应该是"有限公共产品"。我国乡村涉及面广，需要巨大的资金流投入，政府财力也有限，不可能让所有的乡村都成为"公共产品"。所以我们要从乡村传统寻找突破口。在"乡土中国"阶段，乡村曾经形成一套完整、成熟的自组织系统，在这套自组织系统下，乡民自我管理、自我运行，村落与建筑的营建也都是在自组织系统下完成的。因此通过重建乡村自组织系统，让村民参与到乡村设计中，成为乡村设计的主体。政府或投资企业向设计师购买合格的乡村设计产品。政府将这些"公共产品"进行典型推广，只要村民认可了这些"公共产品"，很多村民就会去模仿，模仿越多，设计师作品的风格就会发展为地方风格，乡村设计逐渐演变为"有限公共产品"。

第三，站在乡民角度换位思考。在推广"公共产品"的过程中"村民能否认可"非常关键。通过考察，这种做法在一些地方是使用过的，地方政府请了设计师提供了若干套户型图，村民若按照户型图建设，政府则直接给予一定的资金鼓励。但执行不力，结果不尽如人意。究其原因还是对乡民不了解，很多乡民看不懂、不理解专业图纸，无法达到设计的预想效果。还有就是以层层传达的行政命令方式传递"户型图"至村民，这个过程中对设计信息的解读很容易失真，由于缺失专业技术人员，无法给出准确的设计指导，这时村干部往往是乡村设计落实的"终端"。曾经某地村民给笔者口述他们的遭遇，所在地方政府出台一项惠民政策，村中新建房屋只要符合指定的户型，建好后验收合格，政府将给予一定补贴。但村干部在执行时，对设计信息理解不透，信息传达失真，告诉村民只要外立面建成"XX式"，就可得到补贴。因为有直接的资金补贴，村民是非常乐于配合的，但因传递有误，验收不合格，村民拿不到补贴，村民怨声载道，对村干部及相关工作人员十分不满。这些行为降低了政府及工作人员在乡民心中的公信力。之后政府在推行相似的政策时，就不再有村民支持配合。其实这个问题只要让村民看到具象的或实物或模型或效果图就能解决。

分析到这里，我们是否意识到，乡村环境设计的成功应离不开对细节的把控，对乡村社会的深入调研。所以在乡村设计的导向上有必要弱化"设计师的角色"，尝试着以社会学者、人类学者的眼光来看待乡村，往往会获得意想不到的效果。近几年在乡村建设中，"社区营造""微设计"备受关注。在社区营造过程中，由专业设计师直接带着村民参与建设，不断淡化图纸化设计，在地设计的作用日益明显。该设计方式拉近了设计与村民的关系，形象直观，增加村民的凝聚力，很容易被村民接受并得到认可。

第四，对乡村环境设计作品的质量把控。对于乡村环境设计作品的优与劣的评判不能再延续城市环境设计那套标准。乡村环境设计不在于技术的高精尖，而在于是否遵循地域逻辑，体现地域特色。首先要摆脱"形而下之物"的传统设计惯性，这在建筑设计、环境设计中是比较常见的。乡村社会是熟人社会，乡民有着复杂、具体、琐碎的利益诉求，有自己的一套文化体系。设计师在进行乡村设计前先要了解乡村的文化属性，尤其要克服"浪漫乡村"的非理性认知，把乡村设计当作一个"社会问题"来理性对待，克服"唯技术论"倾向，将乡村伦理、乡村秩序、乡村经济、乡村组织、乡村宗族、传统营建逻辑等社会文化因素综合考虑进去，不断强化"道器合一"的设计观。其次就是控制设计欲望。设计师思想开阔，创造欲望强烈，在城市设计实践中往往能充分发挥设计创意。但乡村不一样，从村民主体来看，相对于城里人他们接受新事物的能力较弱；从乡村属性看，乡村的第一特征是乡土性，因此乡村设计需要在坚持"乡土性"的前提下进行。这里节制设计欲望不是反对创造，而是要在坚持乡村逻辑的前提下进行，许多成功的乡建实践者认为控制设计欲望是乡村设计需要遵循的重要理念。最后是向传统工匠学。传统工匠祖祖辈辈扎根于一个地方，以父子、师徒相传的方式传承匠艺，他们对村中的人情伦理、风俗习惯、气候变化、地方材料、匠艺源流非常熟悉。通过向地方匠师学习，可以迅速地开展工作，并能保证设计的地域性，避免设计作品"水土不服"。比如笔者在西南考察彝族土掌房时就遇到"水土不服"的情况，导致巨大的资源浪费。传统土掌房修建一定要在少雨的冬季进行，这样才不容易漏雨，但设计师不了解这些情况，在夏季施工，导致质量不高。为了解决防水，在土掌房屋顶做现代防水层，为了保持传统风貌，顶面铺一层土，屋顶失去了透气性，导致水散不出去，屋顶常年积水，呈"烂泥"状，不但影响了美观，也影响了作为晒场、交通、娱乐的公共空间功能的发挥。这里面的关键问题就是没有对气候与建筑的关系、材料属性的正确把握。显然，这些问题不解决，设计方案的质量是难以保证的。

第五，重构乡民的文化自信是设计师的职责与权力。这里不关乎道德绑架，而是基于设计能否专业呈现的考量。上文分析了乡村有自己营造逻辑，但是在城镇化高速发展过程中，各种外来建筑文化介入乡村，"乱花渐欲迷人眼"，乡民的心理经历了对新鲜事物的艳羡，对自身出路的迷茫，对文化知识的自卑，对外来事物盲目崇拜等变化，延续了上千年的乡村文化系统已经被破坏。乡民普遍认可钢筋混凝土建筑、西式建筑"洋楼"是时尚的标准。当前广大的乡村普遍修建的是现代建筑，缺乏国家公权力的有效干涉，缺乏规划设计专家介入的乡村往往无序发展，风貌杂乱无章，这是文化不自信的典型表现。大部分乡民是盲目的、缺乏判断的，对自己文化是麻木的、不自信的。这时，设计师介入乡村，设计出有乡村特色的作品，面临的首要问题是村民的认可度，其背后逻辑就是文化自信的重构。这就需要设计师以人类学者的敏锐视角去批判乡村，以社会学者的思维去思考乡村。在设计、营建过程中，让乡民重振文化信心，这是设计方案能否顺利落地的客观需要，因此设计师有职责也有权利为乡民重构文化自信做出应有的姿态。目前有两种路径，一种是由设计师或设计团队带领乡民共同参与更新设计，组建"临时共同体"，以"社区参与""社区营造"的方式重构乡民对自身的信心；另外一种就是将乡土资源转化为实实在在的货币价值，如通过旅游开发，特色产品加工，吸引消费者。前者以潜移默化的方式进行，前提是有情怀的设计师介入，其动力是外力为主，以点状进行，影响力虽然有限，但"星星之火可以燎原"；后者以资本撬动，其动力是内在的，能够迅速调动乡民的积极性，发展迅速，但往往缺乏专业指导，会出现一些"急功近利"的现象。

二、构建乡村环境设计的学术话语权

（一）环境设计在乡村的长期缺失

伴随着我国社会主义建设的发展，环境设计学科建设的进程与国力增强、社会进步的实践保持了紧密联系。"环境设计"始于20世纪50年代"室内装饰"的概念，发轫于80年代中期的"环境艺术"概念定位是从室内设计逐步走向环境设计学科的专业探索，直到2011年3月，国务院学位委员会、教育部印发的《学位授予和人才培养学科目录（2011）》正式文件最终得以确立，"环境设计"被纳入"艺术学"门类"设计学"的学科方向。这对环境设计的深化拓展提供了学科上的合法性。然而从环境设计的现状看，虽然经历了60余年的发展，却呈现出"重实践轻理论"的态势。实践上作为环境设计"上位"学科的设计学范式的研究也是处于探索阶段。"设计学的研究范式总体上还处在摸索的阶段，远未达到成熟的状态，在现阶段还是需要对可能的范式有所提示，推动整个学科更好地向前发展。①毕竟环境设计研究还是囿于教育界狭小的学术圈。60年间，虽然奋力投身社会实践的蓝海搏浪前行，然而在社会发展各种不利因素的影响下，理论研究成果依然难以转化为生产力。基于环境意识的'城乡景观、风景园林、建筑室内等微观环境的设计'理念，即便在学术圈内部，认知也未必能达成共识。由于缺乏环境设计学科方向研究定位的自信，尽力向美术学、建筑学、风景园林学靠拢寻求发展竟然成为主流。"②不能否认，"环境设计……几十年来为培养大批专业人才居功至伟，成为我国艺术设计发展的排头兵与主力军。成就辉煌，问题也不少，其他相关专业学科话语权强势的冲击，如同庚子初春暴发并波及全球的新型冠状病毒肺炎，能给社会经济带来压力，给消费市场造成低迷，必然也给环境设计教育及教学定位带来了不小的震荡，似乎也遇到了'疫情'"③。面对环境设计遇到的"疫情"，虽然有前辈们等学者、同仁的长期持续努力，然而理论建设的薄弱性仍然是环境设计研究一直困扰的问题，这导致环境设计不论是在艺术学科体系下，还是在工学体系下，都以一种"准边缘化"的姿态呈现。

在社会实践领域，环境设计虽然成绩斐然，但也存在"重城市、轻乡村"的不平衡发展现状，致使乡村成为环境设计专业发展的"洼地"。事实上，无论是从学科专业建设，还是城乡融合发展，环境设计都不能忽略乡村的客观存在，尤其在我国今天城市化发展达到一定程度，城市建设项目逐渐减少，"乡村振兴"被确定为国家发展战略的新时代背景下，环境设计能否热情拥抱乡村、积极作为，是掌握学术话语权的难得契机。郑曙旸教授认为"环境设计是人类生存空间的综合设计系统"④。由此可推，环境设计中的"环境"应该包括城镇环境和乡村环境，"城镇环境"和"乡村环境"共同构成人类的生存空间。2019年11月"中国人居环境设计学年奖暨教育年会"上方晓风教授指出中国乡村空心化问题就是一个环境设计专业必须面对的人文语境变化，倡议环境设计专业

---

① 方晓风. 实践导向，研究驱动——设计学如何确立自己的学科范式[J]. 装饰，2018（9）：12-18.
② 郑曙旸. 中国环境设计研究60年[J]. 装饰，2019（10）.
③ 李朝阳. 论环境设计及设计教育的理性精神[J]. 设计，2020（13）.
④ 郑曙旸. 关于环境设计的理论思考[J]. 装饰，2017（增刊）.

应关注乡村人文语境的变化。①因此"乡村环境设计"理应成为环境设计的"半边天"。然而从理论研究及设计实践来看,环境设计在乡村领域长期是微弱的,不论对于乡村发展,还是对于环境设计专业的长远建设都是不利的。乡村环境设计并没有引起足够重视。

通过对文献分析可以发现,相对于建筑学、城乡规划学、风景园林学专业而言,基于环境设计专业开展对乡村环境设计的理论研究成果呈现出散、少、浅的态势。仅有的一些"零散"成果也是近几年随着乡村逐渐成为热点话题而出现的,主要集中于一些有抱负的艺术家、设计师的探索,包括环境设计专业的硕士论文,已实属不易,难能可贵。宁晓敏通过对中国传统慢文化的发掘和思考,挖掘蕴含在中国传统文化中的"慢生活"基因,倡导把国际慢城理念与中国传统慢文化相结合,完善和细化慢城理念,探索出适宜中国国情的乡村慢城模式,并运用到北戴河村的环境设计中②;孟瑾和黄雯婷在美丽乡村建设背景下以乡村建筑环境设计为对象,分析美丽乡村建设的目标、涵义、理论、实践,总结美丽乡村建设的现状和出现的问题,试图探索一种既科学、合理,又能充分体现出美丽乡村环境的改造设计方法③④;黄兆成基于设计价值和理念等角度提出在乡村人居环境设计改造、传统建筑的保护、生态环境的改善等方面,依托传统文化和技术条件,发掘地方特色,实现保护传统生态环境⑤;李健探讨了"美丽乡村"绿地景观设计内涵,总结"美丽乡村绿地景观特征、设计原则",思考"美丽乡村绿地景观如何建设"等方面的内容⑥。从研究成果来看,虽然出现了明确的乡村环境设计专题,但从研究方法看,侧重于案例的介绍,在学术理论层面还有待提升;从研究内容来看,似乎与传统的建筑类研究范式区别并不明显,学科界限比较模糊,仍然没有彰显环境设计的优势,没有凸显环境设计综合性的专业特征。

实施乡村振兴战略后,环境设计逐渐开始介入乡村建设,但不可否认,当下乡村环境设计的现状并不乐观。虽然环境设计被定义为"人类生存空间的综合设计系统",由于乡村振兴周期长、见效慢,涉及对象的复杂性,相对而言,呼吁的多、行动的少,一些有情怀的环境设计学者或设计师也开始介入,但理

---

① 《装饰》杂志主编方晓风在2019年中国人居环境设计学年奖暨教育年会上的发言。
② 宁晓敏. 基于北戴河村的乡村慢城模式和环境设计研究[D]. 秦皇岛:燕山大学,2016.
③ 孟瑾. 美丽乡村建筑环境设计研究[D]. 石家庄:河北科技大学,2017.
④ 黄雯婷. 韶山市美丽乡村环境景观整治规划策略与实践[D]. 长沙:中南林业科技大学,2018.
⑤ 黄兆成. 乡村传统民居环境设计改造与保护略谈[J]. 创意设计源,2016(6).
⑥ 李健. "美丽乡村"绿地景观设计研究[D]. 哈尔滨:东北农业大学,2015.

论研究还处于起步探索阶段。从设计角度来看，主要还是延续以建筑学、城乡规划学、风景园林学等建筑类学科的传统研究范式，侧重技术、功能、个案研究，忽略整体性及环境的生态性、文化性和精神性，研究视野受限，成果在深度、广度、系统性方面有待完善。这也预示着本书具有一定的学理创新性。目前出版不多的一些涉及环境设计方面的乡建书籍，基本上以普及性读物或者乡村实例汇编为主，在内容上欠缺系统性、学术性。基于目前所掌握的资料，尚未发现与本书研究内容相一致的学术性较强的论著。

（二）环境设计介入乡村的可能性

实施乡村振兴战略是全面复兴乡村，全面建设乡村。乡村作为一个人居环境系统，虽然尺度小于城镇，但"五脏俱全"，涉及社会生活的方方面面，需要众多学科介入，以彰显乡村的综合属性。其中环境设计相对建筑学、风景园林学、城乡规划学等学科，涵盖面较广、综合性更强，同时也能"填补"上述三个学科所涉及不到的"缝隙"，具有典型的"大设计"概念。显然，环境设计能够以整体、系统、深入的视野看待乡村人居环境，建设美好的宜居家园。因此环境设计介入乡村具有一定的先天优势。

1. 环境设计是综合设计系统

关于环境设计作为一个综合系统的论述，20世纪90年代初张绮曼教授在《室内设计资料集》总论中就进行了阐述，以自然、人、社会作为设计分类的坐标点，从而科学的建立设计体系，并绘制了现代环境艺术构成逻辑图（图3-3-2）。2017年《装饰》（增刊）特别策划了"从室内装饰到环境设计——清华大学美术学院环境艺术设计系成立60周年"专刊。围绕这一主题，国内外环境设计知名学者纷纷撰文阐述学科发展的前世今生、内涵外延，其中郑曙旸教授在《关于环境设计的理论思考》一文中从环境设计的概念、特征、内容作了全面深入的探讨；张世礼、苏丹、杨冬江、张月、宋立民等众多学者也从各自角度对环境设计的理解与认知进行了系统阐述。

环境设计可从广义、狭义两个层面阐述其定义，"广义的环境设计不是一个独立的专业门类，而是设计艺术的环境生态观念。它具有学科的交叉性、行业的综合性、运行操作的协调性，在相关行业可持续发展战略总体布局中，处于协调人工环境与自然环境关系的重要位置，是面向宏观环境的设计学专业的理论体系。""狭义的环境设计是以人工环境的主体建筑为背景，在其内外空间所展开的设计。具体表现在建筑景观和建筑室内两个方面，是面向微观环境的

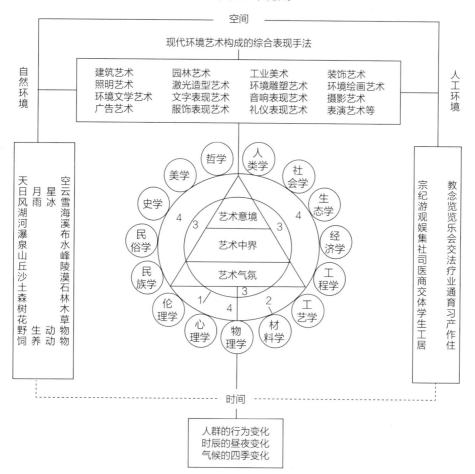

图3-3-2 现代环境艺术构成逻辑图（图片来源：张绮曼，郑曙旸. 室内设计资料集［M］. 北京：中国建筑工业出版社，1991.）

设计。"①对于微观环境设计内涵他也作了界定："这里所说的微观并不是抽象的概念，而是指向小尺度计量客观物质形态和近距离空间主观感知体验的环境设计。"郑曙旸教授的定义说明了环境设计专业具有"内涵深广，边缘综合"的特征，"内涵深广"反映了环境设计有广阔的研究空间、实践空间，"边缘综合"表明环境设计具有较强的学科交叉性，能不断地吸收其他学科的理论来完善自己，比较接近吴良镛院士提出的人居环境科学定义。环境设计也可以说是处于动态变化、体系开放的专业学科（图3-3-3）。

---

① 郑曙旸. 关于环境设计的理论思考［J］. 装饰，2017（增刊）.

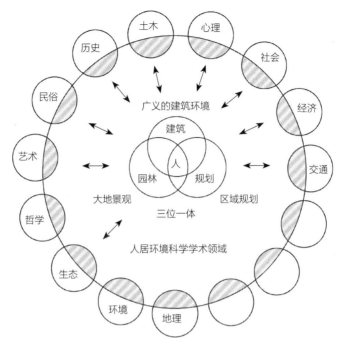

图3-3-3 人居环境科学的学术框架（图片来源：吴良镛. 人居环境科学导论[M]. 北京：中国建筑工业出版社，2001：82.）

从以上分析看，环境设计似乎是一个"上可入天、下可入地"，内容丰富的专业。但从客观上说"内涵深广，边缘综合"的特征实际上弱化了自身的专业体系，淡化了学科的边界。人们不禁要问，环境设计的学科边界在哪里，它与建筑学、风景园林学、城乡规划学的优势在哪里？很明显经过多年的发展，环境设计有着很强的张力性，与相关学科相比有着广阔的视野，其优势在于其综合性，除了综合性外，面向微观环境的室内、建筑景观的传统设计范式也得到不断强化。关于环境设计向着综合性、整体性发展，不少业界专家都有论述："室内装饰现在一天一天走向整体设计这条路。（庞薰琹）""我们这个专业不仅是给建筑锦上添花，搞搞表面装饰，而是建筑物必不可少的有机组成部分。（奚小彭）""我们的设计对象早已悄悄地渗透、超越了室内这个界限，而转化为室内外含混的、全面的人为和规划设计对象了。（潘昌侯）"[1]尹定邦、邵宏在其主编的《设计学概论》一书中，明确了环境设计的五大内容：城市规划设计、建

---

[1] 任艺林. 从室内装饰到环境设计——清华大学美术学院（原中央工艺美术学院）环境艺术设计系历史沿革[M]. 北京：中国建筑工业出版社，2017：145.

筑设计、室内设计、室外设计、公共空间设计①。由此可见,环境设计是关于人类生存空间人居环境的综合设计系统。

2. 从历史走来:开放兼容的环境设计

2017年出版的《从室内装饰到环境设计——清华大学美术学院(原中央工艺美术学院)环境艺术设计系历史沿革》一书,从历史的角度系统地梳理了环境设计专业的来龙去脉②。从1957年至今(2021年)已有64年的历史,环境设计由最初的室内装饰发展而来,随着时代的需求变化,准确迅速地做出调整,在满足国家各领域建设需求的基础上,不断拓展自己的学科体系,延伸学科内容,形成了包含城市规划设计、建筑设计、室内设计、室外景观设计、公共空间设计在内的综合设计系统。

1956年中央工艺美术学院成立,次年室内装饰系成立,开启了中国室内设计教育的征程。在初创阶段,受国家计划经济大背景的影响。室内装饰系除了是教育机构外,还要参与国家的建设生产,因此这一阶段的设计教育围绕着实践展开,也确定了环境设计"强实践、精技术"的基调。从1957年到1966年十年间室内装饰系在适应急剧的时代变革,不变地做出调整,专业名称也不断频繁更改。"十年六变,五个名称——这种频率的变化恐怕在工艺美术教育史甚至在整个高等教育史上都十分罕见。"③从室内装饰拓展到建筑装饰上,是满足特定时代的需求,顺应行业的变化。1966年至1977年"文革"期间,设计实践主要围绕着政治任务进行。改革开放后,室内装饰兴起,专业得到恢复,为设计的全新时代到来做准备。从20世纪80年代末以来中国城市化发展迅速,城市中建筑业发展迅猛,局限于"局部"的室内空间设计已经不能满足行业的新需求。"重视从室内的设计一直延伸到室外的总体环境设计,是以整体的环境观,内外一体的空间观来建立我们这个系的学科理论体系的。"④1988年中央工艺美术学院室内设计系更名为环境艺术设计系,环境艺术设计专业正式纳入我国高校专业目录。2011年为适应行业变化的需求、专业教育的变革以及环境生态意识的转变,"环境艺术设计"变更为"环境设计"(表3-3-1)。

---

① 尹定邦,邵宏. 设计学概论[M]. 北京:人民美术出版社,2013.
② 任艺林. 从室内装饰到环境设计——清华大学美术学院(原中央工艺美术学院)环境艺术设计系历史沿革[M]. 北京:中国建筑工业出版社,2017.
③ 任艺林. 从室内装饰到环境设计——清华大学美术学院(原中央工艺美术学院)环境艺术设计系历史沿革[M]. 北京:中国建筑工业出版社,2017:53.
④ 承上启下者——张绮曼教授访谈[J]. 装饰,2017(增刊).

清华大学美术学院（原中央工艺美术学院）环境艺术设计系沿革表　　表3-3-1

阶段	时间	所属专业更名	时代变化，行业需求
1957—1966	1957年成立	室内装饰	从室内到建筑
	1957年10月	装饰工艺	
	1958	室内装饰	
	1961	建筑装饰	
	1962	建筑美术	
	1964	建筑装饰美术	
1966—1977	1975	工业美术	政治任务中的设计实践
1977—1988	1984	室内设计	改革开放后室内装饰兴起，迈向国际化、市场化环境的设计实践
1988—2017	1988	环境艺术	城镇化、市场化、国际化、信息化的时代背景，以市场化模式为主导，以城市环境设计为主战场
	1999	环境艺术设计	
	2011	环境设计	
2017年至今	2017	环境设计	实施乡村振兴战略后，环境设计开始有规模的介入乡村。"乡村环境设计"将成为与"城市环境设计"并列存在的两个"主战场"

（图表来源：任艺林. 从室内装饰到环境设计——清华大学美术学院（原中央工艺美术学院）环境艺术设计系历史沿革[M]. 北京：中国建筑工业出版社，2017）

可见，改革开放以后，环境设计专业名称经历了四次变化，但主要还是为城市建设服务，其主战场集中于城市空间环境。2013年国家提出"美丽乡村建设"后，一些有情怀的设计师开始将眼光投向乡村，但相对于建筑师、规划师、景观师，环境设计领域的设计师介入乡村的较少。直到2017年在党的十九大报告中提出"实施乡村振兴战略"后，乡村成为国家的发展重心之一，乡村振兴成为全社会的关注热点。在市场机制的调节下，国家的引导下，以环境设计师身份的研究者也将眼光转向乡村。

虽然现在环境设计在乡村设计中实践有限，研究涉猎也不多，尚未完全构建起学术话语权，但从环境设计的历史发展及专业属性来看，其整体性、综合性、开放性、交叉性、兼容性特征必将在乡村设计中大有作为，而且能够迅速调适。可以预见，环境设计为适应新时代城乡融合发展，"乡村环境设计"将成为与"城市环境设计"并列存在的两个"主战场"。

3. 乡村环境与环境设计的内在统一性

环境设计发端于室内装饰，并走向室内外空间，面向宏观环境、微观环境设计，为自身发展赢得了广阔的空间。但长期以来，城镇化将资本高度集聚在城镇，在市场机制作用下，环境设计的"主战场"在城镇，因此从内容看，更接近于城市环境设计。从2005年国家提出新农村建设，国家开始关注乡村，相关学科专业为适应新的时代变化，纷纷从学科专业名称、内涵、方法、内容等方面做出调整，如城市规划更名为城乡规划、景观建筑学更名为风景园林学。风景园林学、城乡规划学从建筑学独立出来成为一级学科。在学科内容建设上都将乡村纳入体系，并形成专门的乡土建筑、乡村景观、乡村规划等设计专题的研究方向及课程设置。那我们要问，乡村环境设计是否应该作为一个专题开展研究？是否应该开设相关课程？"据前几年统计，中国设立环境艺术设计专业的院校是1800多所"[1]。规模之大，是建筑类专业无法比拟的。当前国家实施乡村振兴战略，为设计类、建筑类专业开拓了广阔的发展空间，作为"一个代表设计发展方向的专业"，环境设计是不能缺席的，也不应该缺席，乡村建设需要环境设计的介入。

上文分析了环境设计是综合设计系统，其突出的特点在于整体性、综合性的设计导向，上可进行环境规划，下可开展微观室内设计，能够充分弥补建筑学、城乡规划学、风景园林学之间配合不足的缺失。环境设计这样的学科特点非常适合整体性强、涉及层面多，但规模又不是特别大的空间环境。乡村是规模最小的聚落形态，是"人居环境的微观系统"[2]。"麻雀虽小、五脏俱全"，作为一个微型社区，涉及包括聚落空间、文化空间、生产空间、生态空间、生活空间在内的"五位一体"的空间体系。丰富的空间层次，需要宏观、中观、微观等多层面，涉足规划设计、景观设计、建筑设计以及室内设计。当前在城乡规划设计实践中专家学者倡导"多规合一"，从纵向层级上看，包括县域乡村战略规划、县域乡村总体规划、乡镇规划、村庄规划、乡村重点项目规划的"五位一体"[3]；从横向内容上看，包括保护规划、旅游规划、景观规划、产业规划、发展规划等。乡村环境设计应该摒弃大尺度、宏观社区的区域规划设计，转而以乡村个体的微观系统为实践与研究对象，这样乡村"多规合一"的需求可以充分发挥环境设计的整合优势。这些需求与环境设计的学科属性非常契合，在乡村建设中环境设计完全可以走出自己的特色，建构自己的话语权。因此开展乡村环境设计研究能充分发挥学科专业的优势。

---

[1] 承上启下——张绮曼教授访谈[J]. 装饰，2017（增刊）.
[2] 郑曙旸. 中国环境设计研究60年[J]. 装饰，2019（10）.
[3] 林峰等. 乡村振兴战略规划与实施[M]. 北京：中国农业出版社，2018：10.

4. 环境设计在介入乡村后的调适

乡村环境与环境设计专业的内在契合性决定了"乡村环境设计"专题是能够立论的,甚至可以将之视为与城市环境设计并立存在的新的研究"范式"。但是我们知道环境设计的主战场长期是在城市,对乡村而言它们是陌生的,几乎没有可资借鉴的理论作为指导,也没有成熟的实践案例进行参考。环境设计介入乡村面临着"城镇化设计思维"转向"乡村化设计思维"的现实问题。

环境设计长期耕耘于城市,形成了相对完善的设计理念、设计范式、设计思维、设计方法,介入乡村后将为乡村设计带来新鲜血液,尤其在乡村现代化设计领域将发挥着积极作用,但移植城市环境设计做法是不可能设计出符合乡村实际的方案的。所以从专业本身而言只有通过不断的参与实践、积累经验,凝练学术观点。另一方面就是要积极借鉴其他学科的成功经验,统合不同学科的观点来完善乡村环境设计体系。建筑学、城乡规划学、风景园林学三大学科虽然侧重点不同,但从未间断过对乡村的实践和研究。近十年来顺应国家发展乡村的潮流,更是将乡村视为继城镇化之后的又一"主战场",经过多年的努力已经取得丰硕的研究成果。但是这三大学科有着相对清晰的边界,专业界限的强化,必然导致学科配合的弱化。这容易导致乡村规划、乡村景观设计、建筑设计或建筑更新改造之间存在衔接不畅的风险,重复建设、浪费资金等问题频发,影响乡村的整体发展。这个问题在部分地区得到关注,政府或投资人(甲方)迫切需要同时具备规划、景观、建筑等领域的团队,实现多学科的合作,进行乡村整体设计,其实这也是"多规合一"的必然趋势。环境设计专业本身就具有这个优势,所以可通过整合建筑、规划、风景园林三大学科的研究成果以及吸收其他相关学科的理论来搭建乡村环境设计体系。无法回避的是,在这个急剧变革的时代,相比较单纯通过参与乡村环境设计实践及理论研究,试图建构自己的话语体系是不容易的,可能优势还没能得到显现与认可就被其他专业所遮蔽。因此环境设计需要不断参与设计研究与实践,积极整合其他学科的优秀成果,实现环境设计在乡村的快速调适,实现"弯道超车"。

(三)城乡融合发展要求乡村环境设计建构话语权

学科专业与社会发展是相辅相成的。环境设计从最初的室内装饰发展而来,就是根据社会需求的变化而不断的调整自身内容,建构自身的话语权。上文已经分析过中国的社会结构在21世纪之初(约2003年至2010年)已经由"乡土中国"过渡到"城乡中国",伴随着社会结构的变革,中国的城乡关系经历了优先发展城市的阶段,到统筹城乡发展(2003年)以及城乡一体化

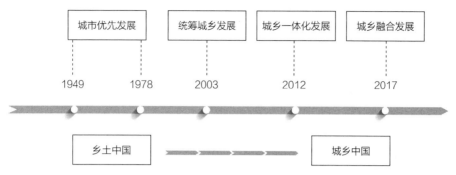

图3-3-4 中国社会结构变革与城乡关系演变（图片来源：作者自绘）

发展（2012年），乡村发展已经成为中国全面发展必须面对的社会问题。2017年党的十九大报告提出的"乡村振兴战略"中明确了"重塑城乡关系，走城乡融合发展之路"。"城乡融合发展"也因此成为"城乡中国"最显著的特征之一（图3-3-4）。

中国社会结构以及中国城乡关系在新的时代背景下发生了巨大变化，各学科专业都在积极调整自己的学科体系，以适应变化的需求，甚至很多专业研究走在时代前列。比如2011年城市规划更名为城乡规划就是典型，就是对城乡关系变化的积极回应，实际上在2011年前城市规划就已经涉及乡村的规划实践及理论研究。建筑类专业的建筑学、风景园林学也都积极探索乡建理论，参与乡建实践，并已经取得丰硕的成果，不论在学界、行业中都逐渐积累了有分量的话语权。显然，时代有需求，专业有支撑，供需关系已经形成，但在城乡融合发展中，环境设计专业在这一轮社会变革中行动略微迟缓，无论是设计实践还是学术建树，乡村环境设计的话语权都是微弱的甚至缺失的。这一现状与环境设计"开放兼容"的优秀传统特质相互背离，也与全国海量院校开设环境设计专业的实际不相吻合。

从环境设计发展沿革来看，早期主要以"城市室内设计"为主，到了20世纪80年代中后期，以城市的室内外环境设计为主。在每一个社会变革的转折点，环境设计都能迅速做出回应。从改革开放后，城镇化高速发展，社会对环境设计需求巨大，开设该专业的院校也非常多。今天我们面临着重塑城乡关系，走城乡融合发展道路，需要海量的乡村环境设计人才。无疑，如此众多的院校开设环境设计对于城乡融合发展是巨大的专业支撑（图3-3-5）。

因此本书提出从文化振兴视角切入，挖掘乡村深厚的文化内涵，在环境设计中使我们的作品或研究成果以"分量"。只有这样，环境设计专业在未来乡村振兴与发展规划建设中才能被认可，被委以重任。本书强调在传承乡土文化

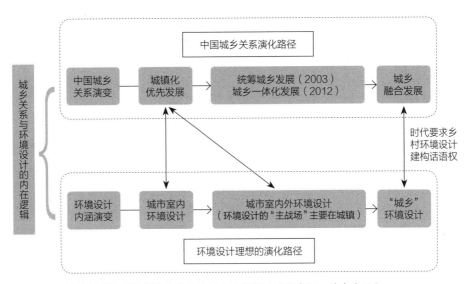

图3-3-5 城乡关系与环境设计专业演变的内在逻辑（图片来源：作者自绘）

的前提下，从环境设计的角度，研究乡村建设的有关问题，并借此确立乡土文化在实施"乡村振兴战略"建设中的地位，进一步完善乡村环境设计的理论体系。从这一角度来看，本研究课题既有助于学科建设，也契合新时代的乡建需求。

第四章
"城乡互构"：市场主导型城郊乡村环境设计策略

在国家实施乡村振兴战略背景下，城郊乡村紧邻城镇的区位优势，无论在发展潜力、投资周期、回报率来看，都普遍优于其他地区的乡村。在既重视"新型城镇化"，又强调"乡村振兴"的时代背景下，城郊乡村依托城镇多元化的、巨大的消费市场需求，在市场机制的自由调节下，各种市场要素首先会自发的流入城郊乡村。城郊乡村会首先成为城乡融合发展的最优选择区域。因此从当前和未来发展趋势看，城郊乡村发展可定位为"市场主导型"。为了有效满足城镇人群的多元化需求，城郊乡村往往在市场需求推动下，向着多元产业型方向发展。从国家政策看也是强调优先发展城郊乡村。在我国制定的"城乡融合发展线路图"中，明确了"到2022年，城乡融合发展体制机制初步建立。城乡要素自由流动的制度性通道要基本打通……经济发达地区、都市圈和城市郊区在体制机制改革上要率先取得突破。"[1]在"线路图"中，强调了城乡融合发展体制机制要率先在经济发达地区、都市圈和城市郊区取得突破，这也是顺应市场发展做出的正确选择。因此，对于城郊乡村环境设计策略的制定要从市场机制考虑，我们认为"城乡互构"的设计策略是能很好地体现"市场主导型"城郊乡村的内在要求。城郊乡村的一切具体设计行为、手段需要建立在"城乡互构"策略的基础上。

第一节 城郊乡村概念与特征

一、"城乡互构"——城郊乡村的理性选择

"讨论中国乡村建设的话题，必须有城乡互动、古今贯通的视角。这既是中国文化的传统特征，也是'乡村振兴战略'的起点和目标"[2]。其中"城乡互动"尤其适应当下城郊乡村的实际，将发挥直接的积极效应。城郊是城市空间结构的外缘部分，介于城乡环境之间，同时具有城市和乡村的特征，也因此有"城

---

[1] 城乡融合发展有了路线图——国家发展改革委规划司有关负责人就《关于建立健全城乡融合发展体制机制和政策体系的意见》答记者问[J]. 农村工作通讯，2019（10）.

[2] 聂影. 乡村景观重构与乡村文化更新[J]. 创意与设计，2019（6）：12-24.

市边缘带""城乡结合部""城乡交错带"等称呼。简单地说就是地理的趋近性、文化的适应性、资源的互补性。"由于紧邻城市,在经济、交通、人员流动上与大城市互动频繁。特殊的地理位置,使其得以成为未来极具活力的区域,将承担城市功能外延拓展和乡村可持续发展的功能。"[1]在城乡融合背景下彼此各为需求,从双方需求效益的最大化来看,彼此之间存在一个最优距离,在这个距离范围之内,城市人群到乡村消费效率最高。这可以用"距离衰减理论"来解释,"在距离衰减现象中,存在一个最小距离,在这个范围内,旅游者不认为他们在离家出行,这个距离叫做出行阈值。"[2]城市群体以上班族为主,他们大部分休息时间短暂,限定了他们主要出行范围只能在城郊范围以内。吴必虎教授认为"中国城市居民旅游和休闲出游市场,随距离增加而衰减,其中61%的城市居民的出游市场分布在距中心城市50公里范围内,因此,城市郊区乡村旅游发展具有很大的市场空间。"[3]当然了随着城乡交通设施不断完善,尤其是高铁或城际列车系统的逐渐完善以及提速,"出行阈值"会不断加大。

在城市人群的"出行阈值"范围内,城郊乡村能够得到城市经济、文化、技术、政策、信息等领域的直接支持。但是从自身运行机制来看,却是游离于城市管理制度之外。城郊乡村是中国乡村体系中的一个特殊区域,应该有针对性地制定乡村振兴的环境设计策略。充分发掘并高效利用城市这个巨大的消费市场,以带动城郊乡村的高速发展,成为中国城乡融合发展的"第一梯队"。从城郊乡村环境设计策略的研究与制定来看,也有必要作为一个独立类型开展,根据其特征有针对性地研究其文化振兴的内容,确定适宜的环境设计策略。

二、城郊乡村平等发展阶段的来临

自改革开放以来,中国的城镇化高速发展,城市不断向外扩张,新城不断建设,城市建设用地快速增加,临近城镇的乡村农林用地不断地被吞并征用。城郊乡村满足城市工业用地以及为外来打工者提供廉价租赁房屋的需求,同时城郊乡村的自我发展对建设用地的需求也在不断增加。城乡双向发展需求决定了我国的城乡规划一直以来以"增量规划"为主。在增量规划阶段,城郊乡村做出了重大牺牲,农林用地、建设用地被低价征用,在征收过程中绕过高成本

---

[1] 白理刚,鲍巧玲. 城郊乡村地区的城乡融合规划研究——以西昌市东部城郊乡村地区为例[J]. 小城镇建设,2019(5).
[2] 齐宏林,齐宏坤等. 郊野生态旅游的基本思考[J]. 林学院学报,2000(3).
[3] 吴必虎,唐俊雅,黄安民. 中国城市居民旅游目的地选择行为研究[J]. 地理学报,1997(3).

的聚居建筑区，致使城市化过程中特有的"城中村"现象不断出现。城市中高能耗、高污染、低效益的产能转移到城郊，给生态环境造成巨大压力。城郊乡村不能直接享受城市的各类公共服务，却要承担城市发展带来的各种问题。城郊乡村的发展被动地从属于城镇化的逻辑之中。这是城乡二元对立下城乡不平等发展的表现。

但是近年来为顺应国家新型城镇化战略和乡村振兴战略的变化，城乡规划逐渐由"增量规划"向着"存量规划""减量规划"转变。除了极少数特大城市外，城乡扩张将逐渐结束，中国逐渐进入"收缩城市""收缩乡村"阶段。2019年4月国家发改委在《2019年新型城镇化建设重点任务》，首次提出"收缩型城市"，根据数据得出中国总计80个城市不同程度地出现收缩，占所有城市总数的12.1%。而且随着出生人口的不断减少，城市收缩将成为一个常态。这也就意味着城乡边界逐渐走向稳定，城郊乡村朝着"城镇化"或"城中村"方向发展的现象将逐渐消失，城郊乡村发展不再是被动的、不公平的附属于城镇，迎来了自主、平等的发展时期。随着乡村土地政策改革的深入，乡村市场进一步开放，城乡各要素双向自由流动。城郊乡村占据最佳区位优势，互动最为频繁。在市场的优化配置下，城市的部分公共服务产品转移到城郊乡村，乡村的优势资源也在吸引城镇的各种要素迅速集聚，城乡的各种利益主体介入，各种优势资源在城郊乡村被盘活，城郊乡村成为一个资源共享共赢的平台。城郊乡村与城镇平等发展阶段的来临为"城乡互构"的出现提供了先决条件。

三、"城乡互构"与城郊乡村的同构性

"城乡互构"概念是由中央美术学院曹田博士根据我国著名社会学家郑杭生教授的"社会互构理论"演绎而来的。"设计学上的'城乡互构'，是一种积极的态度来对待城乡二元关系，不仅要看到城乡二元的逆向冲突，更要看到二元的相互构建和同向谐变，要用'设计是构建现实与未来的相互关系'的思路来构建新型的城乡二元关系。"[①]这里曹田博士试图运用"城乡互构"来解决城乡二元矛盾和构建新型城乡关系。期望挖掘乡村的一些特质，如熟人关系、面子感、劳绩感等运用于城市设计之中，同时城市中高效、集约、规模化、现代化等特征可以充分运用于乡村设计之中，有一定创新性，但是作者没有关注城乡关系已经向着城乡融合发展转变的现实，也没有进一步提出"城乡互构"具体是如何互

---

① 曹田. "城乡互构"关系中的设计价值选择与中国乡村实践 [D]. 北京：中央美术学院，2016：8.

构的或者是相关理论建树，仅提出"城乡互构"是城乡关系设计的价值选择。

曹田博士的呼吁对于艺术学类的设计介入乡村无疑是具有积极意义的。因为设计学不论在理论研究，还是实践领域相比较建筑类学科而言，长期在乡村建设中是"失语"的。随着近几年新一轮乡村建设的开展，设计开始试探性地介入。正如方晓风教授所说的"设计与乡村，原本是没有很强关联的词汇，但随着社会的发展、经济的增长，现在越来越多地走到一起。"[①] "城乡互构"概念的提出为设计学介入乡村提供了新的思路。在当前阶段，作为城乡融合发展最优区域的城郊乡村将首先在城乡互构中受益。城郊乡村相比较其他类型的乡村就是直接面对城市巨大的消费空间。城市空间拥挤、环境污染严重、工作人群压力大、生活成本高昂，相反城郊乡村位于"出行阈值"之内，良好的自然环境、优美的田园景观、独特的聚落与建筑风貌、丰富的民俗资源、多样的饮食文化、生态绿色的农副产品、廉价且临近的土地资源、充足的劳动力资源，正是城市人群追忆"乡土意象"最理想的选择。需求是一切发展的根本动力。城郊乡村的独特区位吸引国家、社会企业积极投入其中，将其打造成休闲生活空间、智能产业空间、宜居生态空间。政府积极地进行环境整治，完善基础设施建设，政府、企业、村民共同进行一、二、三产业综合开发。村民也顺势发展农家乐，提供各种初级农副产品等经营性活动。各种利益主体纷纷介入，如果没有前期对空间环境的科学理性的设计引导，将可能导致无序发展。如何充分有序发挥城郊乡村固有资源，平衡各方利益，实现乡村振兴，促进城乡融合发展，这就需要具有"全局性"特征的乡村环境设计介入，并在其中贯彻"城乡互构"的设计理念。本课题认为"城乡互构"这个设计概念对于城乡融合发展下的乡村，尤其是城郊乡村环境设计是有启发性的。我们可以将其凝练为当下城郊乡村环境设计策略的"关键词"。

第二节 "城乡互构"：城郊乡村的现实需求

城郊乡村是城镇的外缘阵地，是城乡融合发展的最优区位之一。在城镇化的带动下，经过多年的发展成为中国乡村较为富裕的区域。但从现实看，城郊

---

① 方晓风. 设计介入乡村建设的伦理思考[J]. 装饰, 2018 (4).

乡村以自主发展为主，不论在政策规划，还是专业设计领域，以及对公众自发营造行为的引导是缺失的或者说是不足的。这些现实问题迫切需要引入新的规划设计理念介入，以寻求新的突破。同时城镇化的高速发展，也带来了各种"城市病""乡村病"。"城市病"需要乡村文化来医治，"乡村病"需要城市文化来疗伤。从"出行阈值"看，城郊乡村是解决"城市病"最近的"医生"。城市与城郊乡村形成了"互为医治"的局面。"乡村病"以人口流失、耕地撂荒、宅基地空置等"空心化"问题为主。城市资本的介入，是乡村闲置空间盘活复兴、人口回流与聚集的关键。因此"城乡互构"也成了城郊乡村的现实需求。

一、城郊乡村设计存在的问题

从设计的角度看，很多大城市的城郊乡村，都有相应的政策规划和村庄规划设计，为城郊乡村的规范有序发展发挥着积极作用。但是从整体来看，顶层设计存在脱离实际，缺乏可操作性，虽然近几年吸引了很多设计师介入，但延续城市设计思维现象显著，在乡建过程中，作为村落主体的村民却缺失话语权，参与程度不高，城郊乡村的发展主要依附于城镇，这些现实问题呼唤一种平等的"城乡互构"设计理念的出现。

（一）顶层设计弱操作性

从制度层面看，我国的城乡二元制度，直接导致公共产品在城乡分配上的不均衡，人为的拉大城乡差距。这在城郊乡村尤为明显，村民纷纷进城，乡村迅速空心化，导致城郊失去发展动力。更偏远乡村的农民进城打工，为节约成本，多租住于城郊空心化的民房中，导致村落秩序混乱，成为滋生各种社会问题的集中爆发地。从政策层面看我国制定了国家到地方的各种层级的政策。这些自上而下的顶层设计，从发展方向来看是好的，但容易忽视乡村的具体情况，对村民的真实诉求缺乏调研。不合时宜的政策一旦实施，村民的实际利益将受到损害，必然遭到村民激烈抵触。比如涉及乡村最核心的资源——宅基地、耕地退出补偿问题，如何补，补多少，这些非常实际的问题如果没有解决好，真可以说是"后患无穷"。广州市为盘活城郊乡村空间，实施了"三旧改造"政策，但牵扯利益主体太多，需要投入的成本巨大，改造进度推进艰难，在规划中的138个村，目前只有猎德村完成预定改造。还有国家大力推行的"一户一宅"制度，在乡村，尤其是城郊乡村难以施行。一方面要解决新增人口的宅基地问题，另一方面，村民在获得新宅基地的同时，又不愿意退出旧宅基地。由于政策的信息沟通机制不完善，村民的利益难以保障，所制定的政策在实施过程中困难重重。当前我国的乡村规划编制采取"批量化"的策略，以行政命令的方式进行，动辄几百上千个村落要求在一个时间段内完成。设计单位为了"高效率"完成任务，导致设计工作变成了"流水作业"，这样必然缺乏对乡村的深入调研，成果往往是"纸上画画，墙上挂挂"，所谓的规划方案基本"一个模板打天下"，缺乏创新性、针对性，很难解决实际问题，还浪费了大量的人力、物力、财力。还有规划编制政策分散缺乏连贯性。乡村是一个整体，内部关联性极高，但更多规划编制是专题性呈现，导致一个村落往往会存在很多规划文本，这些文本又是由不同编制单位完成，以至于内容冲突，互为矛盾，施工单位叫苦连天，落地艰难。相对城市规划设计而言，乡村规划的"多规合一"形势紧迫，意义重大。

在制度与政策的顶层设计层面存在弱操作性问题主要有两个原因。一是制度与政策的滞后性，二是缺乏市场活力。我国为适应不同阶段的发展需求，制定了相应的制度与政策，但我国发展飞速，很多制度与政策因为惯性阻力或者涉及太多利益群体，很难及时作出调整。比如土地政策改革在当下就面临着重重困难，空置的宅基地、撂荒的耕地如何流转盘活仍然是当前要面对的顶层设计问题。从实施新农村建设起，我国的乡村建设是在政府主导下进行的，总体上缺乏市场活力。乡村规划编制在政府主导下，自上而下进行，村民参与度低，很多规划文本仅是领导意志的体现，设计师有沦为领导意识"绘图员"的嫌疑。

（二）传统设计的局限性

传统的乡村设计主要包括规划、景观、建筑以及遗产保护几部分内容（近几年不少设计师或艺术家以一定流量介入，如环境设计、展示设计、绘画、雕塑或公共艺术等）。长期以来，传统设计主要服务于城镇化建设，也因此使得设计师的设计思维具有明显的城市化倾向。当这些设计师顺应国家发展潮流转战乡村，很自然地在乡村规划设计中延续城市设计的做法。

传统设计的局限性在城郊乡村、偏远乡村都存在，只是当前众多乡村设计实践集中于城郊乡村，所以这一问题在城郊乡村比较突出。目前在城郊乡村开展面最广的是规划设计，景观、建筑设计还没有深入开展，更多是以"斑块"的形式存在。

规划师以上位规划为基准，强调的是对经济、社会、文化的回应，对规范的把握、技术的运用，通过对空间的宏观协调分配，以规划图纸的形式呈现其方案，规划师在设计层面发挥有限。城市规划的做法移植到乡村将面临"水土不服"的症状。比如绿地、公园、广场、消防系统、排水系统等城市规划中必有的组成部分，在乡村未必都需要。很多村落有几百年，甚至上百年的历史，已经形成了一套适宜的消防排水系统，我们只需在已有消防排水系统上增加一些现代设备即可，没有必要"开肠剖肚"，造成建设性破坏。笔者曾经在黔东南巴拉河流域调研就解开了当地"假消防系统"的无奈。村中建筑密度高，地势高低不平，若按照规划图纸掩埋消防管道，定要挖路拆房，这不论从成本控制以及施工难度都是难以接受的。因为建地下管网要拆村民的房子，遇到村民极大的阻挠，最后为了向村民妥协，完成图纸上编制的规划任务，只能"栽"没有地下管道连接的"伪消防栓"，以应付检查。突兀的形象、刺眼的颜色成了村中的"装置艺术"。当问及村民这是干什么用？村民也不清楚是什么，只说是政府给安装的。在当地，村落建筑以木结构为主，密集分布，这类建筑最害怕的就是火灾，所以从专业看，在规划中增加消防系统是合理的，但却没有考虑当地的实际情况。实际上当地人的防灾意识是非常强烈的，他们有着一整套包括习惯法、民俗文化、强化仪式以及严厉的惩罚措施等在内的"精神防火系统"，通过精神防火，规范着村民的用火行为。

所以在地域性极强的乡村要注意规避"本本主义"倾向。

在景观设计上，最常见的是乡村公园、文化广场、步道系统、名贵植被等"大手笔"的强势植入，如果说是建设风景名胜区有其合理性，但是普通村落植入这些城市景观要素却显得格格不入。乡村的特征是山青水绿、小桥流水，突出静谧婉约的审美风格，没有必要抛弃自身特色，向同质化的城市景观看齐。在早期新农村建设中，非常盛行放弃旧村统一规划、设计、施工的"军营"式乡村建筑。近些年社会各界开始重视地方文脉延续，"军营"式做法已不多见，以更新改造、修复老建筑为主。实际上我国乡村建筑的容量是足够大的，中国农民将"建房子"视为人生成功与否的标志，他们拼命地挣钱，然后拼命地建房，以至于乡村大量的房子空置。所以对于建筑设计领域，建筑师的作用更多的是引导村民有序建设以及如何盘活闲置房屋。

除了城郊乡村设计城市化倾向外，就是同质化设计。很多方案似乎"放之四海而皆准"，规划方法单一，设计模式化，内容大而全，设计文本厚厚一沓，却空洞无物，没有围绕地方特色进行深入设计。传统设计强调物质的功能空间，而实际上乡村最不需要的就是"臆造"的功能空间设计，因为乡村的所有功能空间一定是根据需要而产生的，不是设计师想当然插入的。乡村需要的是如何体现乡土文化，凸显地域特色，适时进行功能置换，培养新业态，吸引人口回流，促进地方经济发展，解决乡村社会可持续发展问题等，但这些却是当前设计文本中所普遍缺失的。

总结起来，在城郊乡村中延续传统设计主要存在城市化、同质化、物质化倾向，问题主要集中出在规划设计、景观设计两个领域，恰好这两个领域涉及更多的公共空间，规划设计的优劣直接影响到村落的可持续发展。那么如何解决这些问题呢？笔者认为应该开展"研究性的设计"。要做好城郊乡村设计，首选得了解乡村需要什么样的设计，而不是设计师以为乡村应该是什么样的。实际上在国内已经有一小部分有情怀、有追求的设计师、艺术家走出工作室和画图室，扎根乡村，开展研究性设计。"一些建筑师在乡土营建过程中敏感地观察并发现中国乡村复杂的真实的社会问题，并通过建筑实践在社区层面、建造技术层面、建筑之外社会机制层面对乡土文明生活内在逻辑和建筑学建造问题进行回应和实验性探索，给乡土营建项目赋予社会价值、生态价值和人文关怀的内涵"[①]。他们摒弃传统设计理念，淡化图纸设计，强调"在地"环境设计，追求社区营造。内容不再大而全，而是从一座小建筑做起，以"建筑针灸"疗法逐渐激活乡村。这些乡建实践者淡化设计师的角色，转而扮演多重角色，"建筑师的职业角色与身份比在城市建筑项目中的更丰富微妙；他们工作模式多样化，可能集设计师、监理、施工方，甚至是经营者于一身。"[②]他们潜心于乡村，认真研究乡村，给乡村以高度的人文关怀，设计出一系列佳作，赢得了村民的认可，得到了业界的赞誉，很多作品屡获国家级乃至世界级大奖。比如王澍的"富阳文村新民居"、张雷的"云夕·戴家山乡土艺术酒店"、徐甜甜的"松阳平田农耕馆及手工作坊"等。这些作品体现了"乡村现代化"的设计导向，突出地域性、乡土性，却又不失现代性，往往成为深受城市人群、乡村人群喜爱的"消费品"，不断吸引着各色人群到此驻足欣赏，间接地拉动地方经济，真正实现"城乡互构"。相对于整个设计师群体，他们在数量上虽然是小众，但却是未来乡村设计方向的代表之一，目前已经在乡村建设领域崭露头角，产生了较广泛的影响。

（三）村民参与的被动性

在实施新农村建设之前，中国乡村都是由乡村共同体成员共同营建的，但

---

① 于晓彤. 当代建筑师的中国乡土营建实践研究[D]. 南京：南京大学，2017：13.
② 张晓波，江嘉玮. 近十年乡土营建的若干典型案例与社会效应分析[J]. 时代建筑，2015（3）.

到了今天国家出钱、出力、出技术、出政策建设乡村，国家身份在乡村不断被强化建构，其作用日益凸显。这是国家让利于民的民生工程，在得到人民积极拥护的同时也存在弱化乡村共同体的问题，作为共同体成员的村民却成了"局外人"，甚至也因此养了一群"等、靠、要"的懒人。为了保证村民参与乡建，《城乡规划法》专门有与之对应的内容，同时乡建研究者、实践者也在积极探索如何调动村民的参与性。

城郊乡村的"低参与性"在所有乡村中最为突出。因为城郊村民在城市中获得的收益往往高于村中所得，对政府主导的乡建活动较为冷漠。出现这样的巨大反差原因何在呢？值得深思。

实施新农村建设后我国的乡村建设由政府主导推进，设计师、专家学者提供技术和智力支持。受传统"官本位"思想以及农村对知识分子的尊重，村民与外来参与主体存在一定的距离感，村民对自身所处的文化系统是普遍自卑的，在乡建过程中村民会不自觉地主动将自己的角色边缘化。只有在村民与外来参与者熟悉并取得信任之后，才有可能将自己的角色放在重要位置。还有受村民认知的局限性，对于政府主导的乡村规划、景观设计、村落遗产保护不明白、不理解，不知道如何参与，被动参与之后也不知道要干什么，对于不明不白的事情，村民最初的好奇会很快消失。此外，政府主导的这些规划设计在短期内难以有明显的经济效益，很难激发并保持村民的参与热情。在城郊乡村这一问题更严重，如果村中没有产业链，受区位优势之便，村民进城工作能获得更多的经济利益，大多不愿意参与乡村建设。

在我国当前村一级的基层制度系统下，普通村民参与度是很低的，参与的主要任务落在村干部身上。在这个过程中村干部要协调多方面的关系，处理非常多的琐事，但往往回报极低，甚至因利益协调不妥，要面对各方指责。调研中发现我国乡村中出现一个奇怪现象：就是除了资源丰富、经济效益好的村落外，村民普遍不愿意担任村干部。从实际情况看，村民参与内容避重就轻，有形式化嫌疑。村民对于村落的发展定位、产业选择等重要决策往往"失语"，对于涉及村落根本利益的土地征收、房屋拆迁补偿标准制度制定参与极少。村民被邀请参与最多的内容是前期村情调研，或者是对决策公示结果提出异议，这些内容都没有涉及乡村建设的核心，村民角色也被戏称为"吉祥物"。

通过上面分析村民参与被动性原因可总结两点：一是外部动因表现为"参与机制不合理"，二是内部动因体现为"自组织系统的低效性"。前者主要是参与对象、参与原因、参与激励、参与的目标回报、参与机制的透明性与全过程性等方面的内容不健全；后者是由于乡贤主导的传统自组织系统瓦解，新的自组织系统未建立，缺乏有力的组织者，加之村民认知的局限性，凝聚力涣散，难于组织村民积极参与。

二、城郊乡村设计面对的机遇

我国城镇化发展已经到了较高阶段，伴随着繁荣景象，也出现各种"城市病"，如高强度快节奏的生活模式、生态环境恶劣、低效产能需转移、城市空间不足等问题。乡村的海量闲置空间资源、良好的生态环境、质朴的乡土文化成为解决"城市病"的良方，城乡的互补性为构建城乡共享经济体系奠定了基础。由于紧邻城镇，城郊乡村最早承受来自城市的负面影响，同时也最先迎接着城市带来的各种机遇。

（一）城乡需求与资源优势

第一，城镇向乡村寻求突破口。城镇是人类文明集中区域，围绕着城市，人类创造了灿烂的城市文化。城市的高吸附能力，使得人口迅速集中，产业快速发展、满足城市发展的各种空间高速扩张，人们的物质生活、物质空间得到极大满足。相反，在物质需求得到极大满足的同时，生态空间恶化、生活空间拥挤，城市的喧嚣让人们焦虑烦躁、精神空虚，城镇人群渴望通过空间上转换或者空间移植实现对精神的"康养"。城郊乡村在区位上的便捷，成为首选突破口。一些占地较大的产业可以转移到城郊乡村，城市人群在下班或业余时间可以到城郊乡村休闲疗养、消费，如果交通便捷甚至可以工作于城市，定居在郊区乡村。这也是"城乡中国"下"逆城市化"现象的必然趋势。

第二，乡村建设迎来最佳时期。从2005年国家提出新农村建设以来，关于乡村建设的政策红利不断，如美丽乡村建设、田园综合体、特色小镇、乡村振兴战略等，伴随着政策红利，各种资金、技术、人才等方面的扶持力度逐渐加大。尤其是2017年党的十九大报告将乡村振兴列为我国七大战略之一，表明我国经济建设中心由重视城镇化发展，转向城乡融合发展，乡村保护、开发、利用进入了全新时期。城郊乡村因区位便捷，较早吸引城市中的企业、专家、学者、艺术家、设计师等各行各业的有志之士以不同的视角投入到城郊乡村建设中。同时我国通过扩大内需的政策，撬动经济杠杆，以促进消费能力的提升，也为乡村发展提供了好的条件。还有我国正在大力推进土地以及金融政策改革，为乡村建设提供基本保障。随着城郊乡村基础设施不断完善，环境被不断整治、文化不断建构，城郊乡村成为城市的休闲旅游、度假，甚至定居康养的最佳去处。依托城市巨大的潜力,城郊乡村将进入深度开发阶段。

第三,城郊海量闲置空间资源与文化资源。城郊乡村相比较其他地区乡村普遍较早富裕起来,受传统"买地建房"的观念,富裕起来的村民规模化地建造民房。在攀比心理的作用下,所建房屋面积越来越大,楼层越来越高。同时很多地方在建新房时是另选宅基地,老屋保留。形成内部空心化或空废化,外围无序发展的空间格局。比如广州的钱岗村、钟楼村,深圳的黄麻布村等都是新民宅建在老村附近,新旧建筑形成决然不同的风貌。老村旧宅是传统村落文化的延续,新村新宅是现代城市文明的彰显。"新"与"旧"体现了城郊乡村乡土性、现代性、边缘性、融合性的特征。这些特征正好能满足城市人群对乡村乡土性的追忆以及对现代生活的要求。老宅得到保留,新居不断建设,但是城郊乡村人口不断迁往城市定居或者进城务工,人口的永久流失和候鸟式迁徙,使得城郊乡村的房屋空置率相比较其他地区乡村更严重。据静西谷设计团队做的统计,北上广深四个一线城市有闲置房屋约300万间,全国二线城市郊区乡村有约8000万间。其中,北京市城郊乡村有约5000个自然村,人口约300万,有民房100万余间(户),人均面积248平方米(图4-2-1)。受计划生育政策影响,人口以三口之家为主,也就意味着每户均约700余个平方的住宅空间。根据调研得知,村中主要是老人留守,如果子女发展得好,老人也可能随子女入城。所以城郊乡村如果没有好的发展思路,将不可逆地成为空心村,并向着空巢化、空废化演进。人口流失和老龄化必然使得耕地慢慢无人耕种、无力耕种。宅基地、民房闲置和耕地撂荒似乎成了广大城郊乡村的通病。但是在城镇

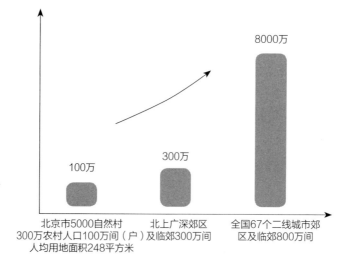

图4-2-1 大都市郊区巨大成长空间与海量农村闲置资产价值(图片来源:静西谷提供,孙博闻改绘)

向乡村寻求发展的突破口时，乡村振兴战略带来了大好机遇，这些闲置的空间将成为城郊乡村复兴再利用的低成本资源。

此外，城郊乡村虽然受城市化影响深刻，乡村文化虽然受到较大冲击，但在未来相当长的一段时间内表现为"衰而未亡"的特征，很多有特色的传统文化表面上消失了，但作为传统文化载体的村民还活着，有的地方还保留有物质遗存，比如北京周边的长城、广州的宗族祠堂、江门的侨乡建筑等都得到了很好保留。很多物质文化与非物质文化遗产只是潜藏起来，在乡村振兴、文化振兴的大背景下，这些潜藏的乡村文化将会被挖掘整理，并在新的语境下，建构新的乡村文化体系。

（二）构建城乡共享系统

从上述分析可知，城市与乡村都有发展的需求和发展的资源，而且二者的发展需求和发展资源是彼此所需求的，即城市发展需要城郊乡村的宅基地、耕地、人力等资源，乡村的发展需要城市的产业、资金、技术、信息渠道等资源。很显然城乡的彼此需求客观上要求进行"城乡互构"设计，从而建构城乡共享系统。

围绕着城乡融合发展的社会趋势，社会多元主体积极参与。但如何参与，各参与主体都有明确的需求目标和存在的困难。政府层面需面对约70万个行政村，约261.7万个自然村（2016年统计数据），目标是推进如此海量的村落更新改造，对闲置空间进行再利用，目前看来主要做法是发展乡村旅游业。但投入巨大，单靠政府难以完成，而且政府在乡村建设过程中的行政弊端日渐凸显，客观上要求政府转变职能角色，适时适地地由"主导"转变为"引导"，尤其是引导城乡各要素自由流动，调动社会各界的参与积极性。乡民是乡村建设的主体，但却缺乏有效引导，所以不少乡村建设盲目、混乱、无序。乡民既是乡村建筑营建主体，也是居住主体，但是随着人口的流失，大量房屋闲置。海量房屋长期闲置不能给屋主带来任何实际的利益，成了"死物"。村民希望盘活房屋，以获取相应收入，由"死物"生发出一个经济增长点。企业以投资获取利润为目标，在乡村振兴大潮中，无数企业将目光投向乡村，但往往信息不通畅，政策不清晰，增加了投资成本和风险。因此如何低成本准确找对投资标的是需要解决的问题。对于城市中的市民需要到乡村或投资或旅游或康养等，但这个过程中信息往往不通畅，导致消费成本偏高。因此低成本获取信息、高品质享受服务是需要面对的问题。

以上各类参与主体，在城乡融合发展中的需求与问题迫切要求建立一个共享系统。这个共享系统如同一个沟通平台，各参与者主体将自身需求与资源摆放其上。实现各主体之间的资源互补，实现城乡各主体利益共赢共享。以刘域为核心的设计团队以此为理念开展"从城市实验到城乡实验"的乡村环境设计。他们以"找院子"（空置民宅）为链接点，将城乡各主体联系为一个整体。"院子"是各主体利益结合点。政府欲盘活闲置的院子，农户希望盘活院子获得长期稳定的收益，企业通过投资闲置院子，发展各种产业，获得利润，市民希望在院子中获得高品质的消费服务。这里"院子"是乡村元素之一，其他元素也可按此逻辑搭建共同体，他们将这称之为"乡村实验室共赢模式设计"（图4-2-2）。我们认为这是城乡共享系统的重要组成部分。

在"乡村实验室共赢模式设计"背后是城乡各要素的自由流动。这些自由流动的要素构成"城乡对流的互联网平台"，这个平台紧紧围绕"八亿农院"展开，分别形成"信息平台""产品平台""金融平台"。"信息平台"是"资源池"，主要对接、展示乡村的各种资源，如宅基地、农业地、集体建设用地、山林地、果园、溪流湖水景观、民俗文化、乡村建设的制度与政策等。通过信息平台的建设，畅通乡村资源信息，吸引各参与主体投资开发，通过对资源的开发利用，打造一系列乡村产品，形成"资产池"，在这个"资产池"中有度

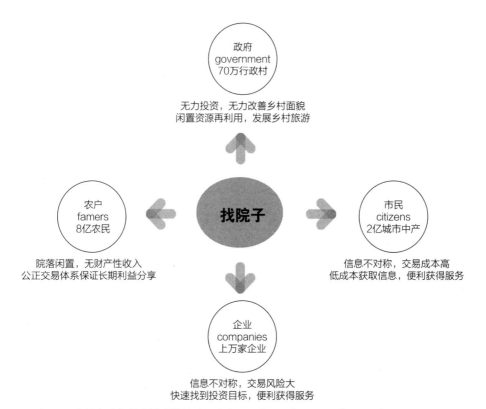

图4-2-2 乡村实验室共赢模式设计（图片来源：静西谷提供，孙博闻改绘）

假院落、度假庄园、定制农庄、郊区会所、精品民宿、乡村酒店、农家乐等产品。这些产品投放至市场中，将大幅度提升乡村的经济效益。为了更好地对产品进行管理运营、销售、再开发，并以"信息品平台"对接，专门建立"产品平台"。依托产品平台，在经济效益达到一定程度，适时搭建金融平台，引入城市成熟的金融体系。有了金融体系的保障就可以再投资开发乡村资源，对外部资金的依赖度就会逐渐减弱。在每个"平台"后面的资源、资产、资金都有相对应的一个或若干个参与主体，比如乡村景区可能成为村民、政府、市民、旅游企业等链接点，精品民宿成为设计机构、建造商、供货商、城市中产、旅游企业等主体的链接点。这样信息平台、产品平台、金融平台有机结合，资源、资产、资金相互作用，并充分地吸引各参与主体进入到乡村相对应的领域，可以是生产环节、也可以是消费环节，这样形成一个时间和空间契合的全时域的良性的城乡共享系统（图4-2-3）。

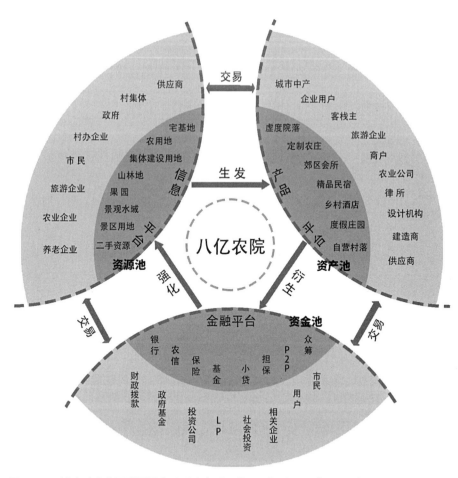

图4-2-3 城乡对流的互联网平台（图片来源：静西谷提供，孙博闻改绘）

第三节 "城乡互构"的乡村环境设计策略

在乡村振兴战略的时代潮流下,城郊乡村在空间上紧邻城镇的优势,在时间上也占有先机。在不考虑政策的行政导向外,城郊的乡村振兴会较早被市场选中。作为"市场主导型"的城郊乡村发展应立足于市场,并有效引导市场介入。那么如何从市场的角度开展乡村环境设计?上文从理性角度与现实需求提出了城郊乡村的环境设计策略是"城乡互构"。这里基于"大设计"视野,以北京郊区的坊口村为案例,从顶层设计、运用设计、文本设计三个层次分别探讨城郊乡村如何在"城乡互构"策略下实现乡村的复兴与转型。

一、顶层设计——强调引导,释放权力

在第三章中已经分析了"城乡中国"下的"顶层设计"的现实问题,分别是乡村物质空间的"土地改革问题"和精神空间的"文化传承与创新问题"。"顶层设计"涉及国家、政府层面的大政方针、制度政策方面的内容。从设计学角度来看,一般仅是作为设计研究或者设计实践的大背景进行介绍,要么就是在乡村规划中作为规划的制度与政策依据。在以往的乡村规划、乡村景观、乡村建筑等方面的设计主要也是延续传统做法,很少将国家、政府层面的"顶层设计"纳入乡村设计体系之中考虑。本课题并非去参与顶层设计,而是通过对乡村现状调研以及乡村设计实践中暴露的问题进行深刻反思,认为只有在先解决好或者明确顶层设计中的问题,并在明晰"顶层设计"问题框架下思考乡村环境设计,这样才有可能保证乡村环境设计不论是自上而下,还是自下而上的连通性。

我国的乡村建设从2005年新农村建设提出至今已过去15年了,甚至在一些大城市郊区乡村已经进行了多轮乡村规划,如广州已经开展了三轮乡村规划的编制。各种乡村景观设计、建筑设计、更新改造、活化利用等方案被一轮又一轮地编制,但是很多方案要么因为土地政策掣肘难以落地,要么文化特色不鲜明,难以达到预期目标。究其原因就是单从传统设计思维很难解决这些问题,有必要将顶层设计纳入乡村设计体系范畴内进行统筹考虑。笔者认为在当前乡村发展所处阶段应以"大设计"的概念来统筹,而环境设计本身涉及范畴比较广,更为趋近"大设计"的概念。

"顶层设计"应该纳入"大设计"框架中进行。在"城乡中国"下通过土地

改革为城乡各要素的自由流通扫除壁垒，通过乡村文化建构延续乡村特色。这两个关乎乡村设计"根"与"魂"的顶层设计问题前文已有阐述。这里主要针对顶层设计在城郊乡村设计体系中的定位问题。

乡村振兴的政策红利与城郊乡村的优越属性在当下结合，使得城郊乡村成为市场的"宠儿"，城乡的各种要素迅速在这一区域集聚，受利益的诱惑或驱使，在一定时间内呈现盲目性。这个时候作为顶层设计的主体——政府应该积极作为，规范介入主体，理顺市场机制，促进城乡资源有序高效地流通，保护各参与主体的利益，对于城郊乡村扎堆的投资区域合理疏导，对于有投资价值却因信息不通畅，导致的投资薄弱区域，可以通过政策倾斜，有序引导。通过顶层设计的积极作为，为城郊乡村营造一个良好的市场投资环境。

乡村设计要求顶层设计主体转变角色。从近些年各种乡村设计方案来看，最大的问题应该是"落地难"，或者说是"不接地气"，要么"纸上画画，墙上挂挂"，要么建成后脱离当地文脉，特色丧失。这与顶层设计的主体——政府长期以来以行政机制主导乡村建设不无关系。行政机制的优势是可以高效率地推进工作，但也容易受领导意识影响，进而影响到设计方案的专业性表达。因此要求顶层设计要强调政府由主导向引导角色转变，有节制地将涉及专业的权力释放到设计师或者专业人士手中。政府根据乡村设计的需要积极沟通上下级关系，协调相关部门，制定各种所需的规范性、引导性的政策文件乃至法律条款，为乡村设计提供制度与政策保障。

可见顶层设计虽然不直接参与乡村设计的具体事宜，但是从"大设计"的角度看，乡村一切具体的设计能否顺利推进，都离不开顶层设计的保障。设计师能否设计出符合地域文脉的方案，需要政府释放权力，突出引导作用。

二、运营设计——多元参与、合作共享

（一）"大设计"中的运营设计

在传统设计或者城市设计中，有一套成熟的市场机制，各个环节分工明确。设计主要指图纸设计，由专业设计师根据甲方要求完成，强调物质空间的设计，而之后的施工、运营管理及其他环节则有相应主体完成。但这一套模式运用到乡村中却出现"水土不服"。因为乡村的根本问题是空心化，因经济活力不足而走向衰败，设计的目的是要激活乡村，而不是完成一个建筑物，所以乡村设计更像在解决一个社会问题，设计技术本身的重要性却在降低。但是延续

传统设计思维，设计师只需按照政府或企业（主要的甲方）要求完成规划、设计任务，施工方按图施工完毕即可。对于乡建成果验收以"量化"为标准，即具体建了多少可见的物质空间。受到传统设计以及乡村建设验收标准的引导，在乡村设计方案中侧重于物质空间，或是基础设施的规划设计。这些基础设施的建设有助于为村民提供方便的生活空间。但是对于激发村落活力，提高村民的经济效益，实现振兴并没有太多实质性的意义。

所以我们要紧紧围绕乡村设计、乡村建设的根本目标，即激活乡村展开深度思考。图纸设计或者文本设计仅是乡村设计的一个技术部分。正如清华大学建筑学院尹稚教授在"2018—2019年度清华大学建筑学院博士生论坛"中所作的主题分享《高质量发展与规划体系重塑》中讲到的，规划设计不能仅停留于物质空间层面的行业技术表达，不要沉醉于"小技术"的"把玩"，而要重回行业和学科的初心，重回基本原理，基本需求。[①]在乡村设计中也一样，我们要从乡村的基本需求出发，摆脱单纯的图纸设计，要将乡村发展、乡村振兴考虑在我们的设计方案中。

这就需要提出另外一个概念——运营设计。运营设计涉及的是制定管理制度、架构组织结构、探明社区需求，将各乡村参与主体纳入组织架构中，并按照制度进行管理，通过参加乡建实践活动以满足各参与主体的利益需求，最终实现互惠共赢，真正激活乡村，由衰转胜。分析到此可知，"运营设计"并非传统意义上的设计，它与"顶层设计"相似，其存在是由乡村设计目前存在的问题决定的，即乡村设计的实现需要运营设计介入。因此"运营设计"也是要纳入"大设计"的框架中考虑。

（二）构建新乡村共同体

"乡土中国"下的乡村共同体已经瓦解，新时代乡村振兴的运营需要重构新乡村共同体。运营设计首先要考虑的是建立一个什么样的组织结构，这个组织结构能够有效地将各参与主体联系起来，所有的参与者在这个组织结构中找到自己的位置，获得归属感，并依托这个组织结构获得相应的利益分配。这个乡村共同体的属性是互惠共赢的。

1. 新乡村主体形成

随着城镇化的发展，乡村人口流向城镇，同时在"城乡中国"下，城乡各

---

① 参考尹稚教授在"2018—2019年度清华大学建筑学院博士生论坛"的主题汇报，内容并非原文，是作者对其观点的总结。

要素双向流动加快。城市中的企业、设计师、学者、游客、返乡创业的打工者等主体通过投资、乡村营造、乡村研究、旅游康养、文旅、创业等途径进入乡村。这些多元主体进入乡村，促使传统以农民为主的乡村主体人口结构瓦解，转而形成多元主体的新乡村居民体系（图4-3-1、表4-3-1）。

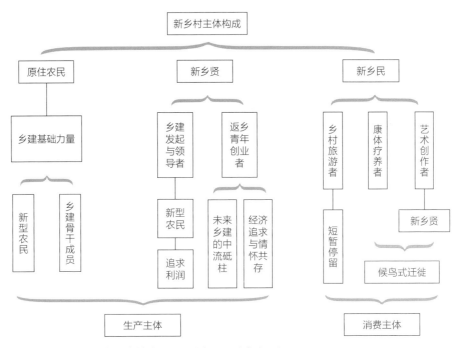

图4-3-1 新乡村主体构成树状图（图片来源：作者自绘）

新建乡村共同体构成 表4-3-1

类型	乡村产品生产主体		乡村产品消费主体
	新乡贤	原住农民	新乡民
新建乡村共同体参与人群（汇总）	乡村开发企业	留守老人	亲子家庭客群
	现代农业企业	留守妇女	休闲度假客群
	田园科创人士	留守儿童	文艺青年
	农业创客	在乡务农的青壮年	情侣客群
	大学生创客	在乡打工的青壮年	商务考察客群
	在乡创业的青壮年	在乡创业的青壮年	康体疗养
	新匠人	在乡残障人士	乡村艺术创造者
	返乡创业者	返乡创业者	乡建学者与专家
	农村电商	——	城区工作郊区居住群

续表

类型	乡村产品生产主体		乡村产品消费主体
	新乡贤	原住农民	新乡民
新建乡村共同体参与人群（汇总）	乡村艺术创造者（设计师）	——	乡野吃客
	社区工作营	——	乡野露营者
	家庭农场场主	——	乡野骑手
	其他（未能穷举，随着乡村发展不断衍生）	（已穷举）	其他（未能穷举，消费群体会随着社会发展不断衍生）
备注	在乡创业者与返乡创业者既是原住农民，也可能成为领导乡村发展的新乡贤。乡村艺术创作者（设计师）既是消费群体，也是可能发展为新乡贤。		

（图表来源：作者自绘）

随着产业升级、经济发展、文化复兴的推进会产生人才集聚效应。这些人才有专业技能、有创新意识、有跨界创业的勇气，往往可能会发展成为"新乡贤"，他们是乡村建设与发展的领导者，也是构建乡村共同体的发起人、推动者。他们通常是在市场的导引下进入乡村，以追逐利润为目标，但也不乏有情怀的乡村建设者。他们围绕着乡村资源发展各种产业，如乡村民宿、乡村酒店、家庭农庄、农产品加工厂、农业合作社经营主体等，有别于传统农业。因此从工作内容看，他们属于新型农民。多元化的新型农民构成中有一特殊的群体，即返乡创业者，他们本身是成长在乡村，对家乡有很深的理解以及生活的情感，可能因为打工、求学等原因进入城市工作。他们掌握一些新技术，有广阔的视野，在乡村政策红利扶持下、市场的推动下，纷纷返乡创业。虽然说外来人才是乡村建设的发起人，但未必会是长久的、有实质意义的经营者。返乡创业者因为"根"在乡村，他们往往会被培养为未来乡村建设的领导者。

相对新型农民的是原住农民。他们通常由于年龄、能力、性格等原因难以适应城镇的生产生活方式，而只能留在农村从事农业生产。他们年龄普遍偏高，受教育程度偏低，思想意识保守，农业经验十分丰富，他们是真正扎根于农村的一个群体，人数多，是乡村发展的基础力量，主要承担具体的工作。他们主要扮演"螺丝钉"角色，但需要进行专业的培训，提升技能，转变思想观念，大部分可发展为新型农民，少数的会发展为骨干成员。

如果说在新乡人体系中，新乡贤与原住农民是乡村各种产品的生产者，那必然存在一个消费群体。人数最多的就是乡村旅游者，他们是乡村产品的直接消费者，停留时间较短。但却是乡村持续发展的主要动力来源，他们通过消费刺激经济发展。他们中的一部分在城市工作，却定居在城郊乡村的"候鸟式"人群；另一部分是因郊区乡村环境优美、基础设施比较完善，退休后或节假日到此养老、休闲养生。随着我国老龄化的到来，乡村，尤其是郊区乡村的康养事业会蓬勃发展。

此外还有一个特殊群体既是生产者也是消费者。他们可能是设计师、艺术家或跨界精英，他们对乡村充满了向往，他们挖掘乡村资源进行艺术加工创作，建设各种写生创作基地、工作坊等，最终逐渐将乡村建设成艺术村，比如广州郊区的小洲村、深圳观澜的版画村等。有的直接将艺术形式植入乡村，如河北怀柔区大水峪村的"乡村美绘"项目就是典型案例，通过将传统壁画艺术、现代流行街画植入村民的日常生活，使古老的村落也因公共艺术的介入而彰显生机与活力，与周边村民自由发挥接近失控的建筑形成了强烈对比，无疑提升了村落的时代气息和文化气质，也为乡村旅游增强了经济附加值（图4-3-2、图4-3-3）。

事实上在我国不少地方，已经有不少艺术院校学生、青年艺术家或设计师走进乡村，用自身的才能描绘魅力乡村，用丰富的形式探索艺术介入乡村的多种可能，助力乡村文化振兴。尽管尚处于视觉表层，美学效果有待提升，但这种行为对于乡村振兴或多或少地具有一定的积极引导作用。

图4-3-2　艺术介入乡村（图片来源：王岩提供）

图4-3-3 新乡贤打造的民宿与村民自建房的对比使乡村文化极具活力（图片来源：作者自摄）

2. 乡村共同体建设模式

随着新农人体系的形成，意味着乡村"生产-消费"系统的建立，这为新建乡村共同体提供了可能。新农村合作社、社区营造、共享农庄等就是典型的新乡村共同体平台。新乡村共同体是"共享经济"模式（如共享单车、滴滴打车）在乡村的体现，强调"依托平台，共同参与建设，挖掘开发乡村闲置资源，共享利益"的理念。

在新乡村共同体中，"生产端-消费端"的各参与主体根据自身贡献都能共享乡建成果。比如原住农民以宅基地、房屋、耕地及自身劳动力作价入股合作社获得股权，并优先获得工作的权利，新乡贤以技术、资金、管理运营作价入股获得股权，并获得生产生活资料的使用权、经营权。对于消费性群体通过购买获得规定时间内的使用权，满足自身游乐、休憩的精神需求。

通过运营者的设计，充分挖掘、利用乡村的闲置空间、生态环境、特色资源开发新产品。新乡村共同体平台将生产端与消费端连通，并将乡村产品置于共同体平台上，通过营运包装设计，吸引城市消费者来购买乡村产品，比如采摘体验、生态食品品尝、特色农产品、民宿体验、康复疗养等。这样生产与消费环节打通、城市与乡村连接，城乡各参与主体都能依托新乡村共同体平台获得各自所需（图4-3-4）。

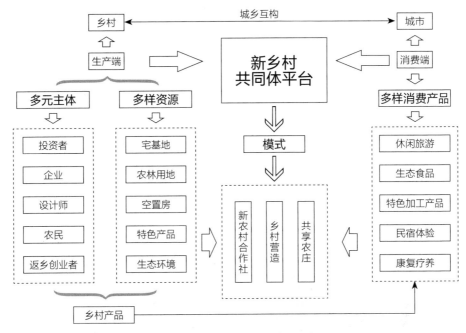

图4-3-4 新乡村共同体平台运营模型（图片来源：作者自绘）

（三）坊口村的新农村合作社

紧邻北京的河北省怀来县坊口村近年由静西谷怀来文化旅游有限公司主导开发。为了保证顶层设计、运营设计、文本设计的科学合理，专门组织了中国农业大学人文与发展学院展开前期调研，形成《河北省怀来县坊口村社会经济文化初次调研报告》。根据调研结果分析认为坊口村产业基础薄弱，内部资源主要是长城文化遗产、良好的生态环境、依托北京的区位优势、旅游业得到一定程度的开发，但是作为村落主体的村民却在旅游开发中没有话语权，不断被边缘化，未能很好享受旅游业带来的收益。各参与主体各自为政，时有不良竞争现象。如何扭转这样的局面？静西谷企业的介入，逐渐理顺发展机制，积极推进坊口村发展"共享经济"。

1. 综合旅游合作社

通过调研分析认为坊口村"不建议进行大规模的产业性发展，但建议基于目前民宿、旅游业基础筹备综合合作社，让村庄和静西谷能成为一个经济共同体，实现合作互利，而非互相破坏和恶性竞争打下基础。"[①]坊口村产业条件薄

---

① 刘超群，刘立杰，江思林，王儒西. 河北省怀来县坊口村社会经济文化初次调研报告[S]. 中国农业大学人文与发展学院"乡村振兴系列研究"暑期调研成果，2018.

弱,文化资源有限,但因为处于北京郊区而被静西谷选中。经过分析认为"统购统销"的传统合作社模式是不适宜的,需要结合实际情况探索新的合社模式。坊口村的优势侧重于旅游,因此坊口村拟成立综合旅游合作社,依托综合旅游合作社对坊口村进行整体开发和规划(图4-3-5)。综合合作社由"民宿合作社"和"种养殖合作社"共同构成,前者为主,后者为辅。此外围绕着合作社还拓展手工艺、乡土游学、农事体验、农产品加工等实践活动。

坊口村综合旅游合作社的成立有积极的意义。首先这是为每个有意愿参与村庄发展建设的村民提供平台,让村民普遍受益;其次通过投资运营,技术介入,城乡互构,整合有限的资源,充分利用村庄各种资源,盘活村庄闲置资产;

坊口村综合旅游合作社成立

村民入股合作社

图4-3-5 坊口村综合旅游合作社成立与村民入股(图片来源:静西谷提供)

再次通过利益共同体的建立，提高村民参与村庄发展的积极性，减少与静西谷的矛盾。同时合作社可以增加面对外来资本的话语权。最后合作社还是企业合作、项目融资、接收政府奖补政策的组织。

坊口村综合旅游合作社主体由投资方、村委会和村民成员三部分组成（图4-3-6）。投资方（静西谷）以资金、渠道、技术（民宿设计、旅游管理）入股综合旅游合作社。村民委员会代表全体村民以村庄集体资产（集体土地、房屋）作价入股综合旅游合作社。村民作为综合旅游理事会成员以资金入股合作社，以管理或者民间手艺入股合作社。作为普通社员以闲置房屋、宅基地作价入股合作社，参与合作社分红。村民提供闲置房屋、宅基地，由综合旅游合作社作为投资方，利用社员股股金对闲置房屋、宅基地进行改造建设，建设完成后由综合旅游合作社托管运营，利润按照1:1的比例进行分配。村民按照一定价格将闲置房屋、宅基地租给合作社，占有一定的社员股，参与合作社分红。挖掘或者培训村民，让村民参与旅游产品（农产品或者体验产品）的开发或供给。

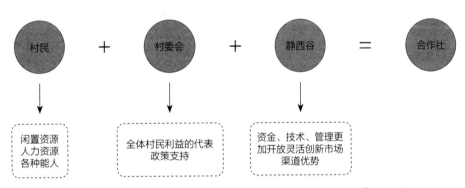

图4-3-6 坊口村综合旅游合作社主体构成（图片来源：静西谷提供，孙博闻改绘）

坊口村综合旅游合作社的运营模式概括为四点：一是由投资方与村集体合作运营，村集体可以以集体资产入股；二是涉及村民个人资产，由投资方出面与村民签订租赁合同，并对租金设定统一的标准；三是合作运营项目，投资方和村集体按相关股权享受项目分红；四是政府给予资金、税收、建设、基础设施方面的政策支持，投资方积极解决村民就业（图4-3-7）。

2. 民宿合作社

民宿合作社是坊口村综合旅游合作社的主要构成之一。参与主体由村民、民宿合作社、投资方组成，各参与方角色清晰。村民向民宿合作社提供闲置房屋，为期10年，成为合作社的成员，享受相关分红。民宿合作社提供技术对闲置房屋进行更新改造设计，并负责运营。投资方即静西谷提供房屋更新改造设计的费用。民宿盈利按照"433模式"进行，即在除去运营成本之外，投资方占40%，合作社占30%，村民占30%，具体的年终分红按照社员股占比进行（图4-3-8）。

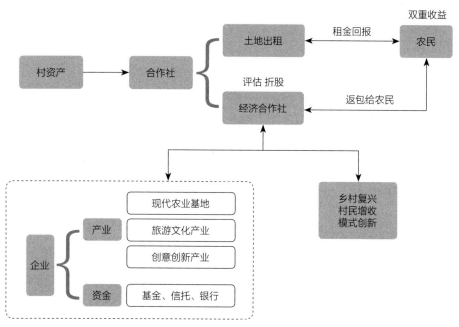

图4-3-7　坊口村综合旅游合作社运营模式图（图片来源：静西谷提供，孙博闻改绘）

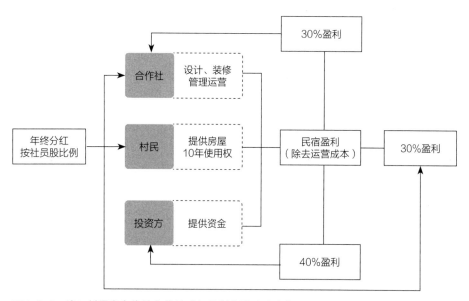

图4-3-8　坊口村民宿合作社主体构成与盈利分配（图片来源：静西谷提供，孙博闻改绘）

为了有效保护民宿合作社各参与主体的利益与以及承担之责,经过各参与方共同协商达成约束权利与义务的规定。村民除了分享30%的盈利额外,还享有对合作社财务报表内容、项目推进、运营状况等方面的询问权和监督权。同时村民有按照社员股占比享受年底分红。在获得以上权利的同时,村民要向合作社提供10年的房屋使用权。为了更好地保护村民权益,调动村民的积极性在"433模式"的框架下,专门增加了村民利益保障条款:1)3年内村民从该民宿项目所得分红未达到3年房租(约定金额)金额,未兑现的部分由合作社进行补足;2)村民与合作社关系转为租赁关系,按照约定的房租价格支付给村民。民宿合作社除了分享30%的盈利额外,拥有15年的房屋经营使用权。相应地要承担民宿的设计及装修改造,负责民宿的管理运营,定期向投资方即村民告知投资款项的用途、项目进展,收支状况等信息,保证民宿项目在周期内可以合法持续经营。投资方(静西谷)除了分享40%的盈利额外,享有对民宿合作社财务报表、项目进展、运营情况的询问权和监督权。同时承担民宿投资方案履行出资义务,以及与合作社共担风险(表4-3-2)。

坊口村民宿合作社主体的权利与义务   表4-3-2

合作主体	权利	义务
村民	①民宿盈利30% ②享有对合作社询问权、监督权:包括但限于出具的财务报表、项目进展、运营情况 ③按社员股占比享受年终分红	向合作社提供房屋10年使用权
合作社	①民宿盈利30% ②拥有房屋15年的经营使用权	①民宿的设计及装修改造 ②民宿管理运营,勤勉尽责的经营项目 ③定期向投资方及村名告知投资款项的用途、项目进展、收支状况等信息 ④保证民宿项目在项目周期内可以合法持续经营
投资方	①民宿盈利40% ②享有对合作社询问权、监督权,包括但限于出具的财务报表、项目进展、运营情况	①按照民宿投资方案履行出资义务 ②与合作社共担风险

(图表来源:静西谷提供)

3. 种养殖合作社

种养殖合作社是坊口村综合旅游合作社的辅助部分,由种植和养殖两部分组成。村民的权责是成为合作社成员,负责高地玫瑰种植及加工,按合作社要求养殖生态"长城猪",合作社按雇佣合作方式付费。种养殖合作社要提供玫瑰种植土地和猪舍。对玫瑰进行深加工以及包装设计,负责玫瑰及玫瑰产品、"长城猪"的营销销售(图4-3-9)。种植合作与养殖合作的年终分红按照社员股比例进行,模式与民宿合作社近似(图4-3-10、图4-3-11)。

依托北京大都市的区位优势,静西谷选中城郊的坊口村进行社会实验,首先将重点放在运营设计上,从生产到消费环节建构了完整的运营模式。在对坊口村充分调研分析后成立综合旅游合作社,将多方参与主体纳入一个利益共同体平台,形成以民宿合作社为主,种养殖合作社为辅的运营方案,依托合作

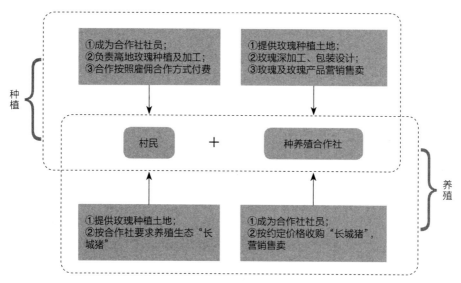

图4-3-9　种养殖合作社模式(图片来源:静西谷提供,岳梓豪改绘)

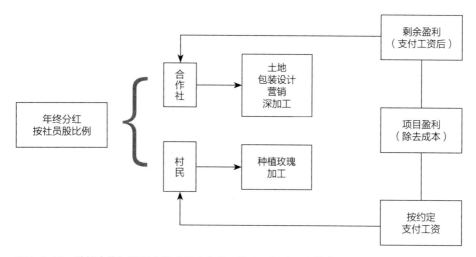

图4-3-10　种植合作与盈利分配(图片来源:静西谷提供,岳梓豪改绘)

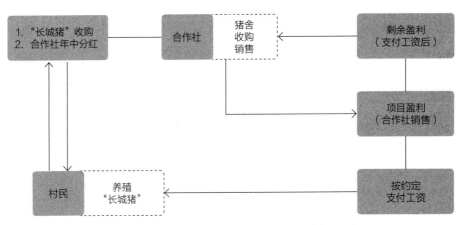

图4-3-11 养殖合作与盈利分配（图片来源：静西谷提供，岳梓豪改绘）

社，调动各参与方的积极性，不断盘活村中闲置资源，促进城乡各要素的流动，最终达到遏制乡村衰败，进而实现城郊乡村复兴与转型。

三、营造设计——强调研究，增强特色

从"大设计"的角度看，乡村环境设计包括顶层设计、运营设计以及微设计。"营造设计"（或者图纸设计）则是属于传统设计范畴，主要指物质空间的创造设计，与下游的施工建设衔接。从乡村的本质特征来看，顶层设计、运营设计是对乡村发展的全局性考量，是决定乡村能否复兴与转型的关键。所以从乡村发展的全局来看，传统的"营造设计"在"大设计"中的地位主要是物质形态的呈现，是设计方案能够落地的关键环节。为了更好地延续乡村的"乡土性"，对"营造设计"要求"小设计""微设计""微更新"，目前这已成为学界与行业的关注点之一。但营造设计是具体指导乡建工程实践的"蓝图"，是不可或缺的。如果说顶层设计是宏观层面，运营设计师是中观维度，那么营造设计则是微观视角。作为微观视角的"营造设计"，若从环境设计的研究内容看，又可分为相对宏观的乡村规划设计、中观的乡村景观设计、微观的乡村建筑设计及室内设计（图4-3-12）。因此对于乡村环境设计中的"营造设计"要放在相对范畴中来思考。

城郊乡村作为乡村分化发展的一个特殊类型，如何在营造设计中体现"城乡互构"的策略。我们认为应该要强调对城郊乡村的研究，从自身特征确定"城乡互构"的设计导向。

图4-3-12 新乡村民居室内空间（图片来源：作者自摄）

（一）城郊乡村文化的"强现代性"与"弱乡土性"

城郊乡村作为城市与乡村的过渡地带，是城乡文明联系最为紧密的区域，其文化结构由城市文化与乡村文化构成。城郊乡村不论从经济、文化、政治、社会等方面都受到城市的深刻影响，在40余年的城镇化进程中，城郊乡村首先受到城市文明的冲击，乡土文化被掩盖潜藏，不可避免地走向衰落，甚至面临消亡的威胁。在这个过程中，城乡文化不是"互构"的，而是城市文明对乡村文明绝对的"蚕食鲸吞"。无疑，现代城市文化作为人类未来文明的代表方向，是当前城乡文化中强势文化，这是不可逆的。但是随着收缩城市、收缩乡村逐渐成为未来城乡的发展方向，城郊乡村与城镇边界逐渐稳定并清晰化，城市对乡村的侵蚀也将转变为扶持，城郊乡村将会成为城镇人群的稀缺空间，其固有的乡村文化将成为他们寄托乡愁情思，体验乡土中国意象的稀缺资源，体现城乡文化间的互构性。总之，城郊乡村的文化特征可以概括为"强现代性，弱乡土性"，并在新的时代语境下走向"互构"。

1. 城市文化是城郊乡村的主流基因

从全国乡村来看，城郊乡村受城镇化影响是最为深刻的，无论从物质文化、制度文化、行为文化、精神文化来看，城郊乡村都打上了深刻的城市文化烙印。村落与建筑风貌杂乱与城市趋同，传统的规范秩序、社会关系、社会组织逐渐瓦解，城市规范管理被普遍接受，村民的衣食住行等行为文化不断地模仿城市，并外化为普遍的行为方式，人们的审美追求、社会心理、价值取向、思维模式等深层次的精神文化也在城镇大潮中发生了转变。所从除了极少数宗族文化强盛的广东、福建、江西等地外，城郊乡村文化从表面的物质文化，到深层次的制度文化、行为文化、精神文化都以现代城市文化基因为主。

2. 城郊乡村文化衰而未亡

城郊乡村虽然名为"乡村"，但当前我们可视可感的文化形态却以城市文化为主。传统的乡土文化似乎已经衰落，或者在村落的隐蔽角落还留有痕迹。它们并没有消失，而是在城市文化的强势冲击下，潜藏起来。在村民的心中传统乡土文化与现代城市文化是同时存在的。但是随着代际的传递，在人们心中的文化比重逐渐向着现代文化倾斜，即年轻一代（主要是指20世纪90年代以后出生的人口）对传统文化陌生感越来越强。所以对于城郊乡村面临着传统文化复兴的重要使命。乡村振兴战略中"文化振兴"的提出为城郊乡村传统文化复兴带来的时代契机。我们首先要对掌握传统文化的老一辈进行文化采访、搜集整理，为之后设计有乡土文化特色的环境设计方案奠定前期基础。就像紧邻北京的坊口村，历史悠久，文化底蕴深厚，但是在城镇化浪潮中，人口流失严重，建筑风貌杂乱无序，传统民俗文化基本成了年长者的"记忆"。如果不及时对传统文化进行收集整理，这些年长者离世后就将成为"绝响"。静西谷团队进驻坊口村后，就对碎片化的历史文化知识进行系统整理，并在此基础上指导坊口村进行规划与建筑设计，推出相关文化产品与旅游产品。

3. 城乡文化的"互构性"体现

在市场机制的作用，随着产业、技术、人才、资金等城市要素落地城郊乡村，这些要素自身就是城市文化的载体。所以城郊乡村文化的现代性是自发性出现的。在城乡融合发展的新背景下，城郊乡村的生命力在于凸显自身的特色，除了良好的自然环境外，就是乡土文化。为了将城郊乡村建设为独特的，能够满足城市需求的环境空间，潜藏的乡村文化会在市场的推动下被不断挖掘，并体现在乡村建设之中。但文化如何挖掘、如何体现在乡村建设之中，就需要专业的设计师提出具体的方案。

可见在城乡文化互构过程中，要协调现代城市文化与传统乡土文化的"分量"，正视现代文化是城郊乡村文化的主流，但传统乡土文化是体现其特色之所在。虽然二者"分量"不一，但彼此不可或缺。在乡村环境设计方案中不但要体现出现代性与乡土性，而且"分量"的差异也要有相应呈现，或者说城乡文化不等量的共存互构。

（二）城乡关联的城郊乡村规划设计

乡村规划在"营造设计"中属于宏观范畴，空间上强调的是与周边地理环境的关联性，以及周边资源的互通性，整体风貌的统一性，时间上连接过去、现在与未来，强调对传统的保护与未来发展的规划，以期最终达到时空统一。城郊乡村的规划在延续一般乡村"时空统一"规划思维外，还从"城乡互构"的角度特别突出与城市的关系，加强城乡的关联性，直接目的是最大化地获得城市的支持与反哺，让城市成为促进乡村的"消费源泉"，反之城郊乡村成为城市的"后花园"。在文化上尽可能与城区既有"大空间"保持同一性，但也不失"小领域"的特色性。

1. 区位互构：城市的"后花园"与城郊乡村的"消费源"

城郊乡村规划设计首要考虑培育产业，刺激消费、激活经济，否则其他所有的规划都是缺乏物质保障的，难以可持续发展。北京大学经济学院王曙光教授说："一个破败的乡村，是不可能保留乡土文化的，任何乡土文化的建设都要一定给农民带来产业的发展，这个产业不光是制造业，而且包含着旅游业、文化产业。"[①]因此在空间的功能规划上要与城市的消费需求衔接，创新业态，让城市成为城郊乡村的直接"消费源"，而城郊乡村则是城市的"后花园"。

坊口村位于河北怀来县东南部，与北京昌平区、门头沟区接界，处在京西北，明长城南侧，总体位于北京大都市郊区，周围有丰富的旅游资源，如北部的龙庆峡自然景区，东边的八达岭长城，南部门头沟灵山风景区，北、东、南的旅游资源都处在距离北京市1小时车程之内。依托大都市北京，周围分布着丰富的旅游资源，坊口村与北京城区、与周围环境形成了得天独厚的关联性（图4-3-13）。这便注定了坊口村的发展在区位上离不开北京市的消费驱动，必须与周围景区形成差异化发展的格局。

"静西谷"通过调研也培育了一系列乡村产品，即精品度假民宿、乡创文化、康养居住、观光农园四大系列，下涉13个经济增长点。从乡村产品的内容来看，在体现乡村元素的基础上，与作为消费主体的城市人群的生产生活方式、现代文化语境下的各种行为习惯相衔接。在古村落核心区开发的精品度假

---

① 参见北京大学经济学院教授王曙光在中央美术学院所作的《留住乡愁、回归乡土、复兴乡村》的报告。

图4-3-13 坊口村周围丰富的旅游资源（图片来源：静西谷提供）

民宿，是对原有民居的改造设计，民宿区必然延续与周边环境的关系，村落的格局、肌理与街巷能较好延续，民宿的空间布局、建筑特征、装饰元素部分能够保留，保证了乡村应有的"卖点"。同时增加了许多符合城市人群的生活习惯空间，如公共空间、酒吧、咖啡屋、主题餐厅、公共厕所，针对城市人群的代际、职业、性别等特点进行进一步的分类建设，如定制型客栈、众筹型客栈等。为了吸引城市群体，开发各类乡村文化产品，如手工艺产品、艺术展览馆、文化沙龙、村史馆、民俗文化表演等。依托周围良好的自然环境、农业条件，开发养老社区、康养中心、观光农业，吸引城区大量退休人员到此养老，吸引职业人群到此短暂修养。吸引他们到此体验农事，采摘果蔬，让孩子了解农业，增强对大自然的审美认知。

在梳理城市人群的消费需求潜力外，坊口村的总体规划要突出产业规划的内容。围绕着这些产业，将坊口村建设成北京市的"后花园"，吸引并刺激城区人群到此体验。

坊口村的总体规划为"一心一带五区"。"一心"指古村落核心区，围绕三仙松古村落，形成集文化展示、民俗体验、娱乐休闲、旅游度假于一体的核心区。"一带"指旅游度假带，将各个功能区域串联，形成一条南北向的旅游观光带。"五区"中的"长城文化展示"区包括踞虎关长城遗址公园、长城文化中心、野生山·谷植物园、戍边农业遗址公园、玫瑰谷、精品酒店;"创意音乐休闲区"涉及音乐剧场、音乐制作、影视拍摄、养生SPA、高端酒店、主题度假屋;"自然风情体验区"包括杏花谷、采摘服务、野外探险、宿营地、围猎场、骑行者聚落、户外俱乐部、森林公园;"大地景观艺术区"规划有大地景观、大地艺术、庄园式酒店、主题度假屋;"美丽乡村度假区"有民俗体验、公共服务、长城遗址服务内容等。为了将这些规划的乡村产品进行统筹管理,更好地服务于以城市人群为主的消费群体,按照功能需求、便捷性、产品的关联度规划设计了六条游线,分别是车行景观游线、大地风情游线、山林野趣游线、人文亲子游线、幽谷休闲游线、长城体验游线。形式多样,内容丰富(图4-3-14、图4-3-15)。

在坊口村的规划设计中,提出不做"大规划"的理念,而是根据具体的地理环境并结合乡村产品的功能属性,确定了20个经济点位。它们共同构成了坊口村乡村产品系统。通过"以点带面"的方式逐渐激活,并带动乡村"面"上的发展(图4-3-16)。"以点带面"的规划设计思路是符合包括城郊乡村在内的乡村范畴。乡村振兴是一个循序渐进,逐渐激活的过程。通过一个个乡村产品

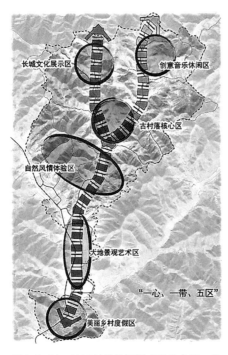

图4-3-14 坊口村总体规划(图片来源:静西谷提供)

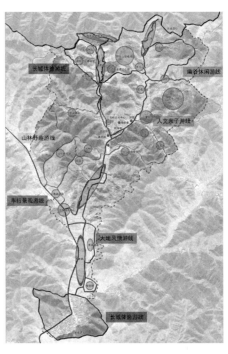

图4-3-15 坊口村游线规划(图片来源:静西谷提供)

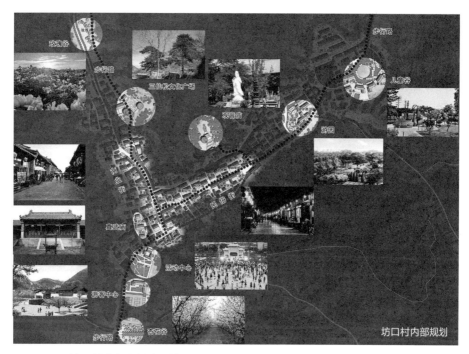

图4-3-16 坊口村内部乡村产品的空间分布（图片来源：静西谷提供）

的培育，成为经济增长点。若干经济点串联呈现，最终实现"面"上的激活。这种方法类似中医中的"针灸疗法"。2019年5月30日，在首届世界人居大会（UN-Habitat Assembly）上，联合国人居署（UN-Habitat）宣布将与我国浙江松阳县开展"乡村可持续发展"合作项目，希望将乡村"建筑针灸"策略在全球推广。[①]从原理上来看，坊口村不做"大规划"的思路与联合国人居署要在全球推广的"建筑针灸"有异曲同工之妙。能很好地挖掘乡村地域文化，促进城乡融合发展。

2. 文化互构："大空间"的同一性与"小领域"的特色性

在"乡土中国"阶段，城郊乡村与城区在地缘上的临近性，文化上的同一性，城市是纳入"乡土中国"的范畴来考量的。但随着城镇化快速发展，城市与乡村两种文化的对立性被不断强化，并形成价值误判：城市是现代文化的载体，代表先进文明，乡村则是传统文化的载体，是落后的象征。近几年，在一些有识之士的努力下，乡村文化的地位逐渐提高，甚至在国家文件中将乡村视为"中国传统农耕文化根脉之所在"。因此乡村文化也成了乡村之外各群体展开审美想象的一个对象。但是对于村民而言普遍是文化不自知，甚至是文

---

① 谷德设计网。

化自卑的状态。在当下，作为紧邻城区的城郊乡村尤为明显，村民普遍迫切地向城市文化靠齐，主动放弃自身文化，相反对于以"新乡贤"为主体的外来者，却在努力拾起被弃之文化。因为他们深知乡村特色的彰显就在于文化的重构。那么从规划的角度如何来调和城乡主体存在的矛盾，如何思考城乡文化的"互构性"？

　　从城乡关联性来看，城区与城郊乡村"大空间"的文化属性应该是趋同性的，而不是简单粗暴地分为城市文化与乡村文化，而对于城郊乡村单个村落的"小领域"应该体现其特色性。"大空间"上城区与城郊乡村的文化的同一性需要回到"乡土中国"去思考。在"乡土中国"阶段中国各地形成众多的文化圈或文化亚圈，这些文化圈将城乡文化统一为整体。在强调传承优秀传统文化，城乡融合发展的今天，我们如何从规划的视角再次将城乡文化统一起来。以广州大都市为核心的珠三角地区历史上形成"广府文化圈"。在城镇化高速发展下，城区中的广府文化慢慢地潜藏、消解，现代物质文明覆盖了广府文化的有形空间，很多广府文化只能以故事、传说在城市人群中延续。城郊乡村的广府文化得以较好保留，但伴随着乡村的衰落，人走了，仅留下代表广府文化的物质空间（图4-3-17）。实际上在整个珠三角地区，空间没有改变，广府文化的根仍然是存在的。我们在进行广州城郊乡村规划时，要置于广府文化圈的大背景下，将广州大都市周边成点状的乡村规划建设成城区人群体验广府文化的物质空间和精神上的空间。但是广州郊区乡村众多，要想在城乡融合中，实现全面发展，就必须体现差异化、特色化。比如突出生态文化、饮食文化、新兴产业文化、田园文化、龙舟文化、荔枝文化等。贵州安顺地区在历史上为中央王朝屯军戍边的重镇，形成了独特的"屯堡文化圈"。安顺郊区的乡村规划普遍置于屯堡文化圈的框架下考量，同时每个村落再因地制宜发展各自特色，如天龙屯侧重于商业文化，本寨突出农耕文化，云山屯强调军事文化（图4-3-18）等。北京市城郊坊口村就是在置于"京文化圈"下进行规划设计"长城小院""踞虎关长城遗址公园"等。

（三）汲古融今的城郊乡村建筑设计理念

　　在"营造设计"中乡村建筑设计或者更新改造设计是不可回避的重要内容。在乡村振兴大潮下，众多乡村设计师都在积极探索设计技巧、手法，以形成自己的风格，但作为具体的设计技巧、手段因人而异，不可穷尽。从研究的角度看，主要是探讨具有普遍指导意义的设计策略或者设计理念。

　　我国当前乡村建筑设计实践主要存在两种价值导向，一是移植城市设计的

图4-3-17　广州郊区的增城莲塘村（图片来源：作者自摄）

做法，二是有节制地设计。前者在新农村建设早期，以及行政领导意识较强的地区较为明显。村落统一规划，统一建设，目的是实现乡村就地城镇化，这被认为是"设计入侵"的做法。这样的设计已被普遍否定。后者主要针对有价值的传统村落及民居建筑。甚至有学者认为对于有价值的传统村落及民居建筑的保护是不需要职业设计师的。如果需要也是在对其进行深入学习、不断调查的基础上进行，要控制设计师的"设计欲"，否则就可能造成"设计入侵"。从2012年起公布首批中国传统村落名录以来，全国都在对列入"中国传统村落名录"中的民居进行更新改造。但是总体不容乐观，设计师的水平参差不齐，同时还受到行政领导意识的限制，"设计入侵"已成了行业、学界普遍关注的话题。

图4-3-18 安顺市郊区的云山屯（图片来源：作者自摄）

  城郊乡村的建筑设计或更新改造是不能延续当前乡村设计中的做法的。因为城郊乡村普遍不同于偏远地区的传统村落，它们较早受到城市化影响，村落建筑趋向城市化、现代化，却缺少城市的秩序性、统一性。村落传统风貌普遍不完整，建筑质量普遍不高，历史文化价值不足。如果要开发城郊乡村客观上需要专业设计师介入，并根据市场的需求进行大胆的更新设计。对于零散分布的传统文化痕迹要尽可能地保留，并体现在所设计或改造的建筑之中，这就要求在进行方案设计之前要对村中的传统文化碎片进行搜集整理。从市场需求看，所设计或改造的建筑是要趋向于现代性的。或者从现代人对居住舒适度的要求来看，传统乡村建筑普遍简陋，采光、卫生、隔音、防潮等条件普遍不佳，城市人群是很难接受未经改造的乡村建筑。乡村民宿就是基于这样的现状发展起来的，既要有特色，彰显乡村之魅力，同时对于内部空间、室内设备、陈设家具等又要符合现代生活的要求。这样的设计理念可概括为"汲古融今"。"汲古融今"一词中重点是"融"，即融入当今的现代环境之中，以适应市场之需求，设计中的现代成分较多，但为体现其特色，又要汲取传统的元素，"汲"在设计中表现为"小分量"。这也是由城郊乡村"强现代性，弱乡土性"特征所决定。

  坊口村的民宿更新改造设计实践确定了四个关键词：现代生活、传统特色、互利共赢、家园重建。其中"现代生活"与"传统特色"就体现了"汲古融今"的设计理念。坊口村的民宿及配套建筑有"长城小院""卧云居""接待站""会议室""餐厅小院""双联院""空中小院""竹子小院""红院子""西店咖啡"等。"长城小院"位于两条道路交汇的街角,是一个辨识度很高的位置。建筑风貌质朴,砖石混合的墙体,墙体完全裸露,表面肌理粗糙,风格粗犷,瓦屋面。内部院落空间开敞,一部分水泥硬化,用于晾晒、交通,另一部分裸露土壤,种植果蔬,体现了乡村院落的实用特征。北面和西面各有房屋三间、一间,南面有向外凸出的破旧小屋两间。其余为砖墙围合,有较多的剩余空间,可以根据需要增加建筑空间。室内空间完整,去掉天花能增加空间的宽敞感。对"长城小院"采用做"加法"的设计理念。即尽可能地保留原有场地特征,按照功能需求,进行空间的再分配。以院落为中心,按照一年四季太阳高度角的变化,设计四个功能空间。按顺时针方向,北边为"冬季客厅",功能与原来一样,都是客厅。在冬季北方的太阳高度角最小,能够最大化地获得太阳光照,在前面增建一个阳光房,可以满足室内读书的需求。客厅两侧改造为客房A、B、C。西边为"春天的谈话室",绿地和建筑一体化,右侧为设备间和仓库。南边为"夏季的茶室",可遮挡强烈的日照,半户外的通风空间,向北侧完全开放(冬季关闭)。东侧是"秋天的食堂",屋顶为木格栅,打开窗户,户内户外一体化使用(图4-3-19)。室内拆除原有天花,将梁、枋、椽、柱完全露明,内部空间高敞,内部装修材料以木、轻钢交替使用,原有砖石墙体外露,

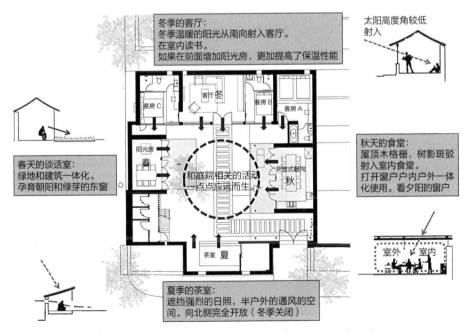

图4-3-19 长城小院平面的功能空间的改造设计(图片来源:静西谷提供)

但表面经过专业处理,内部的家具陈设现代化,但突出乡村风格,传统元素点缀或镶嵌在现代风格之中。窗子为落地窗,采光极佳,视野开阔。窗框为轻钢骨架,并与走廊一体,极富现代感,但交替出现的木檐墙、砖石墙、封檐板、瓦屋顶以及庭院中乡村化的设计,柔化了檐廊部分的现代性,所以在内外过渡的檐廊空间体现了传统与现代的融合。庭院的设计园林化、乡村化,内设两个花池,一个树池。建树池是用来围合原有树木的。"春天的谈话室"前建一个小园林,是比较大的花池,内植竹子,根据时令种植体现乡村特点的花卉、果蔬等,设置一个体现农耕文化的石磨、石水缸,景观处理成为一个微型水景观,通过汀步将院子与谈话室连接。餐厅前是一个较小的方形花池,调节了餐厅前空间的单调感。东南角的铺地是用长城砖铺设的。在20世纪60年代,村民拆明长城砖建房,而这些砖已有600余年的历史,采用宝贵的长城砖在东南一隅铺地,是对长城文化、长城历史的回应与尊重,这也是本民宿取名为"长城小院"的原因所在。庭院空间总体上体现了传统乡村特色,现代元素以点的形式嵌入。"长城小院"顶立面、外墙立面基本保持原有状态,大门是用木板拼接的,体现了乡村的朴实风格。可见长城小院由外而内体现了现代元素逐渐增加,乡村传统文化符号逐渐减弱的变化轨迹。长城小院体现了设计师对乡村传统文化和现代市场需求的深刻理解,是"汲古融今"设计理念的表征(图4-3-20、图4-3-21)。

图4-3-20　内外过渡的檐廊空间(图片来源:静西谷提供)

图4-3-21　庭院空间（图片来源：静西谷提供）

坊口村其他的民宿及附属建筑的设计理念与长城小院相似，但也会根据功能的需要和是否是改建还是新建有所区别，如会议室、接待站、空中小院等的现代性相比民宿就会更强。

窥一斑而知全豹，以市场主导的城郊乡村发展，其"消费源"主要来自城区，对建筑的设计首要要符合消费群体的需要，既满足他们对现代生活的物质需要，也要满足他们对"乡土中国"追忆的精神需求。所以城郊乡村的建筑设计理念凝练为"汲古融今"是适宜的。不管是民宿改造还是公共空间设计，总体上一定是以能满足居住者对现代居住生活的需求为前提，在此基础上才考虑融合乡村传统文化元素。

第四节 "城乡互构"设计策略的案例解析

一、坊口村"城乡实验"

在"乡村振兴战略"推进过程中，我国乡村不可逆地走向"分化"，乡村面临着复兴转型或收缩消亡的可能。乡村人文语境的分化，为环境设计提出了新的研究课题。为了回应上文关于城郊乡村环境设计的分析,这里以点、线、面结合的研究思路,以北京郊区坊口村的"城乡实验"为"点",以环境设计为"线",从前提、基础、关键、驱力、机制五个角度阐述城郊乡村振兴与环境设计策略,探索乡村环境设计未来发展的合理模式,以期为我国分布广泛的城郊乡村振兴提供范例。

(一)坊口村的"城乡实验"

坊口村的"坊口"原名"防口",明代在此屯兵,即是京西防御门户。西部、北部为长城环绕,分布有踞虎关、东西察院、古商道、军垦田等遗址,反映了明清两代坊口村作为进出北京、联结内外的商业与军事通道(图4-4-1)。随着现代公路的修建,古商道被弃用,坊口村也随之没落。改革开放后,以北京为中心的京津冀都市圈快速城市化,在兼并近郊乡村并带动发展的同时,也在抽空远郊乡村发展的"动力源"。坊口村作为毗邻北京的远郊乡村,青壮年进城谋生、老人与儿童留守、民宅大量闲置、耕地抛荒严重、特色资源缺乏,演变为当下常见的空心村。坊口村的现状仅是中国四十年城市化下乡村分化的一个类型,其确定性特征可概括为"衰而未亡"。

危机中往往孕育着机遇,乡村振兴战略的实施推进了我国城乡融合发展的进程,农村土地、金融、政治、文化进入现代化系统的初建期。乡村环境建设

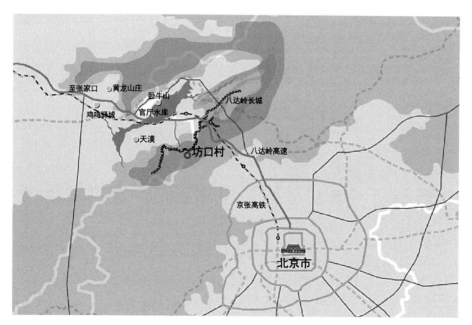

图4-4-1 坊口村区位图(图片来源:静西谷提供)

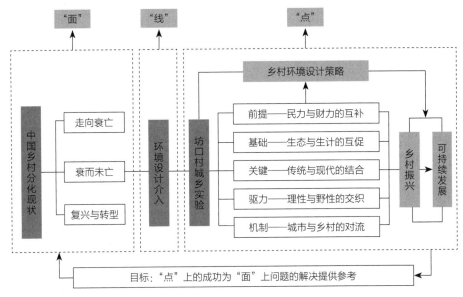

图4-4-2 点、线、面结合的思维导图（图片来源：作者自绘）

的需求也为环境设计介入提供了最好的时机。"静西谷"设计团队主导的坊口村"城乡实验"便是在这样的背景下产生了。坊口村"城乡实验"开展是基于两个因素的考量：一是大都市郊区拥有巨大的成长空间以及农村海量的闲置资产；二是城乡实验的需求和社会多元主体共赢受益。前者是物质保障，后者是动力源泉。本书以坊口村"城乡实验"为"点"，以环境设计为"线"，试图为我国资源贫乏，无明显区位优势的衰而未亡型乡村，即"面"，提供一个可资借鉴的范本，以破解长期以来我国乡村环境设计缺乏持续动力的难题，实现乡村空间的持续建构（图4-4-2）。

（二）坊口村乡村环境设计策略

1. 前提：民力与财力的互补

坊口村作为未能被列入各类"名录"的村落，未能获得政府与各界财政的大力支持。静西谷兼作设计方和投资方，财力也有限，他们试图摆脱中国乡建片面强调外力作用（尤其是政府力）的传统做法，转而培养民力，采取"民力与财力"互补的策略，"花最少的钱办农民能参与的事"[①]，并将之定为实现坊口村振兴与可持续发展的前提条件。因此将合作社建设视为凝心聚力的重要路径。在合作社建设过程中，大多数村民持观望及消极态度，认为时下很难通过

---

① 孙君，徐宁. 把农村建设得更像农村（理论篇）[M]. 南京：江苏凤凰文艺出版社，2019：95.

集体产业和生活恢复往日的景象。静西谷对此采取"以点撬面,点面结合"的措施,通过捆绑利益,实现共赢。如在民宿合作社中约定村民的权利:"民宿盈利30%,享有对合作社询问权、监督权,按社员股占比享受合作社年终分红权"。"3年内村民从该民宿项目所得分红未达到3年房租(约定金额)金额,未兑现的部分由合作社进行补足"。通过多种措施激发并重构村民主体意识,逐渐参与村落项目的立项、设计、监督、管理中来。随着坊口村"城乡实验"初见成效,"民力"如滚雪球般越来越大,构成也逐渐多元化。在村民积极参与的同时,社会各界力量纷纷加入,有效地弥补了静西谷财力不足的现状。通过这个过程,凝心聚力,为乡村秩序重建提供了前提保障(图4-4-3)。

2. 基础:生态与生计的互促

坊口村作为郊区衰而未亡型乡村的代表,从"主位"角度看,区位不佳、资源匮乏、特色不足。但是从"客位"视角看,坊口村良好的生态环境却是都市所需求的。1995年施行的"林业三定制度"①,根本性地改变了坊口村生态面

图4-4-3 村民积极参与到乡建中(图片来源:静西谷提供)

---

① 坊口村在20世纪80、90年代落实"林业三定制度",即"稳定山权林权、划定自留山、确定林业生产责任制",植被逐渐恢复,生态环境得以有效改善。

貌，这被视为坊口村振兴的逻辑起点，也被认为是未来可持续发展必须坚持的必要举措。设计团队在坊口村的规划设计中延续"生态建设"理念，以村落外围丰富的农林资源为生态屏障，修复村内的生态空间，建立垃圾分类，促进生物多样性发展。进而通过农林产业结构的调整，衍生与生态有关的业态，创造新的经济增长点，逐渐改变原有生计方式，进而提升村落经济效益，在生态建设与生计修复层面实现互促。村落原住民在生态产业高附加值的吸引下，纷纷加入乡建行列，外来群体在良好生态的吸引下，积极加入成为新乡民。在合作社的框架下，对新乡民和原住民进行有序约束，保护各自权益。同时各参与主体为了更好地维持各自经济利益，在合作社中积极作为，如原住民对生态环境的保护和对生态产业发展的积极配合，这也是持续吸引新乡民的重要原因。而新乡民重视对村民生计层面的保障。在乡建多元参与主体中，新乡民的生态需求与村民的生计需求相统一，实现互惠共赢，有效促进了以现代合作社为架构的自组织结构的建构，并逐渐完善，走向成熟，即实现有别于传统自组织的现代乡村自组织的振兴。

3. 关键：传统与现代的结合

设计团队在坊口村的规划设计中，在组织建设与环境营造中重视传统与现代结合。坊口村薄弱的农业状况，决定了"统购统销"和"吃大锅饭"的传统合作社是不适宜的，必须在继承传统合作社凝心聚力的优势下，向现代合作社转型，让农业和畜牧业走新型集体化生产道路，升级传统农业结构，拓展新业态，发展高回报率的种养殖业和民宿业。比如高山玫瑰的种植由村民完成并进行初级加工，合作社则进行深加工、营销策划和产品包装设计。这样可让村民的传统技能和现代合作社商业理念得到很好结合，实现产品附加值递增。

从聚落环境营造看，现代设计师与传统匠人共同参与，协商推进，发挥各自所长。坊口村的传统空间肌理、建筑遗址得到很好延续，如东西察院、古商道、军垦田、农业学大寨等遗址。同时根据需要新建或改变原有空间的功能用途，植入现代生产生活理念。在坊口村的规划设计中，为了不破坏原有肌理，不做"大规划"，而是嵌入20个经济点位系统，以"针灸"设计手段为主，逐渐实现"以点撬面"的效果。在功能空间的划分上，因地制宜发挥已有资源，并结合京津冀都市圈乡村游的潜在性，将坊口村划分为"农创田园""众创田园""任杏田园"和"田园客厅"四大主题，每个主题下又细分若干功能区。在建筑更新改造层面，不论是民宿设计还是茶室、接待室、文化活动室等公共空间设计都充分地延续原有空间格局，尽量使用当地材料，对于新增建部分根据功能需

图4-4-4　并存着传统与现代的建筑（图片来源：作者自摄）

求植入新的设计理念，使用新材料，新的建筑形制（图4-4-4）。如民宿服务对象主要为外来体验者，设计上延续原有空间格局、嵌入地域元素，重复使用长城砖作为点饰，以彰显其传统文化特色，室内秉承现代居住需求，体现设计的现代性。外檐部分为营造轻盈通透的空间氛围，多采用型钢、玻璃等现代材料（图4-4-5）。

4. 驱力：理性与野性的交织

乡村振兴是一个体现科学价值，追求理性的过程，需要改善人居环境空间，鉴别并继承传统遗产价值，满足现代生产生活需求。从参与主体的投资方与村民看，二者以逐利为驱力。投资主体和村民是乡村建设的"生产方"。而到此休闲体验者扮演"消费方"的角色。"消费方"消费的产品需蕴含感性特征与浪漫色彩，体现美学价值。因此"生产方"所设计的产品虽然是以理性为出发点，但其设计产品须满足消费者感性的审美需求。契合审美价值的环境设计作品是"消费方"持续消费的内驱力。坊口村在乡村环境设计中充分考量"生产方"的理性需求和"消费方"的感性需要，并将其作为推动

图4-4-5 交织着传统与现代的材料（图片来源：作者自摄）

坊口村可持续发展的驱力。坊口村在空间环境设计中，植入众多如长城文化体验馆、坊口大讲堂、瑜伽平台、停车场等具有现代城市功能属性的空间，满足人们对现代居住空间的追求。同时山水林田格局完整保留，呈现独有的乡野之美，部分建筑墙体使用未经打磨的毛石砌筑（图4-4-6），部分墙体外围部分使用精料砌筑，内嵌毛石，对比鲜明，彰显了理性与野性的交织。坊口村粗犷野性之美还体现在对长城基因的嵌入。坊口村北部和西部的长城均属"野长城"，一个"野"字彰显了远离市区，融乡村为一体的现状。设计有意识地将"野长城"纳入规划设计范畴，保留乡野中的人文之美。村中现存的多数民宅是20世纪60、70年代拆长城砖修建的，这既是长城生命的延续与再生，也是长城的"野性"基因在异质空间的传承。在民宿更新改造中，设计师继承并强化这种野性，有意识地将长城砖嵌入到铺装、墙体等构造中，作为一种装饰内容呈现，与其他现代材料形成鲜明对比，野性色彩若隐如现，在理性的环境中弥漫着野性的气息，成为"消费方"认可的产品（图4-4-7）。

图4-4-6 野性十足的毛石墙（图片来源：作者自摄）

图4-4-7 弥漫着乡野气息的民宿（图片来源：作者自摄）

教育部成员考察坊口村　　　　　　清华大学师生乡村设计考察

北京电影学院坊口村拍电影　　　　北影动漫专业学生暑期创作实践

图4-4-8　多种形态的城乡互动（图片来源：静西谷提供）

5. 机制：城市与乡村的对流

乡村振兴与可持续发展必须解决城乡要素的流动问题[①]。在党的十九大报告中明确提出"建立健全城乡融合发展体制机制和政策体系，加快推进农业农村现代化"。作为乡村端的坊口村有大量的剩余劳动力、闲置房屋、弃耕农田以及良好生态环境，而城市端的京津冀都市圈拥有政策资源、资本、知识等优势要素。坊口村"城乡实验"即是在对比考量城郊巨大的成长空间与海量农村闲置资产价值的基础上展开的。如何推进城乡各要素的对流，盘活农村闲置资源，发挥城市优势，实现城乡之间互惠共赢是坊口村"城乡实验"一直思考的问题，并试图建立一种鲜活的城乡对流机制（参见图2-2-3）。"静西谷"在坊口村的"城乡实验"，带动城市各界人士介入，如教育部直属单位培训学员、清华大学美术学院师生、北京电影学院、旅行社与游客等都到此开展考察实践，并举行各种公益活动（图4-4-8）。

通过新乡人与原住民的共同努力，在外界资本、知识、政策等要素的作用下，坊口村逐渐重构自组织系统，碎片化的文化要素被重新系统组织，碎片化的生产生活要素被盘活为一个经济系统。为了解决好坊口村新农人进入问题，设计团队建构了村落信息资源系统，并搭建了城乡信息交流平台。在信息交流

---

① 林峰等. 乡村振兴战略规划与实施［M］. 北京：中国农业出版社，2018：8.

平台上，市民和企业可以了解闲置宅基地、耕地、林地、经营性建设用地等资源，以提高出行或投资预判的科学性。村民时刻关注市场需求，根据变化及时对村落发展做出相应调整。在城乡对流机制下，自组织系统、文化系统、经济系统、信息资源系统的重新组织及协调配合，更高层次地建构了一个大系统，这个大系统把土地、产业、人口、能源、文创、合作社等城乡要素集合起来。在这个系统中，乡村发展诉求得到关注并逐渐满足，参与的相关多元主体从中受益，推动着坊口村向着内涵式、可持续方向发展。

6. 小结

在乡村振兴背景下，反思以往研究范式，正视中国乡村分化的确定性，分类施策是当下乡村环境设计必选之路。衰而未亡型城郊乡村是中国当下乡村分化普遍面临的一个类型。依托于城市的巨大消费空间，得益于资本下乡谋求新领域的发展和乡村振兴战略的契机，城郊乡村振兴与可持续发展迎来了"春天"，这也为乡村环境设计提出了更高的要求。坊口村的"城乡实验"即是应时代之需的产物，在秉承社会的人文关怀理念下，"城乡实验"包含乡村激活、复兴、持续发展的全时段内容，而非"静态"的"图纸"方案。

坊口村区位不佳、资源匮乏、特色不足，在城市化进程中走向衰败，但依托都市圈，潜在具有振兴与转型的可能，这代表了衰而未亡型城郊乡村的特征。这类乡村缺乏专项资金、政策保障，有别于文化深厚、风貌独特的传统村落，在城镇化中首当其冲，传统渐失，自组织系统瓦解。设计团队必须从根源上探掘持续的发展动力，建立乡村环境设计的长效发展机制。针对这些问题，坊口村的"城乡实验"认为衰而未亡型城郊乡村首先要调动民力，以解决资金缺乏、政策保障不足的问题。其次是通过生态与生计互促、传统与现代的结合，重构乡村秩序。同时需要考量各参与主体的诉求，坚持理性与野性交织的设计导向。在城乡融合背景下，重新组织衰败乡村的文化系统、经济系统、信息资源系统，建立城乡各要素的对流机制，真正向着内涵式、可持续方向发展，也希冀为"衰而未亡"型城郊乡村振兴提供一个范例参考。

二、八宝堂村的"又见炊烟"项目

随着乡村振兴的持续推进，都市资本就近下乡，其中"微度假"的兴起，在"都市端"与"郊区乡村端"产生了需求侧与供给侧的关系，这也是城乡融合发展的主要动力之一。都市郊区的乡村围绕大都市区享有市场的优先选择权。在北京怀柔区琉璃庙镇八宝堂村"又见炊烟"项目是市场较早介入的乡村，是"城乡互构"设计策略的典型案例。相比较大多数乡建项目，该项目突出之处在于提炼出来了自己的方法论，即"五彩幸福计划"，以及多元化的实践专题，是设计实践与理论研究并进的范例，为开展设计推动乡村振兴的理论研究提供了极富价值的参考。

（一）八宝堂村简介

八宝堂村的"又见炊烟"项目位于怀柔区的琉璃庙镇北部，距离北京市中心100公里左右，车程约一个半小时；距离怀柔城区45公里，车程约半个小时。八宝堂村自然环境优美，属于白河峡谷风景区的组成部分，村两侧群山连绵，白河蜿蜒而过。据村中的工作人员介绍，"八宝堂"得名于战乱时期一位名叫一赖的和尚为躲避劫匪追杀而将"佛家八宝"[①]埋于山谷中。早些年，依托白河村中发展"漂流"产业及农家乐，享有"北京第一漂"的赞誉，并成为电影《让子弹飞》的拍摄取景点。但随着生态环境综合整治的推进，八宝堂村的漂流和农家乐走向没落，八宝堂村的发展一度进入艰难的局面，直到"又见炊烟"项目的植入，才根本改变了其发展路径（图4-4-9）。

"又见炊烟"项目组进驻后以国家实施的"乡村振兴战略"为宏观指导，制定了八宝堂村振兴计划，依托北京大都市的辐射以及自身的自然资源和历史文化资源作了准确的定位，其中市场定位为"白河湾的青山绿水中，极具特色的民俗文化村"，文化定位为"三部曲"，一是"缘起"："八宝堂·佛家八宝"；二是"进阶"："中华·美德八宝"；三是"落地"："人文·耕读传家"。

"又见炊烟"项目通过对市场的深刻分析，提出了"微度假"的理论概念，并从供给侧与需求侧角度分析了微度假的必然性及乡村振兴的可行性。该项目不是单纯的实践项目，还总结出了"五彩幸福计划"的可复制、可推广的方法论。

（二）背景：城郊"微度假"兴起背景下的供需侧分析

"又见炊烟"项目是运营设计公司在深度分析了中国当下城乡关系变化的新境遇背景下的乡建实践与理论探索。运营公司敏锐地意识到随着大城市对周边乡村辐射带动力的增强，以及城际交通的快速发展，近郊深度体验游将成为新的旅游趋势。根据这样的变化，"又见炊烟"项目团队从供给侧、需求侧的经济学视角进行了分析，并提出了"微度假"的理念，"微度假"主要从需求侧进行阐述，即1）"不用太多准备的异地工作和休息"；2）"与家人、亲朋、工作伙伴

---

① 佛家八宝又称"八吉祥"分别为：法轮、法伞、法螺、白盖、莲花、宝罐、双鱼、盘长。

图4-4-9 八宝堂村落形态及再造计划（图片来源："又见炊烟"项目团队提供）

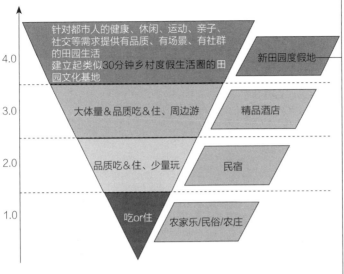

图4-4-10 "微度假"供应侧分析(图片来源:"又见炊烟"项目团队提供)

换个场景建立联系"。新的需求端产生就需要有相应的供应链,传统的近郊乡村游以农家乐为主要模式,较为粗放,体验度有限。"微度假"对所供给产品提出了更高层次的要求,"微"度假应充分在"精致安排""深度体验"等方面下足功夫。"供给侧"随着时代的发展不断地升级,经历了供给侧1.0到4.0的变化,在供给侧1.0阶段乡村游主要以吃住为主,以农家乐、民俗文化体验为主;供给侧2.0阶段吃住的品质有所提高,增加少量的娱乐项目,民宿得到蓬勃发展;在供给侧3.0阶段吃住的体量与品质显著提高,城市周边游成为新潮,居住条件不断提高,以精品酒店为主;当下供给侧进入4.0阶段,乡村成为"新田园度假地"。"又见炊烟"项目团队对"新田园度假地"模式进行了定义:"是社会资本投资并参与乡村振兴及运营的一种模式。把村庄当作度假综合体来运营,不仅对民宿、民俗、农庄、精品酒店、户外营地等各业态整合包装,而且在半小时车程的范围内打造'类小镇综合文化商业一体化'、乡村度假生活圈的田园文化基地"。在这个阶段新田园度假针对都市的健康、养生、休闲、亲子等需求,努力提供高品质的田园空间(图4-4-10)。

(三)"又见炊烟"项目实践的核心内容

"又见炊烟"项目团队在进行了资源环境、目标定位的分析后,开展了包括农业产业实践、村庄再造实践、村民共生实践、文化复兴实践、绿色发展实践等

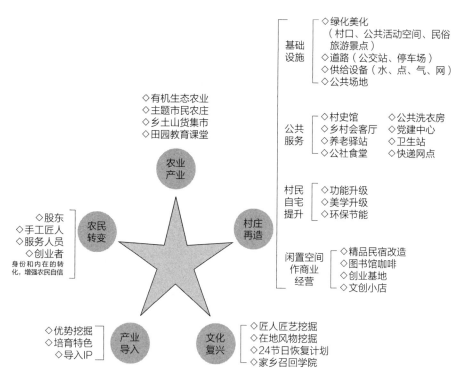

图4-4-11 "又见炊烟"项目实践的核心内容（图片来源："又见炊烟"项目团队提供）

在内的一系列实践活动，促进了项目的落地与八宝堂村的全面振兴（图4-4-11）。

1. 农业产业实践

"又见炊烟"项目团队首先基于北京怀柔地区原有的农产品，通过深化设计整合包括八宝堂村在内的多个村落的多种农产品资源开发新的农业产品，打造农业IP，形成以"草木拾得"为核心的原产地的农产品品牌。"草木拾得"品牌由一系列产品构成，其旗下共有十个产品，其中八宝堂村主打核桃、栗子、米酒、杏果酱、杏干，二台子村主要是南瓜干、南瓜籽、山楂干，琉璃庙村为蜂蜜，梁根村为木耳。当然团队仍然在不遗余力地在开发新的产品，发掘新的经济增长点。对于新开发的农产品，公司强调公益性质，与各村庄的专业合作社开展协同合作。通过一系列的实践活动，增加了原有农产品的附加值，极大地增加了农产品的经济效益，增加了村民的收入，带动村民走向致富之路。

2. 村庄再造实践

为了营造舒适宜居的物质环境空间，团队对八宝堂村落的街巷肌理、建筑、景观、装饰等方面进行了升级改造设计。主要涉及三方面内容，一是改建乡建技术，提高结构、节能环保等建设标准；二是保护和保留乡建特色工艺和建筑风貌；三是推进技术、材料、工艺系统完善创新，形成成套乡建方法。为

▲【新型屋面结构】
保留传统屋瓦工艺,增加保温层及通风层

▲【传统彩绘修复】
聘请民间匠人,采取传统材料和工艺修复

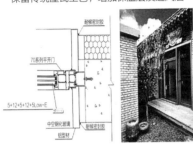
▲【新型门窗节点】
断桥铝材+断桥扣件+三层中空Low-E玻璃更节能造价低

▲【新型墙体节点】
保留清水砖墙工艺,增加呼吸纸、防潮层

图4-4-12 八宝堂村"村庄再造实践"(图片来源:"又见炊烟"项目团队提供)

了增强屋面的保温性能,改造过程中采用了新型的屋面结构,增加保温层和通风层,但是在外顶面仍然保留传统屋瓦工艺及风貌。檐下的彩绘很多已经褪色、破损,通过聘请民间匠人,运用传统材料及工艺重新修复。门窗部位有针对性地摒弃传统做法,以断桥铝材、断桥扣件、三层中空low-E玻璃材料改造为新型的门、窗,此类做法既经济又节能,同时体现了传统与现代的结合。在墙体层面增加了呼吸纸和防潮层,同时保留传统的清水砖墙工艺。此外聘请专业机构对原有木结构进行加固修缮,还铺设了先进的地暖系统,有效地应对了北方寒冷气候(图4-4-12)。

为了适应"新田园度假地"的功能需求,依托原有的村落空间、庭院空间、住宿空间配套新建、改建茶亭、酒肆、餐厅、书店、剧场、青年号客房、大棚农场等多功能的复合空间。茶亭分南北两个区,临白河,景观通廊开阔,内部采用超大的落地玻璃,光线充足,是个人休闲放松和团队聚会雅集的重要场所。剧场也是重要的公共空间,采用专业的灯光系统、专业的音响设备、可容纳70人的座椅,满足村民、游客等各类主体观影、路演、会议、戏剧、沙龙、晚会等需求。民宿客房是重点打造的体验空间,其设计理念以"琴棋书画诗酒花茶"为主题,一院落一主题。每个院落都有独立的庭院、公共活动空间,在

图4-4-13 适应"新田园度假地"需求的增建、改建的多元空间（图片来源：作者自摄）

图4-4-14 颇具匠心的室内空间及室外景观（图片来源：作者自摄）

这里体验着家庭欢聚、朋友小聚等活动，有效地为八宝堂村适应新时代乡村旅游、乡村振兴提供了科学合理的物理空间。舒适雅致的室内空间、民居墙根的排水沟与管线的整合、结合自然的外部景观以及极具趣味的细部处理等同样都是经过了匠心设计、匠心营造（图4-4-13～图4-4-15）。

3. 村民共生实践

乡村振兴核心是村民自身的振兴，与村民共谋、共生、共荣、共享发展是乡

图4-4-15 质朴内敛的细部处理（图片来源：作者自摄）

图4-4-16 八宝堂村"村民共生实践"（图片来源："又见炊烟"项目团队提供）

村振兴的终极追求。为此，"又见炊烟"的运营团队开办了"八宝堂振兴大学堂"，通过组织村民、员工外出参观学习、参加星级宾馆培训，邀请专家学者入村举办各种讲座、培训会、研讨会。通过这些有效措施，开拓了村民的视野、眼光，提高了他们的经营理念和专业技能，激发了他们创业乡村、建设乡村的激情。通过成立合作社、组建公司，吸纳村民成为雇员、工人、技师，促进他们由传统农民转化为新农人，尤其是吸引青年返乡创业，重新激活村庄活力（图4-4-16）。

4. 文化复兴实践

中国城市化的进程，是城市跃进、乡村收缩的过程，在这个过程中乡村传统文化逐渐萎缩、凋零。"又见炊烟"团队深刻地意识到乡村传统文化对村庄持续发展的重要性，于是有针对性地开展了文化复兴实践活动。首先是与北京日报集团"党报进社区"合作，推动乡村党建工作实践进基层，并设置党报阅览室，方便村民接受党的先进思想的洗礼；其次是制定并发布八宝堂公约，规范村民及游客的行为习惯；最后挖掘传统民俗文化，协助八宝堂村举办"敛巧节"，促进村民文化自知、自觉、自信、自尊、自强，并定期组织五彩幸福欢乐汇活动，突出对中国传统节日活动的重视。

5. 绿色发展实践

八宝堂村的市场定位为"白河湾的青山绿水中，极具特色的民俗文化村"，生态环境、绿色发展尤为受到重视。运营机构与公益组织IGDP合作，共同打造"无废八宝堂"项目试点。该项目通过对村庄内的生产生活废物从源头上减量，对沟域废物采用资源化、无害化的处理方式，打造符合国际标准的可复制、可推广的无废示范项目。为八宝村走生态可持续发展之路营造良好的环境。

（四）方法论的总结："五彩幸福计划"的提出

"又见炊烟"项目团队通过一系列设计改造、运营管理等实践活动，总结了一套以乡村振兴为诉求的"五彩幸福计划"的方法论。在这套方法论体系下有明确的实施原则、实施路径、合作机理、利润分配机制。该项目团队将这一方法论的本质定义为"为村民、村集体赋能，强化他们在乡村振兴中的价值与作用，实现生活救济式扶贫向农村双创产业扶持模式转变以及外来资本与乡村的共生共融。最终实现村民和村集体以农田或宅基地入股，以此来分享乡村开发带来的各项收益，如土地增值分红、经营收益分红，以及从业就业薪酬等。"该方法论对于实现城郊乡村振兴具有普遍适用性。

1. 实施原则

"五彩幸福计划"主要凝练了三个原则。第一，"一村一定位"原则。这一原则主要基于本村特色而定。八宝堂村有着独特的自然生态资源以及富有历史韵味的村名，根据这两个特色确定了"白河湾的青山绿水中，极具特色的民俗文化村"的市场定位，以及"佛家八宝、美德八宝、耕读传家"的文化定位。第二，全要素梳理整合，系统策划、规划。当下乡村进入了深度建设的领域，乡建项目不再是简单的设计实践，设计仅是其中的一部分，还涉及运营、管理、融资等多领域、多学科的内容，需要系统考虑村落中时间维度、空间维度的各种要素。第三，多元化的合作模式。在党和政府的领导，由村集体主导，专业合作社参与形成的组织，与市场化企业进行合作。由市场化企业导入资金和专业团队对村庄资源进行专业化改造和产业化提升。在获得收益时优先保障村民的现有收入，对于增量收益则对合作社、村集体、市场化企业进行次级分配。

2. 合作机理

"又见炊烟"项目团队为了确保村庄发展、村集体和村民的利益，提出了"五变与五不变"的合作机理，主要为保障"五彩幸福计划"实施方向的正确性、科学性。所谓的"五不变"指：1）政府领导、集体发挥主导作用的组织方式不变；2）宅基地所有权、土地承包权等基本制度不变；3）村庄历史文化、民俗习惯不变，并将之发扬升级；4）村庄、村民的利益保障不变；5）村庄的肌理不变，不大拆大建。所谓的"五变"指：1）农业割裂、低效的产业模式要变；2）农民身份要变，转为合作社产业工人、受雇匠人、股东等；3）市场企业参与，资产配置的方式要变；4）农村资源转变为市场资源，产生应有的市场价值；5）收益的分配方式要变。

3. 实施路径

第一步：难点切入、重点启动——建立示范区。通过建立以企业为主导，村集体提供服务的合作模式。企业租赁村中的房屋，承担早期全部风险，保证村民能够获得固定租金。此外企业聘用村民并进行专业化培训，既解决企业的用工需求，又提供了就业岗位。这个阶段以村民自愿加入项目团队为主。

第二步：村民普遍认同，全面开花——模式创新。仍然以企业为主导，通过建立村集体合作社作为村民参与的平台。从利润分配看，在保证固定租金收益外，对于增量收益，村民村集体可以获得相应分成，即"保底+收益分成"。相应的村民承担激励风险，企业承担主要风险。通过一定时间的培训与实践，村民逐渐成为具有一定管理能力、专业技能的民宿、店长、厨师长、手工匠人、创业者等。这个阶段村民申请加入项目团队。

第三步：实现村庄共同体。通过前面两个阶段的积累，村庄的发展逐渐形成了以村集体、合作社、企业三方共同主导的良好合作局面，建立完善的股份合作模式，各方根据股份合作的协议获得相应的收益分红，村民转变股东，最终实现"村庄共同体"的塑造（图4-4-17）。

【第1步】示范区	【第2步】模式创新	【第3步】实现村庄共同体
党和政府领导,村集体服务,企业主导	党和政府领导,村集体、合作社参与,企业主导	党和政府领导,村集体、合作社、企业共同主导
租赁房屋、企业承担全部风险;村民获得固定租金	保底+收益分成;村民承担激励风险企业承担主要风险	股份合作,收益分红
聘用村民进行专业化培训	培养村民成为民宿主、店长、厨师长、手工匠人、创业者等	村民变股东,协作+合作多种方式
村民自愿加入	村民申请加入	八宝堂全村村民

图4-4-17 "五彩幸福计划"实施路径(图片来源:"又见炊烟"项目团队提供)

(五)总结:从"又见炊烟"项目看近郊乡村振兴机遇与困局

在城郊的场域中,"城"为"乡"的转折、复兴提供了可能,"乡"为"城"提供了可消费的产品。城乡之间存在的交换价值为乡村振兴带来机遇,但由于历史遗留问题也存在一些制约乡村振兴推进的因素。

1. 机遇

从十九大提出的"实施乡村振兴战略"告诉我们,"城乡融合发展"已成为我国城乡发展的必然选择。近郊乡村作为环绕城镇的过渡性生态空间,对缓解"城市病"、平衡城乡失衡具有重要意义,尤其是2020年在全球暴发的新冠肺炎疫情,在医疗资源最为匮乏的乡村却成为低成本高效率的防疫战场已是不争的事实。乡村的"韧性"告诉我们:城市离不开乡村,人类离不开乡村。

通过对"又见炊烟"项目团队的行业转轨访谈可知,他们经历了"从设计师资源稀缺到设计院沦为制图民工的全过程"[①],由投入轰轰烈烈的新型城镇化建设到走城乡融合发展的转变。他们的转变是中国城乡关系演变的见证,也是中国设计行业探索新路径的缩影。从追求市场效益最大化的角度看,新时代背景下一些生态、历史、文化等资源禀赋良好、区位优越的乡村,尤其是城市近郊的乡村将成为城乡融合发展的首选对象。围绕城市,"微旅游"已是潮流,现在都市休闲游已经全面赶超了国内中长线旅游。因此围绕城市的近效乡村建设

---

① "又见炊烟"项目总设计师江曼女士观点。

迎来了新的机遇。"又见炊烟"项目的乡建团队在长期的实践中发现乡村集体经济发展存在诸多共性问题，他们总结为五点，分别是：1）主体虚弱、话语权不强；2）乡村资源分散不集中；3）有资源无资金无人才；4）有建设无运营；5）农民个体和集体之间的长效发展利益机制联结不强等。针对这些问题，从乡村本身是难以获得有效的解决之策，而需要借城市之势。乡村，尤其是近郊乡村需要充分利用城市的资源，理顺城乡流通渠道，促进城乡之间的各要素自由流动，鼓励城市资本、人才、技术、产业下乡，真正实现"大手拉小手"。

2. 困局

"又见炊烟"项目在取得不俗成绩的同时，由于历史遗留问题也存在一些制约村庄发展的因素。一是集体土地使用权难以统筹入股，集体土地使用权多被早期的市场机构占用，已不在村集体名下。这就意味着一些村集体最核心的土地资源要素难以进入城乡之间的交流平台，这就从根本上制约村集体的可持续发展。二是村庄项目立项的主体是村集体，而不是真正的投资人，目前的合作模式是村集体占合作社大股，社会投资占小股，从而形成一个村集体控股的旅游设施建设合同。这种合同即便在发改委立项以后，社会资本也没有办法凭此到社会上去融资，结果就是"村集体没有真正的土地资源投入进来，不能享受更多的入股价值收益，而社会资本也不能得到足够的安全回报。"

因此，面对机遇与困局并存时，我们要站在乡村振兴的高度，把握近郊乡村在城乡融合发展大潮中的机遇，同时也要正视存在问题，坚持不忘初心，牢记使命，不断克服困难，推进乡村振兴往深度进发。[①]

---

① "又见炊烟"项目《五彩幸福计划——北京怀柔琉璃庙八宝堂的落地实践》（江曼、源艺、崔俊齐）。

第五章
"农旅联动":资源特有型偏远乡村环境设计策略

在实施乡村振兴战略背景下，中国乡村分化已呈现不可逆之势，其中一部分在新的时代语境下走向复兴与转型，第四章已述。那些市场偏好型城郊乡村最先被市场选中，并在市场主导下，通过"城乡互构"的策略逐渐焕发出生命活力。此外，在远离城区的一些偏远乡村，地理环境相对封闭，城镇化的冲击较小，市场活力有限，"乡土中国"的痕迹还保留较多，这类村落往往历史悠久，文化底蕴深厚，村落风貌保持完整，建筑质量较高，非物质文化遗产传承较好。但因超出"出行阈值"，出行成本较大，消费人群受限，经济回报率不足，所以往往不会成为市场的早选、优选对象。但因拥有独特的历史文化资源，被认为是我国传统农耕文化的根脉，而由政府主导下进行保护与开发利用。我们可将这类乡村归纳为"资源特有型"。对于偏远地区"资源特有型"乡村环境设计策略的提出要紧紧围绕"保护与发展"展开。从保护的角度看，主要是对农耕文化的传承，从发展的角度看，因缺乏市场活力，主要是以政府主导下发展乡村旅游业。所以本章节从保护与发展的角度提出"农旅联动"的乡村环境设计策略。

第一节 "农旅联动"：资源特有型乡村的内在要求

一、资源特有型乡村概念阐述

（一）资源特有型乡村的内涵

"资源特有型"乡村是城镇化的产物。在"乡土中国"阶段本是普遍存在的村落类型，但随着城镇化、工业化的推进，"城乡中国"的到来，承载中国传统农耕文化的乡村逐渐衰落，无数传统村落消失，到今天已所剩不多，成为"乡土中国"的遗珠。因其稀缺性，凸显出其不可再生的遗产价值，而成为了资源特有型的乡村类型。从数量来看，这类乡村是最少的。

从2012年起，国家连续公布了五批中国传统村落名单，共6819个，至此我国传统村落申报工作尘埃落定。"中国传统村落"是资源特有型乡村的典型代表，但不代表全部。本着"能保则保"的原则，在申报第五批中国传统村落时，只要有一定特色就给予列入，第五批中国传统村落共列入2666个，所以绝大多数资源特有型乡村是被列入中国传统村落名录中的。但中国地域广阔，以及其他一些原因，不可能将这类村落全部列入。此外还有"中国历史文化名村""中国少数民族特色村寨""中国景观村落"等类型，他们当中绝大多数村落同时入选不同"名录"。"中国传统村落"是截至目前数量最多、涉及面最广的类型，往往包含其他类型。为了表达的准确性，以及突出资源的特有性，本书提出了"资源特有型"乡村的概念。但其内涵是与中国传统村落一致的，只是它的外延大于中国传统村落，即列入中国传统村落名录的乡村一定是资源特有型，但资源特有型乡村未必都能列入中国传统村落名录，但一定是传统村落（图5-1-1）。所以本章所指的传统村落就是资源特有型乡村。

"资源特有型"乡村区别于"市场主导型"和"衰而未亡型"就在于"资源特有"上。通过对传统村落定义和入选条件我们就知道什么是"资源特有"。"传统村落是指村落形成较早，拥有较丰富的传统资源，具有一定历史、文化、科学、艺术、社会、经济价值，应予以保护的村落。"[①]统村落的调查与申报确立三个条件，即传统村落风貌与特色、传统建筑规模与质量、传统文化活动与传承。条件一，要求村落选址具有传统特色和地方代表，村落格局鲜明，体现有代表性的传统文化，体现有代表性的传统生产和生活方式，且村落整体格局保存良好；条件二，要求历史建筑、乡土建筑、文物古迹的建筑集中连片分布或总量超过村落总量的1/3，较完整体现一定历史时期的传统风貌；条件三，要求

图5-1-1　中国传统村落是"资源特有型"乡村的典型代表（图片来源：作者自绘）

---

① 《住房与城乡建设部、文化部、国家文物局、财政部关于开展传统村落调查的通知》（建村〔2012〕58号）。

拥有较为丰富的非物质文化遗产资源，民族或地域特色鲜明，或拥有省级以上非物质文化遗产代表性项目，传承形式良好，至今仍以活态延续。可见能列入"中国传统村落"名录的都是具有丰富的特色资源（表5-1-1）。

资源特有型乡村的特色资源案例　　　　表5-1-1

（图表来源：作者自绘）

（二）资源特有型乡村的代表——中国传统村落

上文阐述到中国传统村落一定是资源特有型乡村。中国传统村落是由国家牵头，组织从事乡村领域研究与实践的专家学者，按照既定的标准，经过评议、认定、公布，具有权威性、典型性，是资源特有型乡村的代表。

2012年12月，住建部、文化部、文物局、财政部联合下文评议认定了第一批中国传统村落共646个；2013年8月，住建部等部门组织专家评议认定了第二批中国传统村落915个；2014年8月，住建部等部门组织专家评议认定第三批中国传统村落994个；2016年12月，住建部等部门组织专家评议认定公布第四批中国传统村落1598个；2019年6月，住建部等部门组织专家评议认定第五批中国传统村落2666个。目前列入中国传统村落名录的村落共五批，计6819个，虽然被认为是世界上规模最大、内容价值最丰富的活态农耕文明聚落群，但相对于中国广阔大地上的乡村数量而言，是微乎其微的。截至2016年底我国约有52.68万个行政村，约261.7万个自然村，中国传统村落占行政村比例为1.27%，占自然村的比例为0.26%。但正是因为稀少，方显珍贵，自然成为了"城乡中国"下乡村分化后的资源特有类型，成为了全国保护的重要文化遗产。这也就意味着开展此类乡村环境设计，一定是以保护为前提。

通过ArcGIS对五批6819个中国传统村落进行可图视化分析，中国传统村落分布有一条明显的分界线，即以华北的"京津冀"一带为起点，到横断山脉的"川滇藏"相交的范围，在分界线的东南方向，中国传统村落分布密度较大，约占据了中国传统村落总数的95%。分界线的西北方向密度很小，甚至很多地方是空白，占比约5%。按各省份中国传统村落数量多少来看，前十位的为贵州（724）、云南（714）、湖南（657）、浙江（635）、山西（545）、福建（492）、安徽（400）、江西（343）、四川（328）、广西（280），共计5118个，占全国总数75.23%。从中国传统村落分布高密度区域来看主要是重要的农耕区，承载的是农耕文化，而低密度区域以牧区为主，承载的是游牧文化。从传统村落分布的高密度区域看，除了浙江省外，数量排名前十的省份主要位于欠发达的中西部地区，其中贵州省为中国传统村落分布最多的省份，也是分布密度最高的省份，每千平方公里4.11个（云南省每千平方公里1.81个，湖南省每千平方公里3.1个，山西省每千平方公里3.48个）。而且从城乡关系来看，城郊乡村列入中国传统村落名录占比极小，大部分中国传统村落远离城区，分布于交通闭塞的山区，如贵州的黔东南、安徽黄山、浙江丽水、湖南湘西、云南保山等地都是多山区域（图5-1-2）。

通过对资源特有型乡村代表的中国传统村落分布规律的大致分析可知，资源特有型乡村有别于城郊乡村，普遍远离城区，交通不便，市场活力不足，在当下语境是很难获得市场的青睐。相对而言"城乡互构"的策略，在资源特有型乡村中发挥的作用必定有限。但从长远来看，资源特有型乡村也将迎来"城乡互构"的"高潮期"，原因有二：一是"城乡中国"下城乡融合发展是必然趋

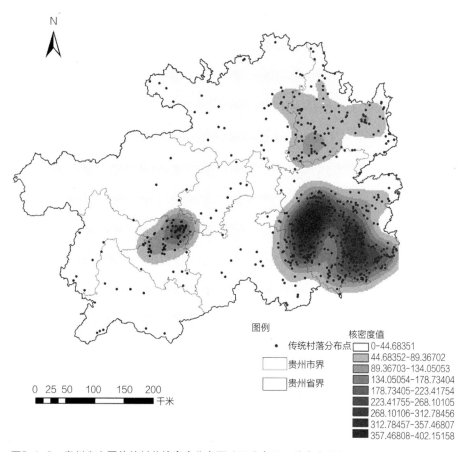

图5-1-2 贵州省中国传统村落核密度分布图（图片来源：作者自绘）

势，但这个发展轨迹如"同心圆"般，以城区为中心，逐渐往外扩散、辐射，这个过程中会出现"蛙跳式"发展，以"斑块"的形态嵌入偏远地区，但这不是当前的主流；二是随着人工智能、大数据的高速发展，在未来劳动力将得到解放，有更多的休闲娱乐时间，人们的物质生活水平更高，同时交通业的高速、高质量的发展，通达性不断增强，不断缩短资源特有型乡村与城镇的时间距离，也逐渐被市场垂青，自然进入"城乡互构"的"高潮期"。但是当下语境，资源特有型乡村普遍不具备这些条件，乡村环境设计策略的提出也一定要基于这样的实际情况进行。但是我们不能等待最佳市场期的到来才行动。我们要提前介入，并从保护与发展的视角去思考。

二、"农旅联动"与资源特有型乡村的同构性

资源特有型乡村普遍远离城区，多位于欠发达地区，分布密度、综合价值

与地理交通的闭塞程度、经济的落后性呈正比。即分布密度越大、综合价值越高，地理环境越封闭，交通条件越闭塞、经济越落后。本课题基于这样的分析从保护与发展的视角提出"农旅联动"的乡村环境设计策略。

（一）农旅联动的概念解读

农旅联动分为两个层面来理解。一是从产业的角度，"农"指"第一产业"的农业和以农业为核心的加工产业，以及由此衍化出来的服务业。这里"农"涉及一、二、三产业。"旅"指以乡村特色资源发展起来的旅游业。对于资源特有型乡村，旅游业是当下语境比较理想的产业发展方向。二是从资源特有型乡村的二元矛盾角度看，"农"是保护的层面，指依托农村、农民、农业为载体的农耕文化。这也是资源特有型乡村与其他类型乡村的根本区别所在，强调对农耕文化及其物质载体的保护。"旅"是发展层面，指当下乡村语境资源特有型乡村以发展旅游业为主，带动经济发展。

（二）资源特有型乡村特征

在"城乡中国"下，中国乡村不可逆地走向分化，资源特有型乡村不同于城郊乡村和衰而未亡的乡村。远离城区，对城市的依赖度低，市场活力不足，经济结构主要由农业和打工经济构成，产业结构较为单一。又由于该类型的乡村是中国农耕文化的根脉，即使市场活力不足，难以像城郊乡村那样在当下获得社会各界的青睐，但也要加强对其保护与发展。从现阶段的发展状况看，资源特有型乡村主要由政府主导，并以发展旅游业为主要产业。其特征总结为以下三点。

1. 稀缺的乡土文化资源

回顾我国城镇化过程可知，城镇化就是现代文明与乡土文明此消彼长的过程。现代文明越来越强势，乡土文明的生存空间被不断挤占。至今能比较完整保存乡土文化的村落已经不多了。国家组织认定的五批共6819个中国传统村落基本能反映这个情况。相对于偌大的中国，广阔的乡村，这是极少的一部分。因此从数量上看，资源特有型乡村的首要特征就是稀缺的乡土文化资源。从文化形态上看，则更加稀缺。我国的物质文化遗产和非物质文化遗产主要存留在资源特有型乡村之中。中国是统一的多民族国家，民族众多，每个民族又有不同支系。各个地方在历史的长河中又形成各种地域文化，每一种文化都是中华传统文化的重要组成部分，而这些丰富多元的文化形态也主要是存在于资源特有型乡村中。如果将这些不同层次不同类型的文化具体到所剩不多的资源特有

图5-1-3 镇山村：布依族文化与汉族军屯文化融合的典型（图片来源：作者自摄）

图5-1-4 荔波拉片村白裤瑶的粮仓（图片来源：作者自摄）

型乡村中，就显得更稀缺了。比如贵州镇山村是布依族文化与汉族军屯文化的融合的典型（图5-1-3），黔桂交界的白裤瑶的特有的粮仓，造型独特，已为白裤瑶的民族符号（图5-1-4），如果这些村落消逝，这种文化形态也就只能在书籍中看到。因此，很多资源特有型乡村，尤其是列入中国传统村落名录的乡村很多都是某种文化"标本"的仅有载体。可见无论从数量还是文化形态看，资源特有型乡村都是无比稀缺的。这些稀缺的文化资源是中华优秀传统文化的根脉所在，是中华民族伟大复兴的力量源泉。

2. 单一的农业主导产业

资源特有型乡村多位于偏远地区，除了东部沿海发达地区外，以农业为主，产业结构单一，总体缺乏二、三产业，村民的生计来源主要来源于传统农业种植。村民的生产生活经验主要也是围绕着农业展开。由于农业的低效益化，依赖农业改善生活条件是十分困难的，虽然农业在国家发展战略中有着根本性的地位，但对于农民个体而言却是"鸡肋"。大部分村民，尤其是年长者长期与外界封闭，对外界了解不多，也无法适应外界的快速发展。所以很难离开故土，即使进城打工，也只能从事技术含量较低的体力劳动。一旦身体吃不消，就只能选择回到家乡务农。在家乡附近，也由于市场活力不足，难以孕育规模化的二、三产业，很难为他们提供相应的就业岗位。在进退两难的状况下，为了生存只能选择回乡继续从事农业劳作。从年龄组来看，年长者和一小部分年轻人还依然在从事农业生产，大部分年轻人则外出打工以获取生存所需。所以当下资源特有型乡村的经济结构主要是由农业经济和打工经济构成。

从文化传承的角度看，单一的农业产业结构为较完整保留传统农耕生产生活方式提供了经济基础，当然也是乡村物质文化和非物质文化遗产得以保留的关键。随着国家级社会各界对资源特有型乡村保护与发展的重视，通过乡村环境设计的引导，在新的语境下，传统农业可以通过发展生态农业、观光农业等新的农业发展模式，将劣势变为优势。比如云南元阳哈尼梯田策划设计的"红米计划"就是成功案例。

3. 政府主导的旅游发展

资本市场是追逐利润最大化的，利润流向哪里，市场就在哪里。城郊乡村依托城区巨大的消费空间，自然被资本市场首先选中。政府的作用主要是引导资金流向，规范市场秩序。然而当下的资源特有型乡村没有好的区位，没有强劲的经济增长空间，难以吸引市场介入。村民自身几乎不具备主导村落保护与发展的能力。在短短40年的城镇化过程中，中国传统乡村之所以就迅速消失，其中一个原因就是没有强有力的主体引导，而走向无序，走向衰落。

笔者调研过很多偏远的中国传统村落，发现它们资源很丰富，特色显著，并依托互联网、微信平台、纸媒等途径进行宣传，其价值也被普遍认可，知名度也大幅度提高，有的村落知名度甚至远远超过城区、城郊的很多景点，但因为偏远，交通不便，很难吸引更多的消费群体到来。自2010年起笔者跟踪调查

图5-1-5 偏远的云南省泸西县彝族城子古村（图片来源：作者自摄）

了云南省泸西县的彝族城子古村十余次（图5-1-5），目睹了它由默默无闻，到成为代表彝族村落的典型，成为全国有名的中国传统村落，荣获了几乎跟乡村有关的所有荣誉称号。但因为交通不便，地理位置太偏僻，虽然吸引了很多投资客来考察，但最终多选择放弃。仅有几个租赁了闲置房屋的使用权进行民宿改造，但由于客流量少，长期关张。因此在现阶段，对于市场不愿意，村民不能够主导的资源特有型乡村的保护与发展只能靠提供公共服务的政府来主导。对于资源特有型乡村，我国建立了一整套自上而下的体系，并设立从国家级、省、市、县不同级别的保护名录，并设有专项保护基金。国家级的如中国历史文化名村、中国少数民族特色村寨、中国传统村落、中国景观村落、全国文物保护单位等。但是对于如何发展并没有统一的标准，各地方根据具体情况选择适宜的发展路径。从当下的实际情况看，对于资源特有型乡村各个地方主要选择政府主导的乡村旅游发展之路，辅以市场化运营。通过政府的提供公共产品，修建与城镇连接的便捷交通网络，通过规划设计引领，完善各种基础设施，深挖特色资源，提升旅游产品品质，培训好村民的服务意识、服务品质，并与农业结合，可在乡村旅游产品中加入生态农业、观光农业的内容，形成"农旅联动"的策略。

(三)农旅联动与资源特有型乡村的内在关联性

"农旅联动"是通过农业及相关产业与旅游业结合发展,通过对农耕文化为主的乡土文化进行保护,并以乡土文化作为发展旅游业的资源,实现乡村的保护与发展。"农旅联动"的概念与资源特有型乡村的特征是有内在关联性的。资源特有型乡村拥有稀缺的乡土文化资源、单一的农业主导产业、政府主导的旅游发展。前两个特征属于"农"的范畴,一个是农耕文化,一个是农业产业,第三个特征属于"旅"的范畴。通过排列组合可得出三组"农旅联动的"组合。分别是农耕文化为主的乡土文化与政府主导的乡村旅游结合,实现保护与发展的统一;二是农业主导产业与政府主导的乡村旅游结合,可发展观光农业、生态农业;三是农耕文化与农业产业组合后再与乡村旅游组合(图5-1-6)。在当下语境,第三种组合是最为常见的,但乡土文化与农业产业在比重上有主次之分。在有的地区土壤肥沃,适合发展农业,若干村落的农业集中连片,形成一个区域性的特色农业,景观优美,如大地艺术,作为旅游资源尤为耀眼。其他的如村落风貌、建筑特色、民俗风情等物质文化遗产或非物质文化遗产只是作为大地景观艺术下的一个个"斑块"而存在。最为典型的大地艺术莫过于梯田景观,如大家熟知的贵州从江加榜梯田(图5-1-7)、云南元阳哈尼梯田、广西龙脊梯田(图5-1-8)等。我们可以将这一类型总结为农业主导下的乡村旅游。另外一种就是突出乡土文化资源。一些村落的农业景观被河流沟壑分割,形态相对杂乱,农业景观的美学特征较弱。相对而言以村落风貌、建筑形态、风俗习惯、饮食文化、生产生活方式为主要内容的物质文化遗产和非物质文化遗产却十分丰富、尤为特别,成为乡村旅游中的核心资源,如福建的土堡(图5-1-9)、藏区的碉楼(图5-1-10)、黔东南苗侗的服饰文化等。这种类型可以总结为乡土文化资源为主导的特色旅游型。

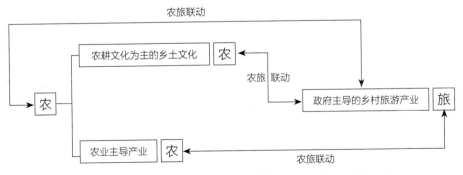

图5-1-6 "农旅联动"与资源特有型乡村的内在关联性(图片来源:作者自绘)

图5-1-7 贵州从江加榜梯田与村寨（图片来源：马庚拍摄）

图5-1-8 广西龙脊梯田（图片来源：作者翻拍）

图5-1-9 福建永泰嵩口镇龙湘村（图片来源：张明珍拍摄）

图5-1-10 藏区的碉楼（图片来源：作者自摄）

从发展的角度看,"农旅联动"的策略在当下语境是比较符合偏远地区资源特有型乡村的实际。在市场弱介入的情况下,在政府主导下,完善各种基础配套设施,调动在乡农民发展包括传统农业、观光农业、生态农业以及农业衍生产品在内的农业产品,挖掘整理乡土文化,并运用于规划设计之中。因为缺少市场这一"润滑剂","农旅联动"会在一段时间内缺乏发展动力,各地发展水平参差不平,从经济效益看,普遍低于城郊乡村的发展,但是这个阶段主要产生的是社会效益,即对传统文化的保护、农业产业的振兴,逐渐建构起完善的乡村旅游机制,探索适宜本乡本土的发展模式。虽然这个阶段发展可能缓慢,但却在努在维持着资源特有型乡村保护与发展关系的平衡,等待市场的来临。当城乡融合发展进入深化阶段,以"圈层式"的"波浪动力"向偏远地区拓展,伴随着偏远乡村交通网络的通达便捷,人工智能发展解放大量城市工作人群,人们的经济水平不断提高,资源特有型乡村将迎来发展的真正时代。"农旅联动"与"城乡互构"两大策略将在资源特有型乡村呈现并存格局。

第二节 "农旅联动"类型一:农业主导的"片区联动"设计

上文总结了"农旅联动"策略下资源特有型乡村的两种类型,其中之一是农业主导型的乡村旅游。农业主导型的乡村一个首要特征就是要有一定量的空间范围。在这一范围之内,有着统一完整的空间格局、相同的历史发展轨迹、同质的文化属性、若干个风貌特征相似的村落镶嵌其中。从农业景观的观赏价值来看,只有连片区,一定规模量的农业景观才能产生壮美之感,也是大地艺术的独特之处。从农业产出的经济效益看,必须有一定规模,边际效益才能递增,边际成本才能递减,在规模效益的基础上,才能进一步实现农业产品的品牌化,并与旅游业相得益彰。因此对于农业主导的资源特有型乡村设计要从整体片区来考虑,特提出片区联动的设计理念。农业主导下的资源特有型乡村采取片区联动设计,是本质上的要求,也是规模化效益发展的要求,同时也是环境设计发展的要求。

一、统筹设计——边际效益递增

（一）设计的经济效益边际递增

从规划设计角度看，长期以来我们的乡村规划设计主要以单一村落为对象进行，虽然对乡村的有序发展、乡村振兴产生了积极的意义，但其低效益、高成本、封闭性等问题已经成为制约乡村规划设计推进的瓶颈之一。尤其对于片区整体发展的局限性是显而易见的。农业主导下的资源特有型乡村具有"统一完整的空间格局、相同的历史轨迹、同质的文化属性、相似的村落风貌"的共性特征，这样的特征决定了个案设计的边际递减效益。

设计对象决定设计策略的选择。上文分析过中国传统村落分布很多是呈片区分布，片区内村落属性比较接近。如古徽州地域的徽派村落、闽粤赣交界客家村落、潮汕地区的潮汕村落、湘黔桂交界的侗族村落、安顺地区的屯堡村落等。对于集中分布传统村落的地区，笔者认为建设"国家级传统村落保护区"是应该被考虑的，其目的就是发挥规模化、集群化效应。在各保护区内再根据相近特征进一步细化为若干小片区。不论保护与发展的规划设计都从整体进行统筹规划。2016年6月6日，在"美丽河北·最美古村镇宣传展示暨中国传统村落保护区颁牌仪式"上，中国文联向井陉县颁"中国传统村落保护区"牌匾，标志着我国首个"中国传统村落保护区"正式成立。为片区内传统村落的保护与发展规划设计提供了依据。实际上类似的片区联动的规划设计实践在2014年广东省就率先探索。2014年9月广东省委农办召开省级新农村示范片区建设工作会议，明确提出从2014年起用5年的时间在粤东、粤西、粤北14个地级市推进"连点连线成片"省级新农村示范片建设。恰好这些地区是广东省经济欠发达地区，长期以农业经济为主。按照建设要求要整治村庄环境，配套完善公共服务设施，突出产业发展，促进农民持续增收，挖掘、提升、展示村庄文化特色，建立健全村民理事会。①今年是广东省"省级新农村示范片建设"收官之年，通过5年的努力，粤北、粤西、粤东偏远地区的乡村建设取得巨大成就。

笔者曾参与了《和平县林寨省级新农村示范片规划建设方案》的制定以及后期建设的跟踪研究，认为片区联动的统筹设计理念是经济的，尤其对于偏远地区以农业为主乡村而言具有推广价值。林寨新农村示范片区由兴井村、石镇村、楼镇村、中前村、新兴村五个行政村组成，周围群山环绕，中间为一块相

---

① 《关于做好省级新农村连片示范建设工程有关工作的通知》（粤委农工办〔2014〕69号）。

图5-2-1 和平县林寨省级新农村示范片区(图片来源:华南理工大学建筑美学团队提供)

对平坦的肥沃土地,五个行政村由一条曲折的浰江贯通,构成了完整的空间格局。这个空间之内,客家人在这里聚族而居,繁衍生息,以农业为主要产业。历史以来重视读书取仕,耕读传家,形成一个微型的客家文化圈,这个文化圈最终目的不仅是提升乡村生产生活品质和效益,还将其建成一个具有景观功能、审美功能的旅游景区。按照示范片区规划建设要求,将五个村落进行整体规划设计(图5-2-1)。从经济效益角度看,如果成片区分布的村落仍然按照"单兵作战"一个一个进行,将是"不经济的行为"。同时这些村落大多位于欠发达地区,政府财政有限,村民也不富裕。而"片区联动"的规划设计随着数量的增多,投入的设计成本、建设成本会逐渐降低,边际效益递增。因此,从节省成本看,对片区若干村落进行统筹设计是最优选择。

(二)设计的社会效益边际递增

从设计伦理看,片区联动的规划设计是体现社会公平的表现。片区联动能够平衡内部,缩小差距。每个村落都有获得平等发展的权利,单一村落的规划设计意味着只发展一个点,对于周边村落是不公平的,不但经济成本高,而且社会效益也低。当只建设一个村落,周边村民内心往往不平衡。因为片区内的资源比较接近,周边村落在谋求经济利益的驱使下,在没有专业规划设计的引导、缺乏资金的情况下,往往会自发建设,很快会导致村落无序发展,建筑形制五花八门，村落风貌杂乱无序，旅游接待能力不达标，基础设施建设不完善。为了跟核心村落争夺消费群体（主要是游客）往往抢客拉客，甚至坑蒙拐骗等不法行为的发生。笔者在云南普者黑调研就遇到此类情况。仙人洞村是普者黑基础设施最完善，旅游业蓬勃发展的一个村落，非常有知名度，但周边村落却门可罗雀。巨大反差造成片区内"剪刀差"发展，最后产生很多消极行为，反而影响了整个普者黑地区的声誉，进而影响整个片区的可持续发展，最终导致社会效益边际递减。片区联动设计将各村利益主体串联在共同的一个利益链条上，共享乡村政策红利，能普遍提升大家的积极性。随着片区范围的扩大，社会边际效益递增，彰显了设计伦理的公平性。

二、互惠共享——主体互通有无

在片区内各村落通过整合资源、联动设计，完善各种基础设施，营造多样景观空间，拓展多元产业形态，促进片区内各主体共赢发展。如果仅就单一村落，必然有限，在发展上难以实现规模效益，发展后劲必然不足，通过对片区内多村联动，实现"1+1＞2"的溢出效应。

（一）共享基础设施

乡村的公共基础设施主要有道路硬化、排污水渠与灌溉水渠硬化、路灯安装、饮水工程建设、垃圾站设置等。由于地理空间的完整性，山水田园路网是一个完整的有机体。林寨新农村示范片区由五个行政村组成，周围群山环绕，中间一条浰江将五个村落连成一体。片区联动的设计理念是对完整自然空间格局的尊重。排污和灌溉水渠都进行硬底化、清淤泥处理，并在浰江边增建了2个生态池塘。一体化基础设施的设计建设可让五个村落都能享受农田自流灌溉和免受涝灾之苦的福利。

在这完整的有机体内，如果要实现资源互补，互通有无，交通网络的完整性不可缺。在林寨片区规划设计中按宽度分为主干道、次干道、支路和入户路四个等级。主干道是主要交通运输廊道。道路红线为10米，道路宽度8米。次干道是联系主干道与村庄、农田之间交通的道路，道路红线为8米，道路宽度6米。支路是联系各个村之间的道路，道路宽度4米。入户路主要是对原有的砂石路、土路进行硬底化，满足、方便农户的出行需要。林寨五村四级道路网络的建设不仅能便捷各村之间联系，而且也是"全域旅游"的客观需要。以道路网络为基础，选择景观资源较好，增加绿化，并在路边增加一些精致的景观节

图5-2-2 完整的绿道网络系统(图片来源:华南理工大学建筑美学团队提供)

点以增强绿道的体验性。对于沿路建筑根据与古村风貌相统一的要求进行立面改造,如粉刷外立面、统一坡屋顶形式、更换具有古村特色元素的门窗等构件(图5-2-2)。在片区全域之内通过绿道网将多种多样的旅游产品联系起来,方便游客自由体验,有效增加游客体验的广度和深度。由于旅游范围较大,旅游产品丰富多样,游客所花时间较长,他们往往愿意停下来休憩几日,这自然能刺激餐饮、住宿、骑行等消费量的增加,客观上为"农旅联动"发展奠定扎实的基础。此外,对片区内各村的环境进行整治,增加了若干垃圾桶和无公害公厕,提升了村容的整洁度,还方便了村民和外来各类人群的需要。

(二)共享文化空间

基础设施是最基本的物质空间建设,满足的是基本的物质需求。为实现乡村文化振兴,提升乡民精神文化,国家在有条件的乡村进行文化景观空间建设。由于乡村比较分散,每个村落人口也不多,人们对精神文化的追求并没有对物质需求那么强烈。如果每个村落都进行文化空间建设就会造成资源的极大浪费。片区联动设计的理念能很好地解决这一问题。首先选取片区内区位优越、特色鲜明的村落公共空间或闲置建筑建设一个文化馆或博物馆或陈列馆,用于展示本区域的族源村史、地方文化书籍、各种农具、手工艺、农业智慧、历史人物的资料或实物,以及宣传党和国家政治思想、治国理念、三农问题、新型农业的相关信息的书籍、报刊杂志等资料的存放空间。既为本乡村民提供了解过去、了解外面的一个窗口，也是外来游客、学者等不同群体快速了解地方文化及生产生活的空间平台。

根据片区一体化的设计理念，在林寨示范片区内将石镇村福谦楼改造为片区内五村共享的历史博物馆。石镇村位于五个村落的中心位置，距离另外四个村都是最优半径。选址上体现出了共享的价值取向。福谦楼①（又名大夫第）是典型的客家四角楼，是客家文化的物质载体，建筑的空间格局保存较好，原有的土砖铺地及雕梁画栋保存完整，部分门窗上的雕花金箔保留完好。建筑装饰虽有破损，但仍然能看出客家匠艺的高超，斑驳的痕迹沉淀着林寨客家人的历史记忆。因此选择福谦楼改造历史博物馆很容易得到片区内各村的文化认可。福谦楼周围被稻田包围，环境优美，视野开阔，非常适合改造为公共文化空间。为了营造更好的景观通廊，专门在福谦楼前建一个文化广场，作为福谦楼的室外景观空间。

对于使用频率高且能满足不同年龄段人群需要的文化景观空间，则在片区内的每个村落都进行统筹规划设计。这也是提高使用效率，避免村与村之间矛盾频发的现实需求。这些景观空间主要满足村民锻炼身体、聊天休息、族人聚会等日常需求。设计团队根据使用频率，充分利用原有闲置空间，结合场地精神进行改造设计。林寨片区各村的文化广场本着高效利用空间、方便村民高效使用、加强村民联系原则，尽可能地将各类公共功能空间统一建在文化广场周边（图5-2-3）。

如兴井村就将文化广场建在谦光楼前面。谦光楼目前是林寨古村的客家民俗馆，五进三路，四楼为走马转角楼，融客家文化、潮汕文化、广府文化、西方文化于一体，是近代以来广东河源客家地区文化开放包容的体现。在左侧为祠堂——康乐遗风。祠堂是召集族人商议族众大小事，举行各种重要活动的场所，也是老人聚会、聊天、休息的主要场所。在祠堂的左侧建有卫生所和文化活动站，祠堂前面为篮球场，主要使用人群是青壮年。右前方为古井和村委会。谦光楼的正前方为一横长方形空间，俗称"禾坪"，这在以前主要用作晒场。但现在已建有几户民宅，破坏空间的完整性。由于拆迁费用太高，只能保留，将其余空间整合为"破碎广场"。广场前为半圆形池塘，半圆形的"池塘"是客家人的"风水池"，"塘之蓄水，足以荫地脉，养真气"，故"池塘"有养人蓄财的寓意。所以设计依据客家的传统将原来一个不规则的池塘改造为半月形的风水池（图5-2-4）。

---

① "福谦楼"由陈瑞山于1882年建，取义"福德长流，谦睦用在"之意。

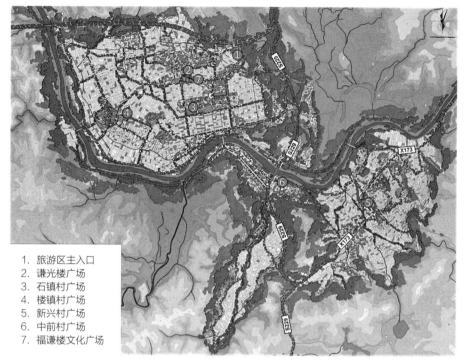

1. 旅游区主入口
2. 谦光楼广场
3. 石镇村广场
4. 楼镇村广场
5. 新兴村广场
6. 中前村广场
7. 福谦楼文化广场

图5-2-3 片区内文化广场分布图（图片来源：华南理工大学建筑美学团队提供）

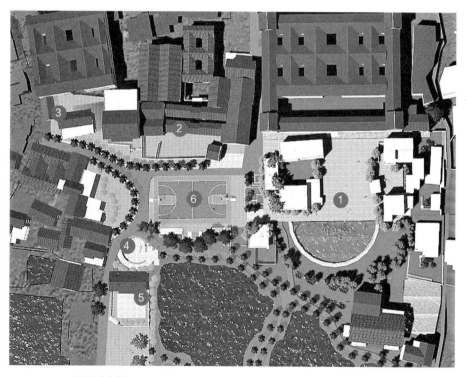

图5-2-4 兴井村谦光楼广场及相关公共空间（图片来源：华南理工大学建筑美学团队提供）

三、农业优先——多元差异并存

(一) 多元农业形态

进入"城乡中国"阶段的乡村仍处于新旧交替的转折期,多元农业形态并存。在开放程度高的地区已经进入现代农业,而一些偏僻落后之地还较大程度地沿着传统的低效小农经济。在一些旅游资源丰富的景区,顺应乡村旅游蓬勃发展的大趋势,发展观光农业、生态农业。

在农业主导的资源特有型乡村中,普遍涵盖有三种不同时代的农业形态。为了顺应乡村旅游发展的需求,一方面要为游客提供低产高价的生态粮食,同时满足他们对农业景观的审美需求。传统农业施有机肥,不打农药,不用化肥,被认为是生态农业的重要类型,在现代语境下,引入现代农业管理方式、生态农业技术融入其中,使之具有现代农业特征。为满足农业的多元化发展需求,在片区内进行统一规划设计,既有体现传统农业智慧的农业片区,也有满足对生态粮食需求的生态农业片区,还有满足观光需求的观光农业片区。传统农业往往也是生态农业。但前者是对传统农业知识、智慧的再现,因为传统农业产量低,村民普遍不愿种植,之所以还有种植,是延续"标本"的做法,体现科学价值。后者融入现代农业智慧,产量较高,经济效益显著,农民会自发种植,但需要政府进行监管,以控制化肥的使用量及农药的使用类型(低毒、生态、少污染),鼓励在现代农业中传承传统农业智慧。如对"秸秆、稻草、玉米秆等→入牲畜圈→成农家肥→返回耕田""蔗基鱼塘、果基鱼塘"等农业生态系统的继承。观光农业是乡村旅游发展的客观需求,本质上属于旅游产品,需要融入艺术、美学的理念,需要充分运用四季变化、晨昏变化,各种经济作物、粮食作物的色彩搭配,并结合功能空间划分,农作物的经济效益目标进行统一规划。最常见的就是对农作物进行搭配,形成体现地方特色的文化符号。

云南哈尼梯田是哈尼族在相对完整的地理空间——哀牢山腹地创造的独特的农业文化系统,具备传统农业、生态农业、观光农业三者特征。学者研究认为哈尼族是最早驯化野生稻的民族,在驯化的过程中不断改良水稻,为适应高山森林的环境,形成了一整套包括耕作方法与制度、梯田的开垦挖掘、对水资源的管理与分配在内的农业技术系统,如为了有效管理和分配水资源,发明了"木刻分水",即根据各家权益,在自家田块入水口设置有刻度的横木,随着水的流动调节各家用水量,因为具有公正性、科学性而延续至今。哈尼梯田农业是在与大自然协商中建构的农业体系,是生态环境的一部分,其农作物绿色无

图5-2-5 元阳哈尼梯田的大地艺术（图片来源：元阳县人民政府）

污染。其中红米就是哈尼人用高山泉水培育出来的，营养价值高，微量元素丰富，被认为是当之无愧的生态粮食，价格是普通大米的五六倍，现已成为当地的品牌产业。哈尼梯田除了农业价值、生态价值外，对于外界而言最具价值的是审美价值、观赏价值。层层叠叠的梯田，有大有小，形态各异，镶嵌在群山环抱之中，形成了闻名于世的"大地艺术"，哈尼族也被称为雕琢大地的"艺术家"（图5-2-5）。但长期以哈尼族的农业文化资源埋藏于大山之中，不为外界所知，后经过专家学者的挖掘，通过规划设计手段，将这些资源整合到梯田旅游之中，不断完善旅游基础设施，吸引国内外游人、研究者到此考察，有力地带动了当地的发展。

（二）差异农业形态

从历史性的角度看，在"农旅联动"下片区联动设计应该并存传统农业、生态农业、观光农业，彰显的是多元化需求。同时从共时性角度要求农业错位互补发展，体现的是差异化特征。在片区内，如果每个村落都发展一样的产业，走同质化路线，乡村旅游产品必然缺乏特色，难以有市场竞争力。所以在片区联动设计中要挖掘每个村落的农业特征，在此基础上规划设计差异化的农业产品，并体现景观的观光价值，在此基础上形成"一区一景一业"的格局。片区内以村为单位形成若干区、若干景，在"大农业"的框架下，形成对应的若干农业新业态。新业态产生以及经济效益的高低是解决乡民本土就业的关键，是留着青壮年、吸引青壮年返乡的关键。因此在规划设计中，探索差异化的新业态是设计师、规划师必须面对的问题。

四川成都三圣乡从2003年开始探索，将六个行政村合为一个整体进行差异化的规划设计，最终建成的"幸福梅林""花香农居""江家菜地""东篱菊园""荷塘月色"的"五朵金花"。每个村落都有自己独特的产业，依托这些产业，形成产、供、销联袂，集观光旅游、休闲娱乐、餐饮住宿、购物等多种功能为一体的产业系统。[①] "五朵金花"也成为新农村建设的成功案例而备受关注。林寨新农村示范区建设项目本身就要求片区联动设计、片区联动发展。在这一设计理念的指导下，并参考了"五朵金花"的设计理念。兴井村最具景观价值的是围绕着客家古堡的大片水稻地，在每个季节形成不同的景致，秋天的魅力尤为突出，将其主题总结为"稻花香，古堡影，魅力兴井"。石镇村以前是商业集镇，古韵悠悠，村中有众多横塘，村前有一大块开阔的平地，观光视野极佳，经与村民商量，将其规划为栀子花种植区，其主题定位"横塘月，栀子花，古韵石镇"。石镇村和兴井村是片区内规划的旅游核心区，其主题突出观光性质。楼镇古村空间格局特色显著，是按照八卦形态布置，俗称"八卦村"，村外有七个水塘围绕，称之为"七星伴月"。该村农业较为发达，耕读文化传承较好，有深厚的人文底蕴，但因为是以农业为主，经济能力有限，建筑质量与规模不及兴井和楼镇，处于旅游规划片区的边缘地带，其主题可归纳为"七星伴，蔬圃香，人文楼镇"。中前村与新兴村也是处于旅游规划片区的边缘处，历史上以农业为主，建筑质量一般，但生态环境极佳，是生态农业、观光农业的主要区域。中前村前为浰江，两岸遍植竹林，后为苏家的茶山，从观光与经济效益考虑，在中前村种植鸢尾花，其主题总结为："苏茶岭，渠畔竹，活力中前"。新兴村属于中国乡村分化中的"衰而未亡"型，本身并无特别的资源，从乡村旅游的角度看，主要是为整个景区提供一个大的山水田园格局。将其纳入规划片区主要依托片区发展改善基础设施，体现设计伦理的公正性，同时也可以为核心旅游区提供相关的农副产品，以增加村民收入，其主题为"梯田谷，叠翠秀，田园新兴"。林寨示范片区各村的总体定位是"五彩古村，醉美林寨"，围绕着"五彩古村"的定位，每一个村都有意识地进行色彩设计，并确定一种代表农作物。兴井村是"金"色水稻，石镇村是"黄"色栀子花，楼镇村是"绿"色蔬果园，中前村是"蓝"色鸢尾花，新兴村是"紫"色百香果（图5-2-6）。

---

① 江山. 浅析"农家乐"及其景观规划［D］. 咸阳：西北农林科技大学，2008：25.

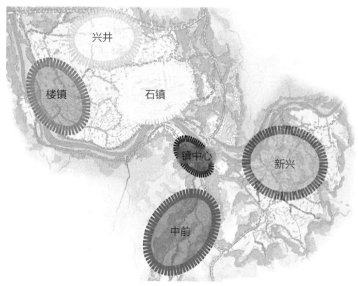

林寨"五彩古村"分区规划图

兴井村：稻花香，古堡影，魅力兴井　　　　金色水稻

石镇村：横塘月，栀子花，古韵石镇　　　　黄色栀子花

楼镇村：七星伴，蔬圃香，人文楼镇　　　　绿色蔬菜果

中前村：苏茶岭，渠畔竹，活力中前　　　　蓝色鸢尾花

新兴村：梯田谷，叠翠秀，田园新兴　　　　紫色百香果

林寨"五彩古村"农业主题

图5-2-6　林寨"五彩古村"分区规划图及农业主题（图片来源：华南理工大学建筑美学团队提供）

综上所述，对于偏远地区资源特有型乡村应从"农旅联动"的策略出发，紧紧围绕"农业为主"的特点，立足片区联动的需要，本着错位互补原则，进行多元化、差异化的农业相关规划设计。

四、以点撬面——核心资源引领

瞄准农业主导的资源特有型乡村具有什么样的核心资源是片区联动设计需要考虑的重要内容。片区内各村落资源价值有高低、多少的差异。在规划设计中要充分挖掘核心资源的引领作用，强调特色资源在整个片区的支撑作用，凸显关键产业对整个片区发展的带动作用。

（一）特色资源支撑

以农业为主的资源特有型乡村片区在整体上除了突出农业景观的审美价值外，在片区的核心区还存在多种具体的物质文化遗产和非物质文化遗产资源。如保存完整的村落风貌、别具一格的建筑形态、丰富的人文景观（图5-2-7）、精湛的建筑装饰艺术、多彩的民俗文化、世代传承的耕读传统等，这些都是宝贵的传统文化资源。笔者通过长年调研认为，完全均质化的村落片区是不存在的，片区内并非每个村落都具有特色文化资源，往往只有其中一个或几个村落的传统文化资源特别丰富，其他村落多显露出"普通""平淡"。按照村落资源价值的高低多寡，片区内各村落形成价值由内而外逐渐递减的差序，形成"同心圆"的差序格局。"同心圆"的"内心"资源最为丰富、最为特色。这个资源特别丰富的村落往往是"整片同心圆"发展的撬动点。

在文化遗产保护的大背景下，我国资源特有型乡村保护发展形成了一定的逻辑路线。首先是最先被列为地方文物保护单位或者地方历史文化名村或者特色景观，如果文化遗产特色显著，可能会再升级列入国家文保单位、中国历史文化名村、中国传统村落等名录之中，也有的能列入世界文化遗产，如安徽的西递、宏村，广东开平碉楼群，福建土楼等。头顶众多光环的资源特有型乡村往往被政府主导或者市场推动进行保护与开发建设，大多数走的是乡村旅游发展路线。在发展过程中政府往往要兼顾社会公平，设计师要考虑设计伦理，如果资源特有型村落与周边村落具有同质性，基于协调发展的整体考虑，通常被要求进行片区内的统一规划设计，目的就是实现"以点撬面"的效果。在统一规划下，各村之间角色定位清晰，形成错位互补发展格局，整体上又是连片联户经营的模式。

图5-2-7 乡村丰富的人文景观资源（图片来源：吴赟娇提供）

林寨村示范片区的五个村落按照价值形成同心圆的差序格局（图5-2-8）。兴井村面积较大，历史上从商者较多，保留重多大型的四角楼，是整个林寨地区大型四角楼的主要分布地，四角楼质量较高，形制独特，多以单体形式嵌入田园之中，古堡与田园的融合和谐完美（图5-2-9）。石镇村紧邻兴井村南面，村落为船型布局，历史上考取功名者较多，文化底蕴深厚，村落建筑质量较高，密度较大，但规模气势远不及兴井村。兴井村与石镇村实际的边界已经模糊，更像一个整体，代表着整个林寨片区村落的对外形象。实际上当地政府以"林寨古村"代表兴井村和石镇村对外宣传以及申报各种荣誉称号。现在林寨古村已获"中国历史文化名村""中国传统村落""中国最具魅力休闲乡村""中国民族优秀建筑文化旅游目的地""中国民族优秀建筑文化遗产名村""广东十大最美古村落""中国最大四角楼群""世界客家协会观摩点""第三批全国特色景观旅游名村"称号。兴井村和石镇村共同构成了林寨新农村示范片区的旅游核心区。旅游核心区有着丰富独特的自然资源和人文资源，周围山环水绕，内为一完整的小盆地，浰江蜿蜒流过，四时晨昏变化，田园风光无限。客家人在此男耕女织、读书取仕、经商致

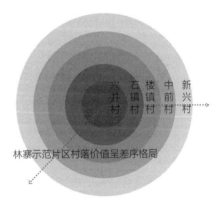

图5-2-8 林寨示"五村"价值的同心圆的差序格局图（图片来源：作者自绘）

图5-2-9 兴井村四角楼（图片来源：陈仰天提供）

富,留下了丰富的物质文化和非物质文化遗产。在兴井村和石镇村中有古巷、古井、古墙、古道、古寺、古亭、古桥、古树"老八古"文物旧址,其特色的客家四角楼是古村内核心旅游资源中的"王牌",并与福建土楼、梅州围龙屋等一起构成客家文化印记。楼镇村位于兴井村和石镇村的西边,一直以传统农耕为主,重视耕读文化的传承。相比较而言,楼镇村历史上无论从政还是经商的人数远不及兴井村和石镇村,因此少有富商大贾和当权掌势者。经济上的拮据,不能大兴土木,建筑无论在规模、质量、装饰上都不能与兴井和石镇村相比。近年来随着农业的低效率,年轻人离乡打工,村中逐渐空心化,缺少人照管的建筑破损越加严重。但楼镇村历史以来重视耕读文化,村落是按照"八卦"整体布局,外侧挖建七个池塘围绕,取意"七星伴月",体现了楼镇村深厚的人文底蕴。中前村位于浰江右侧,与林寨镇融为一体,背靠茶山,前临浰江,区位条件较好,传统建筑所剩不多,普遍仍是拆旧屋建新洋房。苏家祠堂作为围龙屋的形制,是示范片区内仅存的围龙屋,与河源地区的四角楼形制形成鲜明对比,是重要的物质文化遗产。新兴村位于中前村外围,是非常普通的村寨,罕有能代表自身特色的文化遗产,但因为一直是以农业为主,修有梯田,所以生态环境优美无比。根据以上分析,兴井村和石镇村是林寨示范片区各村的资源核心区,核心区因独特的资源,在传统村落保护与发展过程中,在美丽乡村建设、乡村振兴过程中首先被政府、专家学者所关注,并循序渐进地引导资金市场介入,现在旅游业发展势头良好。通过片区规划设计,周边的村落首先在基础设施建设上受益,在未来,随着旅游业向着观光农业、生态农业纵深方向发展,必将对生态环境优美、农业为主的楼镇村、中前村、新兴村产生重要影响(图5-2-10)。

(二)关键产业带动

乡村传统产业是农业,但农业的高投入、低回报,使得农民,尤其是青壮年放弃农业生产,选择进城务工,人口的流失,农业的荒废,乡村走向衰落。2019年7月1日农业农村部乡村产业发展司司长曾衍德谈到乡村空心化时认为:"出现这些现象的根本原因,还是乡村没有产业,没有产业,乡村就吸引不了资源要素,也就留不住人"[①]。因此乡村振兴关键在产业振兴。但中国乡村广阔,不可能在每个村落进行乡村产业化。但是任何产业都有辐射半径。因此片区联动产业规划设计中要求培育能够带动区域发展的关键产业。按照以往城乡分工,乡村主要发展种植、养殖业,城市进行加工业、服务业。在乡村产业振兴背景下,我们

---

① 高敬,于文静. 打好"钱、地、人"组合拳,促进乡村产业振兴[N]. 新华社,2019-07-01.

图5-2-10 资源核心区对外缘村落的辐射关系（图片来源：作者改绘）

应该夯实并升级传统种养业，建构新农业体系，同时结合乡村资源拓展新业态。

片区联动设计可以将片区内的零散资源进行整合，强化核心资源的地位，并在核心资源的基础上发展有助于区域发展的产业。农业主导的资源特有型乡村首先建构新农产业体系。新农产业体系摆脱以往以生产初级种养产品的传统，利用新的农业技术、新的农业管理模式，以及各种惠农政策发展新的农业业态，就如《国务院关于促进乡村产业振兴的指导意见》说的要突出优势特色，重点发展现代种养业、乡土特色产业、农产品的加工流通业、乡村休闲旅游业、乡村新型服务业和乡村信息产业。

根据当前乡村产业的发展看，其实并不乐观。对于资源特有型乡村产业发展主要由政府主导，以发展乡村旅游为主，产业发展模式单一，一、二、三产业联动性很弱，市场介入度很低。"仅仅依靠政府的资金保障、社会保障、政策保障，恐怕30年后甚至50年后，都无法实现乡村振兴的真正目标，更无法建构起乡村持续健康发展的社会经济结构"[①]。资源特有型乡村片区联动发展在于关键产业的定位是否精准，是否能够真正从乡民角度考虑，能否积极地调动他们

---

① 林峰等. 乡村振兴战略规划与实施［M］. 北京：中国农业出版社，2018：7.

参与其中。从资源特有型乡村的现状来看，以乡村旅游为关键产业是时代的选择，有其合理性，但从区域的联动，一、二、三产业融合发展看，乡村旅游作为关键产业的带动作用不明显。仍以林寨新农村示范片区为例，在进行片区规划前林寨的旅游活力主要集中于兴井村和石镇村。通过片区规划设计，林寨的关键产业是旅游业，但围绕着片区内各村落的资源特色，开发新的乡村产品，主动为游客创造更多的消费需求。以往游客到此主要观赏客家古堡，消费品单一。通过规划实现各村以旅游为主导的产业分工。在不同村落种植鸢尾花、栀子花、百香果、水果蔬菜等，即增加了农业景观价值，也增加了经济价值。从定位看，特色资源最为集中的兴井村和石镇村是旅游产业的主导，但另外三个边缘村落提供相关农副产品。当下对于农产品进行深加工的第二产业还是集中于城镇，全国乡村的加工业都很薄弱，难以带动当地就业。以旅游业为主线衍生出的众多服务业，如餐饮、住宿、骑行等普遍还维持在一个低层次阶段。但从发展趋势看，片区联动的设计正在对片区内各自为政的碎片产业进行统筹管理，使边缘村落也能享受乡村旅游带来的红利，在纵深方向也逐渐由单一的初级农产品生产向着农产品加工、经营深化，这也是乡村旅游品质提升的必然。

第三节 "农旅联动"类型二：文化主导的"主客一体"设计

一、概念解读

（一）文化主导的特色旅游乡村

"农旅联动"策略下资源特有型乡村的两种类型，一是农业主导型的乡村旅游。针对这一类型的特征，上文提出"片区联动"的规划设计理念。二是特色文化为主的乡村旅游。第二类型的乡村在历史上仍然是以农业为主，但这些地方由于地理环境、文化环境的差异，相比较农业发育往往不成熟，并非是我国传统意义上的农业主产区。

这类乡村主要分布于远离城区的欠发达地区，以中西部多山、多少数民族区域为主。如云南、贵州、四川、广西、湖南的山区、半山区等。这些地区山势陡，坡度大，很多地区都位于喀斯特岩溶地貌区，地下暗河纵横，水土易流失，土地贫瘠，普遍不利于农作物生长。土地提供的粮食很难自给，所以他们必须向大自然索取食物，这也是为什么在西南地区各族人民的饮食结构复杂的根本原因。在传统上这些地区形成种养业、狩猎业、采集业三位一体的经济结构。相比较我国农耕发达地区，这些地区的农业发展普遍是不成熟的，也没有形成所谓的耕读文化传统（排除部分汉族迁入的集中区域）。但由于环境封闭，族群文化相对独立，文化系统自成一体，是中华民族文化的重要组成部分。这些文化系统规模比小、数量多，不能像汉族农耕地区的农耕文化那样根系扎实，它们以点状遍布于中国西南、中南等多山、多民族地区。历史上这些地区多处于"中央—边疆"格局中的边疆。不论在政治地位、经济实力、文化势差都处于弱势的局面，在造成封闭性的同时，也形成了文化自卑的族群心理。这一现象直到近些年大力发展乡村旅游，民族文化的价值才被高度认可，族群自卑心理才逐渐向文化自信、文化自强转变。

但在城镇化高速发展过程中，这些地区与外界接触，青壮年纷纷进城打工，在文化自卑心理的作用下，主动放弃原生文化，甚至装扮为"城市人"。在这样的背景下，这些小众的文化系统迅速被冲击，面临着消亡的威胁。面对这样的问题，政府、专家学者、有识之士，纷纷建言献策，并通过挖掘文化，发展各种民族文化产业，结合乡村旅游业，推动民族地区乡村文化保护与发展。其中最具代表的是中国传统村落的评选，为这类村落的延续提供了政策保障。相对于农业主导的资源特有型乡村，这类乡村农业基础薄弱，人们的农耕观念没有成熟农耕区深刻。在城镇化中，打工经济远远高于农业收入，只要有非农领域的选择，浅根性的农业很快被边缘。但文化因其独有性，在乡村旅游市场蓬勃发展的今天成为了"香馍馍"，农业成了"附带品"。所以从"农旅联动"发展的角度看，这类乡村旅游以乡土文化为主导，侧重于"农旅联动"中的"文旅联动"。但这里特别强调"文"的内涵，并非广义的文化，而是在这类特殊乡村中形成的文化，在传统农业基础上形成，属于"农"的范畴，但在当下语境的乡村旅游发展中成为主要资源，相反作为孕育"乡土文化"土壤的传统农业却在发展中处于相对次要地位。

从物质空间来看，这类村落被复杂的山川深谷、河流沟壑所隔绝，空间相对狭小封闭，难以与周围的村落连成片。农业景观也相应地被分割，难以连片产生壮美之感，农业景观的美学特征较弱。相对而言以村落风貌、建筑形态、风俗习惯、饮食文化、生产生活方式为主要内容的物质文化遗产和非物质文化遗产却十分丰富、尤为特别，成为乡村旅游中的核心资源。

（二）"主客一体"的设计理念

作为文化主导发展的资源特有型乡村主要位于中南、西南欠发达的多民族聚居区，当下以政府主导进行建设，市场介入有限，呈散点式分布，鲜明的地域文化特征，突出的村落风貌形态，在旅游开发中以单个村落为主要对象进行。但面临着乡民增收、乡村组织重构的现实问题。因此我们对这类乡村规划设计时要统筹考虑空间的独立性、资源的稀缺性、经济的落后性、村民的参与性等特征进行深度的精细化设计。

乡村的主体是村民，是乡村资源的直接拥有者，按理应该成为乡村建设的主体，但自身的局限性，在目前看来难以担负这一重任。因此我国的乡村建设，尤其是偏远地区主要是在政府主导下进行的一种自上而下的设计模式。这一模式下设计、施工、管理运营要么由政府直接主导，要么外包给外面的企业，在这个过程中真正的主体农民，无论在乡村规划设计、乡村空间营建、乡村管理运营都是缺位的或者是边缘的群体，在乡村发展中能享受到的回报是微薄的。设计师也是在政府主导下进行，很多时候执行政府或者领导的意图和偏好。当下的乡村设计普遍缺乏对乡村实际、乡民需求、未来乡村产品的消费潜力进行深入研究。而是把精力放在创新设计概念、宏大的规划设想、效果图与3D视频的精致表达。这样的设计形式精美，但内容往往表浅化和片面化，脱离城乡融合发展的实际。这样的规划设计套路具有"画大饼""绘蓝图"的嫌疑，对专业认知缺乏地方领导，对向往城市生活的村民而言有迷惑性，这样的设计方案被接受后容易带来建设性破坏。在整个乡建过程中，主要的参与者政府、村民、设计师彼此缺乏深入了解、沟通，政府、村民对设计方的盲目信任，设计方在利润驱使下，置设计伦理于不顾，而一味迎合。

本课题聚焦该类乡村的特征及存在的问题，从乡村设计的参与主体切入提出"主客一体"的设计理念。从设计环节看，"主客一体"的理念首先要明确参与方的角色：主体是村民，客体是设计师或规划设计团队，政府扮演"服务员"的角色，是政策提供者、资金筹措者，也是各方关系协调者。从设计的角度看，在"主客一体"理念下起关键作用的是设计师（团队），针对特色文化主导的乡村，强调"强研究，弱设计""做精品，树标杆"。

二、主位与客位的统一：强研究与弱设计

"主客一体"的设计理念首先要求对主体，即所设计的对象的深入理解。

但从目前设计学、建筑学的普遍情况来看，对乡村调研主要还是集中于建筑测绘、空间布局与形态的描述上，对物质形态后面的文化逻辑缺乏深入观照。文化主导的乡村研究与设计需要引入其他学科理论。对乡村研究较为深入，最为精细的主要有人类学、社会学等学科，其中人类学对于乡村个案研究不论在方法上还是理论层面都很丰硕。

人类学者肯尼斯·派克（Kennet Pike）在1954年从语言学的术语音位的（phonemic）和语音的（phoneic）类推出"主位"（emic）与"客位"（etic）两个人类学术语。主位研究就是从事件参与者本人的角度去观察，要研究者摆脱既有的范式束缚，抛弃文化本位的偏见，去探讨人类社会现象。客位研究即从旁观者的角度观察人的行为和事物。[①]传统的乡村设计范式中，设计师往往不自觉地以客位研究的态度介入，以一种不平等或者"高高在上"的"拯救乡村"的姿态对待乡村，自然会忽略乡村传统营造逻辑，忽视乡村背后的文化意义，并以此姿态指导设计实践。因此我们在乡村设计实践中要将主位与客位的研究方法结合，即站在乡村的角度，或者从乡民角度进行思考，同时结合专业知识进行提升改造。

在确定了主位与客位相统一的价值导向后。在具体的设计环节，提出"强研究，弱设计"的理念。所谓"强研究"是要求设计师（团队）要向村民学习，了解乡村营造的固有逻辑，体现乡村逻辑的设计作品才能突出特色，也才能得到以城市人群为主的消费群体的认可。"弱设计"改变以往在图纸上"画大饼""绘蓝图"的设计套路，弱化城市设计思维。

（一）强化的"主位"研究

文化主导的资源特有型乡村，其文化具有稀缺性、独立性特征，不可替代性。在乡村旅游发展中有关的规划设计只要有意识地将这些特征突显出来，就能有效避免当前乡村建设千篇一律的同质化趋势，形成"你无我有，你有我优，你优我特"的优势。如何才能做到这一点呢？答案就是强化设计前的研究，思路就是坚持"主位研究"，从乡村的原逻辑切入，从了解村民主体的需求开始。所有乡村聚落都是在成百上千年的过程中逐渐形成的，是在当地地理、气候、文化、社会、经济等各种因素上逐渐发展出来的，有自己的规划理念，有村落景观的营构方式，有相对固定的建筑营造工艺，并有相应的"规划师""景观师""建筑师"，他们都是由村民构成，但有分工的差异。在西南多民

[①] 庄孔韶. 人类学概论［M］. 北京：中国人民大学出版社，2001：138.

族地区，"风水先生"、族长、寨老、精神领袖等村寨中的精英分子熟悉本地环境，精通传统文化知识，往往是村落选址营建的主导者，扮演着"规划师""景观师"的角色。西南多山，不同的民族，文化差异巨大，有的民族喜居高山，如苗瑶族群，有的民族喜欢居住在山腰，如哈尼族、彝族，有的民族喜欢傍水而居，如傣族、壮族、侗族等，而有的民族就喜欢居住在交通便利的平坝地区，如回族、白族等。居住模式的差异是由背后的历史文化决定的。笔者在哀牢山腹地哈尼族村落调研，问及居住半山腰的原因，村民的答案是因为半山腰小婴儿容易存活。抵抗力弱的小婴儿存活率高就说明适合人居住，适合建村立寨。对此我专门就同一问题问了三位规划设计实践者，答案如我所想的"想当然"：一位回答是选址山腰符合环境美学的原则；一位回答是古代社会不安定，选址山腰是防御的选择；一位回答是方便耕作。从设计师的角度这三个答案并没有错，只是没有从主位研究的角度去寻找问题的根源。符合环境美学原则的空间很多，可以在高山，可以在河谷，那为什么会是山腰？社会不安定重视防御，那为什么和平年代村民不搬到山脚？在现代新机械、新耕作条件下，是否方便耕作还是问题吗？通过对问题的拷问，"想当然"的答案是站不住的。近些年，国家对一些居住在高山上的民族实施"移民搬迁"工程，聘请专业的规划师、设计师为其营造惠民小区，本是大好事，但也经常出现移民回流的现象，其中就有对"主位研究"不重视导致的。

在对乡村环境更新设计中也经常出现因缺乏主位研究导致质量难以保证。对地方材料的属性，对地理气候环境的认知，对民俗文化知识的缺乏，对传统营造工艺不了解就盲目地进行设计施工，往往造成不可逆的后果。比如在乡土建筑中最为常见的夯土工艺，因为能很好展示乡土风貌，往往被乡土营造者所偏爱。虽然工艺本身大同小异，但各地的土质是不一样的，对土加工处理也就不一样。云南省泸西县城子古村土掌房的传统墙体工艺有两种，一种是土基墙（土坯墙），一种是夯土墙。现在进行的墙体更新设计，因为缺乏对当地"土"的加工工艺深入研究，导致刚建不久的夯土墙墙体就出现裂缝，土坯墙遇到大雨天很容易散掉。以前工具设备简单粗糙，建造房子完全依靠人力、畜力，却能建造几百年不倒的建筑，今天我们有专业的设计师，有充足的资金，有政府的政策支持，却达不到以前的效果。后来当地匠师说，建筑用土以黏土为主，并要经过多道工序筛选，反复的踩踏，达到很高的黏性才可以，新建房子就近选用当地质地坚硬的一种土——俗称"洋港石"，是不适宜做建筑材料的。这些都是乡建实践中经常遇到的小问题，但如果不向当地匠师学习，将直接影响设计方案的最终落实。

以上这些问题告诉我们，乡村中世世代代积累的规划知识、设计思想、营造智慧是聚落规划、景观设计、民居改造、民宿设计（表5-3-1）的直接依据。传统乡村的所有建筑都是由乡民共同完成的，我们在设计之前有必要虚心向当地的知识分子、乡土匠师学习，站在村民的角度思考问题。如果现代设计师不了解这些文化传统，做的设计方案无异于纸上谈兵，犹如鱼儿离开了水，也失去了生命力。因此，乡村设计前需要从主位角度进行深入研究，方能使我们的设计方案最接近乡村本来的样子。

主位设计思维下山东沂南县朱家林村的民宿改造　　　　表5-3-1

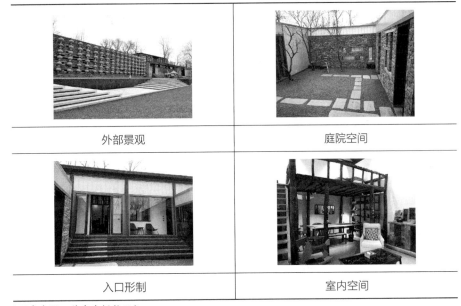

外部景观	庭院空间
入口形制	室内空间

（图表来源：作者自摄整理）

（二）弱化的"客位"设计

文化为主的资源特有型乡村特色就在于不可替代的物质文化遗产和非物质文化遗产。设计要做的就是如何让稀缺珍贵的文化遗产很好地保留下来，并把他们的价值凸显出去，并结合乡村旅游的发展趋势，将文化价值转化为经济价值。职业设计师介入乡村后通过进行主位研究，最好的状态就是让自己成为具有专业知识的当地人，站在主位的角度考虑设计，同时尽可能地淡化自己设计师的"客位"角色，尤其是要放弃在城市中所建构的设计思维，或者弱化自己设计师的身份。在近几年的乡村设计实践中我们会发现，很多在城市游刃有余的设计师们，随着乡村振兴的大潮转入乡村开展业务，往往不知所措，精心描绘的"蓝图"、时尚新潮的创意理念往往最终成为一堆废纸，如果这样的蓝图得以实施，设计师有可能成为"罪人"。因为设计师有太强的设计欲望，太想在方案中展示自己设计欲，太强调"客位"的角色。强烈的设计欲望蒙蔽了对设计对象的本质认知，对于乡村设计应该是什么没有深入的思考。这样的设计方案很难去考虑文化遗产的保护、利用及发展。所谓的"蓝图"很可能就成为传统文化遗产的"屠刀"。基于以上考虑笔者提出"弱化'客位'设计"的概念，是相对于"强化'主位'研究"提出的。

弱化"客位"设计的核心思想就是淡化设计师角色、节制设计欲望。近些年很多青年设计师从事文化主导的资源特有型乡村营造实践过程中都提出类似的观点。它们反对城市的设计思维，批判"画大饼""绘蓝图"的设计模式，强调"在地设计""此时此地设计"，强调对乡村实际的尊重，关注对乡民需求的满足、重视对传统文化遗产的保护利用。这还与城郊乡村的设计有所不同，城郊乡村特色资源有限，强调设计创意，设计师的角色很重要。在文化主导的偏远乡村一些年轻设计师按照"主位与客位相统一"思路进行设计实践，往往能作出惊艳之作，近些年在国际国内屡屡获大奖便是证明。2019年12月14日AIA上海卓越设计奖（AIA Shanghai Design Awards）在上海举行颁奖典礼，gad·line+studio联合创始人孟凡浩的"渔乡茶舍""东梓关村民活动中心"分别获建筑类别"CitationAward"和"Merit Award"（图5-3-1）。孟凡浩主持设计的"杭州富阳东梓关回迁农居"获2019年亚洲建筑师协会建筑奖金奖。评委会对该设计作品的评价很是中肯："东梓关回迁农居用尽量少的材料调色，完成了一个优雅的命题。它突出的白色墙体被曲线屋顶的黑色线条衬托得光彩夺目；而偶尔延伸的灰色墙体增添了一种珍贵的优雅；通过屋顶抽象演绎现代形制，从形式、开窗等在地性的建筑细节上，还原了地域传统；在尺度和城市状态中保持敏感，在私密性和社会性中取得平衡，它所承载的意义已经远远超过了适用性住房。"[①]"杭州富阳东梓关回迁农居"一经建成便在行业、学界产生了广泛影响，该设计作品在设计欲望上是极简单的，如吴冠中的水墨画，用简单的色彩、线条、形体成功地把江南粉墙黛瓦的神韵表现出来。甚至有的乡建者从文化遗产保护的角度，认为乡村建设不需要"设计师"。"在村落设计方面，我不赞成有设计师，非要有，也要符合两个重要原则：第一，不改变村落本来的样子，尤其不能改变村落格局。第二，尽可能小地干预，并看不见的地方。我倡导有节制的设计，云南很多民族都会以'商量'的办法向自然索要，因为

---

① 浙江在线·住在杭州网。

东梓关村民活动中心

东梓关回迁农居

图5-3-1 杭州富阳东梓关活动中心与回迁农居（图片来源：http://art.china.cn/products/2017-02/12/content_9331754.htm）

是商量，所以有节制、有回馈。过程表现出来的是仪式，结果是与自然取得平衡。"[1]这段话不是说乡村设计不要设计师，而是不需要不懂乡村、缺乏设计伦理的设计师。实际上一个优秀的乡村设计师往往能够把乡村资源发掘转化为经济价值，通过开发、运营促进城乡资源互相流动，让一个衰落的乡村起死回生。弱化"客位"设计理念中，设计技能本身已不重要，重要的是对乡村的研究，在研究的基础上设计技能才能发挥好的效果。从这个角度看，乡村设计师更像一群具有设计技能的社会学学者、人类学学者。

---

[1] 吴琼，施宇峰. 云南民居建筑思考——对话云南省"非遗"专家施宇峰[J]. 今日民族，2018（10）：43-47.

图5-3-2 独特的土掌房群落（图片来源：倪建斌拍摄）

（三）案例：城子古村的设计实践演变

从2010年起笔者曾选取泸西县城子古村作为研究对象，并持续关注至今。目睹城子古村由名不见经传到成为"明星村落"。城子古村的传统产业是由农业和畜牧业构成，与周边村落并无差异，甚至因为山多平地少，村民生计弱于附近村落。也正是因为山水隔绝、交通封闭、经济落后，才使得城子古村以土掌房建筑为主的物质文化遗产和非物质文化遗产得以保留，成为滇东南一带独有的一个传统村落。城子古村是彝汉文化交融的资源特有型乡村，因其保留完整的村落格局与肌理、形态独特的土掌房建筑群落（图5-3-2）、多样的非物质文化遗产先后入选各种级别的名录，如中国历史为名村、中国传统村落、中国景观村落、中国少数民族特色村寨等。独特而深厚的文化遗产成为发展旅游业的核心资源，城子古村也因此走上了"农旅联动"的发展策略，各种专题规划也是围绕着"农旅联动"进行的。

在泸西县城子古村是唯一一个文化主导的资源特有型乡村。从2003年起开始因其独特的风貌特征就引起专家学者重视，并向当地政府建议设专项资金

图5-3-3　古村内2011年时主干道水泥路硬化（图片来源：作者自摄）　　图5-3-4　古村外2011年时主干道水泥硬化（图片来源：作者自摄）

进行保护研究。虽然引起地方政府的关注，但并没有引起真正重视。土掌房本是当地传统的建筑形态，但正是因为有了专家的建议、政府的关注，这个村落被保护了下来，周围的村落因为没有被关注，在城镇化冲击下，传统建筑基本被拆除，建起了混凝土房。也因此，城子古村成为了整个泸西县的稀缺资源。2007年城子古村被列为云南省历史文化名村。当时我国主要在新农村建设，重视以基层设施为主的物质空间建设。所以城子古村并没有进行刻意保护，而是以维持现状为主。2011年笔者重访古村时，村中各户基本都住满人，不论生产空间、生态空间、生活空间都保存得非常好，但也有拆旧建新的几栋双坡红砖房出现，使用红砖修复墙体，影响了村落的整体风貌，但整体景象基本完整保留。同年，城子村开始进行政府主导的新农村建设，有专业的规划设计团队介入，主要建设活动集中在新村，对古村也进行了主干道硬化，采用水泥路覆盖原先的石板路（图5-3-3、图5-3-4）。那时的村民还没有建立起保护意识，他们对乡村建设的评价主要看是否有用，因为是政府的惠民工程，村民乐于接受。这个时期的规划设计是没有"主位研究"意识的，基本上是按照当时全国新农村建设的统一做法，平整土地，规划统一的住宅区，增加完善各种基础设施。也正因为此，古村部分没有被太多规划设计，得以在第一轮的建设中避免了"建设性破坏"。

2012年传统村落保护与发展成为国家、地方、学、商、政各界共同关注的问题，同年开展了第一批中国传统村落评选活动。对具有特色资源的城子古村也得到国家的认可、地方政府的重视，获批列入首批中国传统村落名录，开始从遗产保护与发展的角度来思考城子古村。于是城子村开启了第二轮的规划设计。在"传统村落保护与发展"的大背景下，规划设计的重点转到古村部分。当时古村主要问题仍然是硬化的水泥路、新建的几栋红砖房，以及新材料修补的墙体，但整体风貌保持的较好。设计团队介入后，总体上是针对以上问题制定设计方案。首先是将主干道的水泥路、原生的毛石路改为石板路。石板都是标准化生产出来的，其效果近似城镇人行道，规整却显得呆板，与整个村落环境格格不入。显然是城市设计思维的延续（图5-3-5、图5-3-6）。针对红砖墙和水泥墙采用粘性极强的黄色水泥，一小坨一小坨地砸在墙上，人为地做出墙体表面的粗糙感。这一方式是当地民居的创造，对风貌统一起到重要作用，但

图5-3-5 摄于2015年的规整干道铺装（图片来源：作者自摄）

图5-3-6 摄于2015年嵌钢筋后的路面（图片来源：作者自摄）

走近看，混凝土的痕迹仍然很强。随着到古村的游客越来越多，村民逐渐认识到古村落的价值在于原汁原味。游客对第二轮规划设计后的形态表现出强烈的不满，游客的情绪直接反馈到村民身上，村民进而也对政府主导的规划设计颇有微词。

　　2016年后城子古村进入全面保护与开发，按照风景区的模式进行规划设计，并扩大了规划范围。针对第二轮存在的问题，第三轮规划设计做了积极回应，积极主动地向当地工匠学习，原有规整的铺装全部废弃，重新从当地采集毛石，并请村中老工匠进行铺设，最大程度地恢复了原有风貌。为了全面恢复原有风貌，第三轮规划设计要求所有的管线入地，但在对部分毛石路翻撬之后，重新铺设后难以达到之前的景观效果。驻场设计师平伟在没有翻撬之前将所有毛石编号，这样重新铺设就能完全恢复原有效果。对于在墙体上入户的电表及导线无法入地，驻场设计师与当地村民共同商量在墙体上开出一个小线槽，把电线嵌到墙体中，再抹上黄泥土。对于裸露的电表，设计师为其制作了精致的木质外壳，并在外壳上刻有图案和文字，瞬间化腐朽为神奇，一改之前的杂乱之感，相反成了墙体装饰。对于重建的几栋土掌房民居完全由驻场设计与当地人共同参与建造，其形态风格与旧土掌房无太大差别。对使用新式材料砌筑的墙体导致风貌不和谐的处理也是设计团队与村民共同合作的智慧结晶。设计师在村民贴瓷砖的启发下，设计出了多个土掌房墙体的纹样，并请厂家定制"土掌房贴砖"，村民按照贴瓷砖的工艺进行施工，效果异常得好。

　　村民参与建设不但奉献智慧，获得相应的报酬，而且还能不断地启发设计师。驻场设计师在参与过程中真正了解土掌房中的智慧并不断在村民启发下提出新的设计创意。驻场设计师平伟先生在很多细节处理上都是遵照村民的经验，做得都比较成功。但也有一个遗憾，就是屋顶排水没有采用传统做法，而使用了现代防水技术。在建成之前所有的设计师、施工员都很自信现代防水技术的优越性，甚至一些经验丰富的村民也认为是可取的，但建成之后弊端暴露，凡遇到下雨天，屋顶将持续很多天的烂泥状态。因为内部做了防水，外层铺的是泥土，泥土里的水不能往下渗透，只能截留在泥土中，依靠太阳暴晒一点点蒸发。在第三轮的规划设计中，驻场设计师与村民共同参与，尽可能地尊重传统做法，并对局部做一些微设计，体现了"强研究、弱设计"的理念。驻场设计师平伟表示，古村内部的所有改造建设大多不是按图施工，所有的都是根据场地的实际情况现场提出设计方案，并由村民立即施工。但由于此项目是由政府主导，财政拨款，需要按图报批经费以及审图环节，所以就只能在场设计，在场施工，然后按照施工后的样子再画图。

回顾了近十年来城子古村的"设计实践演变",不论是当地政府还是当地村民,都对其保护与发展做出了巨大投入并抱有极大的回报期待,多次聘请专业的策划机构、规划设计机构进行了多轮的旅游策划、村落规划、景观设计、建筑修复改造等。这应该是中国资源特有型乡村设计介入后的普遍做法。在此过程中,政府不断地投入,不断引导,从保护的角度看取得一些成绩,但也走了很多弯路。从发展看,收效甚微,并没有带动当地经济的显著提高。旅游消费群体或学者对于前两轮设计普遍不满,认为专业设计介入后,对原有特色造成巨大破坏。从设计角度看,城子古村经历了延续城市设计的"绘蓝图"阶段到深入乡村的"在场设计"的转变;从参与者看,从经历了设计师与政府独立于村民之外的"主客对立"阶段,到主动向村民学习,与村民共同参与的"主客一体"阶段,并强调"主位研究"与"在场设计"结合,而设计师只针对局部空间或环境进行微设计。

三、统建与自建相结合：定范本与显特色

"强研究与弱设计"是为了保证设计方案真正适合文化主导的资源特有型乡村,过的是"质量关"。那么与之对应的"数量关"该如何过呢？这是资源特有型乡村普遍面临的问题,其中尤以经济欠发达地区尤为突出。文化主导的资源特有型乡村多位于欠发达的偏远山区,且大多是少数民族聚居区,数量众多,就云、贵、川、赣、桂五省的中国传统村落就占据了全国的39.7%。这些地区经济较为落后,政府财政有限,在当前支撑如此大体量建设是有困难的,也不现实。因此不可能主要依靠政府投入,而要引导各参与方,尤其是村民主体的积极参与。

针对如何过"数量关",基于"主客一体"的设计理念,笔者认为采取"统建与自建相结合"的方式是合适的。"统建"部分主要由政府和设计师来完成,"自建"部分由村民来完成,"统建"是要"做精品,树标杆",而能否做出符合乡村实际的精品则需要坚持上文所说的"强研究,弱设计"理念。"自建"是考虑到政府财力有限,不可能全部承担,同时村民深知自己的需求、喜好、本土文化,在自建过程中可以灵活调节,这就有效规避了统建缺乏人情味、模式单一、个性缺失的弊端。之所以将"自建"和"统建"结合也是针对各自的优劣势提出的。

自古以来中国乡村主要由普通村民与乡村工匠共同完成,"自建"是其传统。在"乡土中国"阶段,乡村社会运行缓慢,拥有独特的乡绅阶层,束缚于

土地的农民与外界联系不多，建筑营建主要是遵循固有模式进行，变化极小，村落建设有序进行。但是进入"城乡中国"阶段后，乡村走向开放，有能力者纷纷进城，乡绅阶层瓦解，"自建"传统的优势不能很好发挥，甚至一些优势会变成劣势。"自建"的首要特征就是自由性、灵活性。在"城乡中国"下，村民迁徙到不同地方打工，迁入地的建筑形态会成为村民回乡建房的模仿对象。打工经济让他们的收入大幅度提高，农村宅基地的管控在相当长时间内是比较宽松的，可以这么说，从21世纪初进入"城乡中国"过渡期，我国乡村自建房迎来了高速发展期。在"自建"传统的支配下，村民主动引进"新建筑"。由于缺失权威的自治组织及权威领袖，对村落建设进入了有序规划和无序节制的状态。从20世纪末至今，"方盒子"的建筑形态吹遍中国乡村，中国乡村建筑走向趋同。由于国家的发展重心主要在城镇，对乡村监管不力，乡村建设无序发展，私自占用耕地，无证违章建筑杂乱无章，建筑质量参差不齐，建筑风貌五花八门。在盲目无序的乡村建设高潮下，能呈现我国传统文化、传统风貌的村落在开放的新时代，在无监管的"自建"下已经越来越少。针对这些问题，迫切需要专业的规划设计进行宏观的"统建"引导。

在我国改革开放后的乡村建设中"统建"是一直存在的，但主要是在经济势力强的村落，或者被选为示范村建设，有经济政策支持。比如有着天下第一村之称的"华西村"、云南第一村的"福保村"等。这些村落依托雄厚的经济实力，聘请专业的规划师、设计师、施工单位，按照城市环境的功能分区进行建设，可以说是城市建设在乡村的移植。具有设计专业化、土地集约化、设施完善化、建设标准模式化、施工速度快速化、建筑形制趋同化等特点。这个时候的乡村"统建"突出经济性、政治性。在2005年实施的社会主义新农村建设也主要是延续这样的思路，主要体现的是政府与规划设计方的意识。但是近几年随着国家对生态文明、传统文化的高度重视"统建"的弊端也备受诟病。如果失去乡村特征，村落布局呆板，缺失人情味，乡村文脉断裂，忽视对生态环境、人文环境的关怀。这从2005年评选的"中国十大名村"和2018年"中国十大最美乡村"评选标准便可见一斑。因此在微观层面也需要村民通过"自建"进行调节。

通过对"统建"的优势与"自建"的优势分析，认为在文化主导的资源特有型乡村中将二者结合可以扬长避短，发挥"组合拳"的优势。"统建"的主体主要是设计方，"自建"的主体是村民。政府是政策提供者、资金主要筹集方，协调设计方与村民之间诸事宜。所以"统建"与"自建"结合是"主客一体"设计理论的体现。"统建"的设计方主要"定范本"。设计方从保护与发展的宏观视角出发，对村落总体规划进行调控，如建设空间划定、产业布局、乡村景观设计、典型建筑修复等。这是"范本"的框架，村民的"自建"活动要在"范本"框架之内进行。总体规划调控的目的是规范秩序，消除"自建"的无序性。同时对于公共空间的建设以及村落未来的发展布局村民一般不会主动去做或者去思考，村民关注的还主要是自身利益。因此对于涉及公共利益的部分主要还是由政府聘请规划设计团队来完成。对于"自建"部分，可能是老房子的修复，原址重建，也有可能是新建房屋，如果没有设计师的"统建"，村民往往根据自己的认知和喜好进行。就比如上文所列举的城子古村，在没有设计师介入前，村民对土掌房的修复使用黏土砖、空心砖、混凝土板、PVC排水管，有的将原有门窗替换为塑钢和铝材。如果老宅倒塌，村民一般也就地建起新式房屋。这些问题都需要设计师的引导。可以在保持整体风貌统一性的前提下，给予村民充分的自由度。其方法有两种：最直接有效的做法就是"示范"，由设计师带领村民完成一个老宅子的修复、重建。村民全程参与后掌握相应的技能，当自家老宅损毁或倒塌时，村民知道如何修复、重建。这种方式自由度相对较大，也符合乡村社会"自建"的传统，可能会因为选址、财力、家庭人口等因素会有相应的调整，其优点是政府主要负责前期投入，后期主要由村民自己完成，能有效为政府节省资金投入，但需要政府持续监管。第二种由设计师主导下完成主体设计与建设，对于内部空间划分、装饰纹样、景观点缀等则由村民根据自己的需求、审美情趣、经济实力来完成。这一做法的优点是能有效保证整体风貌的完整性，以及整个居住空间的有序性，同时又能体现每个小家庭的个性化、生活化特征。以上两种"统建"与"自建"结合的方法的共同点就是把村民调动起来，打破以往新农村建设由政府与设计师主导的局面，为政府节省了资金，也增强了各参与主体之间的彼此了解，增强了村民的凝聚力，同时结合了范本的完整性和自建的特色性，兼顾了公共利益与个人利益的统一。

第四节 "农旅联动"策略下保护与发展的二元平衡

不论是农业主导的还是文化主导的资源特有型乡村，与城郊乡村、衰而未亡的乡村相比首要特征就是拥有独特的乡土文化资源。乡土文化资源是"乡土中国"在"城乡中国"的文化遗存，是中国乡土文明的代表。但在城镇化、工业化快速发展的背景下，面临着保护与发展的二元矛盾。在乡村旅游业蓬勃发展的当下语境实现"农旅联动"，促进保护与发展的二元平衡是资源特有型乡村的内在要求，也是时代的呼唤。

一、保护的视角：资源特有型乡村是中国乡土文明的代表

中国地域广阔，民族众多，在"乡土中国"阶段，遍布中国大地的村落，形态多样，内涵丰富。经过上下五千年的积淀，形成了以乡村为载体的乡土文明，在世界上塑造出了底蕴深厚的农业文明大国形象。以农耕为主要生产方式的村落承载了中华先民的生存智慧和创造才能，是物质文化遗产和非物质文化遗产的孕育地，表现了中国传统文化的价值导向、社会心理、思维方式和审美理想，彰显着中国传统文化的基本精神和深厚内涵。

无疑，"乡土中国"阶段下的村落普遍承载了我国的乡土文明，但是自改革开放以来，现代文明的全面扩张渗透，城镇化的发展，乡村开始逐步就地城镇化。在世纪之交（1997—2003），中国告别了"乡土中国"，进入到了"城乡中国"过渡期阶段。乡村在迎来发展机遇的同时，以乡土文化为主的村落正在加剧消亡，所以中国的乡村衰亡不是肉体的"瓦解"，而是灵魂的消失，意味着根脉被连根拔起。这个变化主要是自20世纪末以来发生的，短短20余年，真正能代表中国乡土文明的村落所剩无几。有数据统计从2000年到2010年，仅10年间，中国消失了90万古村落，平均每天消失250余个。面对这样的现状，少数有识之士高瞻远瞩，在全国呼吁并实践。2007年6月，广东省文联、广东省民间文艺家协会响应中国文联副主席、中国民协原主席冯骥才先生倡议，在全国率先启动"广东省古村落"普查、认定工作。在对古村落开展普查认定的同时，召开了一系列"中国古村落保护与发展的学术研讨会"。为开展全国性的古村落保护与发展提供了宝贵的经验。现在资源特有型乡村已经引起国家、社会各界的高度重视，在全国范围内开展了资源特有型乡村的普查认定，对符合评审要求的纳入中国传统村落名录，并设立专项基金进行保护，只为延续中国乡土文明的血脉。

作为乡土文明的稀缺代表，资源特有型乡村具有不可再生的多元价值，如历史、文化、科学、生态、社会、艺术、经济价值。"乡土中国"以土为本、以土为生，土地把人们牢牢地束缚起来，聚族而居，安土重迁。如果没有不可

逆的天灾人祸，人们是不会轻易离开故土的，世代居住于一个地方，形成累世望族。因此在中国很多地方往往一个家族史就能反映一个村落甚至一个区域的历史演变。在"乡土中国"下人们非常重视耕读文化的传承。耕田养家，读书取仕是古代人们普遍追求的人生理想。因为对农业的高度重视，我们的祖先创造了多种充满智慧的农业科学技术。20世纪初，由美国国家土壤局局长富兰克林·金撰写的《四千年农夫》一书，认为中国传统农业是一种经久农业，并在美国推广学习。自给自足的小农社会催生了各式各样的手工业，手工业是农业的重要补充，是古代商业经济的基础，也是很多民间工艺的源头。

中国传统乡村是一个完整的生态系统，"绿树村边合，青山郭外斜"，村落镶嵌于大自然之中，山环水绕，大片田园环绕村落。不论是农业还是手工业都是绿色低碳，即使有一些如造纸、冶炼等污染的工业，也能被大自然所降解。在这样的农业社会中产生了各种社会伦理价值观，规范着人们的行为习惯，如尊老爱幼、诚实守信、邻里和睦等，其中很多传统价值都被提炼进入"中国特色社会主义核心价值体系"之中。"耕读传家"的传统孕育了各种文化艺术，比如在传统村落中的木雕、石雕、砖雕、泥塑、彩塑、壁画、楹联、匾额等装饰艺术（图5-4-1）。在这些装饰艺术中涵盖了书法、绘画、诗词歌赋、民间传说、名人典故等。很多传统村落中的建筑，尤其是公共建筑如祠堂、庙宇、书

图5-4-1 传统村落中的装饰艺术（图片来源：作者自摄）

院、会馆等就是一个涵盖各类艺术的综合体。在多民族地区虽然没有发展出深厚的农耕文化，但是独特的民族文化、风貌特异的村落形态与建筑形制，以及各种丰富的民俗文化，使之成为中国传统乡土文化的重要组成部分。在东南、中南、西南地区这样的资源特有型乡村相对较多。如安徽、江西、浙江、江苏、湖南、福建、广西、广东、四川、贵州、云南都有。因为历史上这些地区相对安定，经济发达，为累世大家族或者各民族的生息繁衍提供了条件。经过世代沉淀，这些村落历史底蕴深厚，名人辈出，人文艺术发达。

作为乡土文明的当代遗存，资源特有型乡村在今天处于城镇化、现代化包围之中，对其保护成了对社会各界的共同要求。但很多资源特有型乡村位于远离城区的偏远地区，经济普遍落后，面临着发展的需求，如果得不到发展，人口就会不断流失，最后成为"空废化"村落，因此资源特有型乡村面临着保护与发展的二元矛盾。资源特有型乡村在今天可通过专业的规划设计引导、资金政策的支持、市场的导入使多元价值向着经济价值转化，这也是当前资源特有型乡村选择的主要发展思路。安徽省绩溪县尚村竹篷乡堂项目就是通过对乡村环境改造设计实现文化保护传承的典型案例（图5-4-2）。该项目采取的核心策略有"古料新用与就地取材、变房为院与邻里互通、尊重肌理与适当加固、结竹为伞与融入自然、现代工艺与传统手艺、村民共建"。规划设计团队选定了尚

图5-4-2 安徽绩溪县尚村竹篷乡堂项目（图片来源：素朴建筑工作室）

村高家老屋作为村民公共客厅，通过对老屋的改造设计延续了传统的风貌，整治了人居环境，形成村中融传统与现代的公共艺术空间，同时也为村中传承优秀传统文化提高了一个空间场所。通过项目的完善促进尚村保护与发展工作的推进，引导尚村走向可持续发展之路。

二、发展的视角：对资源特有型乡村情感美化与价值误判

中国人有很浓的乡愁感，尤其是对于离开故土的游子，常常会勾起他们对乡情、乡音、乡景的回忆，伴随着的是浓浓的思乡之情。"游子"是一个诗意却充满悲凉色彩的词汇。在"乡土中国"我们以土地为生，故乡是生于斯、长于斯的地方。"父母在不远游，游必有方。"以土地为中心建构的乡土文化包含了中国人安土重迁的价值取向，并积淀为中华民族的集体意识。然而"城乡中国"的到来，城镇化的高速发展，尤其是自20世纪90年代末以来催生了我国有史以来最大的一个"游子群体"，这个群体还在不断扩容。他们或因为读书、做官、经商、打工等原因离开故乡，进入城市，很多经过努力成为了定居城区的城市人，也有一大部分"农一代"因能力有限，留不下城市，但又回不去农村（农村收入微薄），只能不断往返于城乡之间，形成"候鸟迁徙式的游子"。"农二代"因受教育层次普遍高过他们的父辈，大部门选择了留在城市发展。所以现在城市中的绝大多数人都与乡村有着千丝万缕的联系。大概以"90后"这一代为过渡，在这之前出生在乡村的群体都有"乡土中国"的生活经历，还有一部分在"计划经济时代"上山下乡的知青。他们定居或返回城市后，思乡之情会随着年龄的增长越来越强，并且随着"乡土中国"的瓦解，传统村落急剧消失，"城市病""乡村病"越来越严重。他们会对当前乡村熟人社会的瓦解、生态环境的恶化越来越不满，对儿时生活的故乡充满了思念之情。想得得不到，想看看不了，他们的思乡之情会被非理性所控制，不断地美化记忆中的乡土世界。仅存不多的资源特色型乡村也成了他们寄托情感、聊以自慰的最后净土。

随着习近平总书记提出的"望得见山，看得见水，留得住乡愁"的"乡愁文化"成为新时代的审美追求之一，国家乡村振兴战略的实施，全民尤其是城市人群中深藏的"乡土情怀"被激发出来，谈论乡村、赞美乡村、建设乡村、研究乡村成为各界的热议话题。审美追求、社会价值导向的转变成为乡村振兴的根本动力源泉，我们在乡村环境设计中应顺势而为，充分引导社会各界的乡土情怀投身到乡村建设之中。

但是在当下乡村建设的语境里，仍夹裹着非理性成分的"乡土情怀"，在图纸设计以及建设过程中会出现盲目性。现在的乡村已经不是逝去的"乡土中国"，发展一定是主流，但我们一些艺术家、设计师或者投资者却想将乡村复原成"乡土中国"的样貌，呈现阡陌交通、良田美宅、男耕女织、茅屋小舍、抚琴吟诗、笔墨丹青的"小国寡民社会"。作为一种"田园中国梦"，或者对未来乡村诗意栖居的追求是应该鼓励的，但是在当下这样的思想导向容易在环境设计或具体实践中产生价值误判。因此应该理性地来看待"乡土情怀"的利与弊。

2019年6月23日中国农业大学人文与发展学院叶敬忠院长在毕业致辞提到"像弱者一样感受世界"。作为专门研究乡村的一流大学中的学者，他对乡村的认知是深刻的："我想告诉大家，一个从来没有经历过穷苦生活体验的人，永远不可能真正明白穷苦生活到底意味着什么；一个从来没有经历过借钱难的人，永远不可能真正体会到向别人开口借钱的感受；一个从来没有抚养过残疾孩子的父母，永远不可能真正感受养育残疾孩子所需要的各种付出和各种滋味。正是因为人们其实根本不可能真正体悟到弱者的生活现实和心理世界，因此，我们更加需要保持一种态度，也就要尝试'像弱者一样感受世界'"。[1]乡村建设不是艺术创造，不是吟田园诗、画山水画，乡村建设的精英应该站在村民的立场来审视乡村当下的世界，而不是觉得乡村应该是什么样。

作为中国乡土文化的代表，资源特有型乡村要进行保护规划、尊重设计，因为这是全民寄托乡愁的最后净土。同时资源特有型乡村又多位于欠发达地区，对于当地主体而言，发展才是第一位的。所以我们要从乡民的立场来进行策划、规划，提升设计理念。

资源特有型乡村需要保护已是不争的事实，但是发展需求也是不可回避的现实。保护是发展的前提，发展是保护的基础。国家通过设立一系列措施将价值较高的村落纳入保护名录，以国家公权力的形式缓减了这类村落消逝的速度，但这只是保护的开始，是保护的初级阶段，是输血式的保护，没有造血功能，没有持续的动力支持。要获得持续的发展动力就必须走内生发展道路，实现自我造血。我们认为资源特有型乡村的发展在于挖掘自身资源，并转化为经济价值。在当前资源特有型乡村的区位、发展阶段，发展乡村旅游产业是比较适宜的（图5-4-3）。

---

[1] 胡洪江，李娜. 今年非常赞的一篇毕业致辞：像弱者一样感受世界[N]. 人民日报，2019-06-27.

图5-4-3 适应游客和村民公共活动的浙江乡村礼堂改造（图片来源：吴赞娇提供）

资源特有型乡村往往是一个区域内的"明星村落"，他们的物质与非物质文化遗产丰富，各种荣誉加身。从目前来看，多数已被列入中国传统村落名录，既是地方政府和村民保护的重点，也是能否发展的希望。坚持保护基础上的发展，即保证村落建筑风貌的完整性，非物质文化遗产活态传承，并以此为资源，发展乡村旅游业，以乡村旅游业带动一、二、三产业的联动发展。

第六章
"精明收缩":衰而未亡型的普通乡村环境设计策略

在新时代语境下，中国城乡仍同时面临着收缩与扩张的问题。中国乡村分化就是围绕着收缩与扩张两个方向进行的。第四、五章分别分析了市场主导的城郊乡村、偏远的资源特有型乡村，认为在当下城乡融合发展的趋势下，市场的逐利性首先选择区位最好的城郊乡村；偏远地区资源特有型乡村因其价值的独特性会被国家、地方，以及社会各界高度重视，保护与发展将是其不变的主题，当城乡融合发展进入深化阶段，市场也将随之进入资源特有型乡村。因此从当前城乡融合发展的趋势、国家的政策导向、市场的自由流动看，城郊乡村、偏远的资源特有型乡村总体上是向着扩张型方向发展，走"精明拓展"之路，很可能出现"一村、一业、一景点"的局面，进而带动一片区域的发展，带动一、二、三产业的融合发展。那么在以上两类乡村之外区域的其他乡村该何去何从？其中一部分将不可逆地走向衰亡，这样的情景正在发生。一部分面临着人口不断减少，区位优势不佳，资源特色不突出，走向空心化、空巢化、衰落化，但是这些村落却将持续存在，总体上向着收缩型发展。本章将这类乡村分化的收缩类型称之为"衰而未亡型"。针对当下的语境，"衰而未亡型"乡村选择"精明收缩"之策是明智的、适宜的。因为"精明收缩是在地区人口或用地实质性减少的条件下，以积极、发展的态度面对规模变小、人口减少的状况，通过资源合理退出与优化重组，提高土地使用效率，营造健康、可持续的城乡环境"。①

第一节 乡村分化的产物："衰而未亡型"乡村

一、乡村"分化"研究的辨析

自21世纪初以来，我国由"乡土中国"进入"城乡中国"后，中国的乡村一方面物质文化建设得到较大提高，人民生活水平显著提高，但是城乡之间差

---

① 王雨村，王影影，屠黄桔. 精明收缩理论视角下苏南乡村空间发展策略[J]. 规划师，2017（1）：39-44.

距却越来越大，我国最大的不平衡不充分区域就在乡村。相比较而言乡村总体走向衰落，但衰落的总体趋势下，一部分乡村因为特殊的区位，丰富的资源而在新农村建设、美丽乡村建设、田园综合体建设、特色小镇建设、乡村振兴实施等一系列乡建政策导向下走向复兴与转型，甚至走向扩张型发展之路。但是当前各界普遍将这些问题笼统地进行谈论，缺少从"乡村分化"角度来具体分析问题。通过对国内近些年对乡村研究的学术成果看，主要是集中于研究价值最高的资源特有型乡村，其次是城郊乡村。而且谈论乡村衰败也主要是以上两个类型为案例进行。这就出现了我国当前乡村理论研究与乡建设实践中的"二律背叛""二八定律""马太效应"现象。如此，自然会引导全社会的眼光集中到这两类村落上来，掩盖了乡村分化的真实问题，客观上忽视了对占绝大多数且真正走向衰落乡村的关注，即将正在或潜在走向复兴与扩张发展的村落视为乡村衰败的典型而广而告之。我们今天在各种形式的媒体上报道的乡村振兴的案例很多都是资源特有型乡村及城郊乡村。在这之外的乡村更多是在"扶贫""危房改造"等政府的民生项目中出现，相比较频率很低。本书不是否定重视资源特有型乡村及城郊乡村有错，而是要呼吁全社会从分化的视角来理性分析乡村各类型的特征，并提出相应的振兴对策，而不是笼统地谈论乡村衰败。因此我们在乡村研究与实践中一定要明确哪些类型的村落正在或潜在地走向扩张，而哪些村落正在走向收缩。

二、衰而未亡：乡村走向收缩的历程

回溯中国城乡关系发展历程，二者总体上呈现"此消彼长"的关系，城镇"粗放拓展"，乡村"粗放收缩"，城镇得以快速扩张发展，乡村做出重要贡献。衰而未亡型乡村是中国乡村收缩的典型代表，经历了缓慢增长、快速增长、快速衰落的复杂变化历程。

从中华人民共和国成立至改革开放的30年时间，由于城乡二元户籍制度的束缚，乡村人口牢牢地束缚于土地，乡民以传统农业为主，畜牧业、手工业为辅，乡村虽然物质匮乏，但人口持续增长，农业仍然以传统的精耕细作为主，乡村的经济结构与"乡土中国"阶段基本一致，住宅空间随着人口增加而稳步增长。在当时背景下，城乡差距并不大，而且呈现缓慢缩短的态势。改革开放至20世纪80年代末，家庭联产承包责任制的实行，农民获得土地承包权、使用权、收益权、用地转让权，对经历了长期挨饿的农民而言，极大地刺激了他们从事农业生产的积极性。村民为了最大化地获得粮食，一方面大量的投入劳动力，进行精耕细作，另一方面，不断地开荒，以获得更多粮食。"农地权利的重构不仅带来农民生产积极性的高涨，也使集体低效制度下的农村剩余劳动力显化"[1]。因此，农村剩余劳动力急需转移到其他产业中。当时国家开放乡村土地以发展乡村工业，一时间乡镇企业蓬勃发展。乡镇企业的发展不但为农村剩余劳动力就地就业提供了条件，也带动了乡村经济的发展。在这个时间段内，人口、产业都是固定在乡村，因此是乡村发展最快速的阶段。

20世纪90年代末，国家重点发展城镇工业化，城镇化步入快速发展阶段。乡村工业停滞并退出历史舞台，城镇的优越性吸引着大量的农村剩余劳动力。于是产生了中国第一代农民工。早期的农民工以男性为主，离土不离乡，家乡的土地由父母及妻儿管理，他们在城市中挣到钱返回家乡第一件事建新式房屋。他们羡慕现代的钢筋混凝土建筑，认为"乡土中国"遗留下来的传统村落、传统建筑是贫穷落后的象征，因此挣到钱的乡民急切地拆旧建新，要么另申请宅基地再建新房。能否建现代化的"大房子"成了人是否"有本事"的标志，一时间全国乡村以建新式房屋为潮流，传统村落迅速的消失，转而演变为千篇一律的"洋楼"风格。这个时间段主要集中在2003年至2013年十年间。乡村人口主要以候鸟式迁徙为主，人口并没有实质性的流失。所以从表面看，乡村仍是在高速扩张，尤其是在民居建设用地上急剧扩张，但是耕地已经出现撂荒的迹象，乡村的表面繁荣达到顶点，预示着乡村由表面繁荣进入实质性衰退阶段的到来。在第一代农民工的努力下这一阶段的乡村变化主要表现在物质空间方面的粗放无序扩张。由于第一代农民工完整的传承了乡村传统文化，因此传统文化总体得以延续，能够在逢年过节时集中表现出来。

在之后，进入第一代农民工与第二代的交替阶段。第二代农民工远离故土，普遍不愿意再走父母一代的老路——挣钱回家建房，更不愿意从事农业活动。第二代农民工通常是夫妻双方一起外出打工，孩子由父母照管。他们渴望融入城市，通过不断努力，很多在城市中购房定居，定居后将孩子接进城，条件较好的，父母也随子女进城。第二代农民工从出生就接触现代城市文明，他们在传统文化与现代文化碰撞中长大，代表传统文化一方的乡村在他们看来是贫穷落后的象征，这造成他们普遍的文化自卑心理，同时对现代城市文明表现出向往的心理。在传统文化与现代文化交织下成长的农二代，普遍不愿意继承传统文化。因此他们主动选择了现代城市文化，放弃传统乡村文化。笔者在对中国乡村东、西、南、北、中各个区域选点进行调研发现共同的现象就是年轻

---

[1] 刘守英. 城乡中国的土地问题[J]. 北京大学学报（哲学社会科学版），2018（8）.

人普遍缺失传统文化。所以中国乡村真正空心化问题的集中暴发是在第一、二代农民工交替之后出现的。可见农二代登上历史舞台是中国乡村由盛转衰的标志，乡村进入急速收缩阶段，概括起来表现为：离土离乡、普遍不愿意回家置房产、弃耕、传统文化体系逐渐瓦解。也就是在农一代与农二代的交替阶段，中国的乡村收缩问题开始被各级政府、社会各界高度关注。2012年国家多部门联合发布传统村落保护与发展的相关文件，并公布了第一批中国传统村落，截至2019年陆续又公布了四批。在这个过程中，为了遏制乡村衰败，国家出台了"美丽乡村建设""特色小镇建设""田园综合体建设""乡村振兴战略"。这表明乡村衰败的事实与乡村建设的高潮基本是同时段发生，这客观反映了中国政府、中国学者敏锐的洞察力。从当前的乡建发展现状看，市场的逐利性主要选择了城郊乡村，政府、学者及部分市场主要选择以列入中国传统村落名录的资源特有型乡村为主。对于在城镇化中传统村落风貌、传统建筑形制、传统文化体系趋于瓦解与消逝，同时也没有建立起自己特色产业的乡村多沦为普通村落，这样的乡村至少在当前普遍被冷落，面临着衰退却不会消亡的局面。

以上是从历史性角度阐述了衰而未亡型乡村的演变历程。可以这么说，在城镇化进程中，我国绝大多数传统村落的文化价值快速丧失，走向普通、走向平庸，成为"乡土中国"向"城乡中国"转变的最大牺牲品，当然这也是时代的必然。

三、"衰而未亡型"乡村的特征

从当下语境看，一些城郊乡村、资源特有型乡村凭借自己的优势走向复兴与转型，除此之外的大多数乡村都走向收缩，甚至消亡。本课题将走向收缩却未消亡的乡村称之为"衰而未亡型"。从当下看（静态视角），"衰而未亡型"乡村的主要特征是收缩性；从未来的发展看（动态视角），具有不确定性特征。

（一）收缩性

"衰而未亡型"乡村的收缩性在"物理"意义上体现人口、产业、空间需求的收缩。在"精神"意义上，传统优秀文化也面临收缩，年轻一代普遍不愿意传承，黄、赌、毒等糟粕文化大行乡间。因此当下乡村面临着"物理"与"精神"层面的收缩。

城乡二元户籍制度让乡民对城镇生活充满了向往。1978年我国的城镇化率17.9%，在改革开放后城镇化高速发展，使城镇拥有完善的基础设施、充足的就业空间、广阔的发展机会，对乡村具有强大的吸附力。同时户籍管理制度逐渐放松,大批乡民纷纷进城谋生,截至2018年底我国的城镇化率高达59.58%,大批乡民转化为城镇居民。伴随着城镇化率高速发展的是乡村人口的不断收缩。根据国家统计局提供的数据1978年我国乡村人口7.9014亿人,2018年我国乡村人口5.6401亿。40年间中国乡村人口减少了2.2613。城镇化的进程可用城镇化率来衡量,发达国家最终实现的城镇化率一般在80%左右。因此我国的城镇还有很大的发展空间,在未来相当长的时间内,一方面受生育观念的影响,乡村出生人口还将继续减少,同时还有大批的乡民进程,这样的局面必然导致未来乡村人口持续走向收缩(图6-1-1、表6-1-1)。

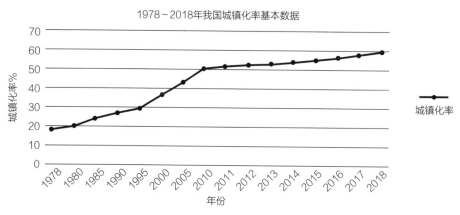

图6-1-1 我国高速发展的城镇化率(图片来源:作者整理,岳梓豪绘制)

走向收缩的乡村　　　　　表6-1-1

(图表来源:作者整理自摄)

伴随着乡村人口的减少是乡村空间需求的收缩，表现在耕地空间和居住空间需求的减少。现在年轻一代普遍不愿意从事农业，从事农业的主体主要是年龄较长者。随着年龄的增长，也将逐渐退出，所以很多土地面临着撂荒的问题。为此国家提出土地流转的相关政策，但当下土地流转的总体情况不乐观。土地流转制度建设普遍滞后于市场需求，如土地产权主体的界定、三权分置的落实、土地流转中参与主体的权益保障、不同地区土地流转差异巨大，崎岖不平，土地贫瘠之地很难流转出去，这些问题至今未很好解决。人口的收缩导致宅基地及住房空间需求的收缩，但是宅基地及住房空间却出现"虚"扩张的现象。一是一户多宅现象普遍，新户不断要求增加新的宅基地，但老的宅基地却很难退出。二是房子越盖越大，住的人却越来越少，很多大房子里可能就住着老人，老龄化问题突出。很多"豪宅"只有到重要节日"真正"的主人才回来居住一段时间。这是由内因和外因共同造成的，内因是在打工经济的刺激下乡村严重的攀比心理所导致。笔者对此做过多次访谈，乡村的房子建的越大越高越有面子，成为体现经济实力和社会地位的象征。在攀比心理的作用下，房屋的建设不是由功能需求决定的，而是由虚荣心决定。外因是由于国家发展重心在城镇，对乡村自发营建监管不力，土地制度不完善，专业的规划设计引导欠缺。以上原因促成了我国乡村空间实际需求缩小，但却出现建设用地扩张的矛盾现象。乡村人口与空间需求的收缩表现在村落形态上就是"空心化"，后面的逻辑是传统乡村社会结构、社会组织的瓦解（图6-1-2）。人口流失、耕地撂荒直接的结果就是农业收缩（图6-1-3）。衰而未亡型乡村的工业基础极其薄弱，很多村落都没有工业产业，即使有也多是村办的低效益、高污染的小企业；也有的是城镇转移污染企业，这些企业在强调新兴、高效、生态文明建设的今天面临着被淘汰或转型的命运。

乡村"物理"层面的收缩，也必然导致"精神"层面的萎缩。在经济快速发展的今天，乡民可以借助发达的交通系统、互联网技术全面地接触外界的各种文化形态。在城乡融合发展中，乡民尤其是年轻一代普遍对家乡文化产生自卑心理，他们在全面学习接受现代文明的同时，放弃对传统文化的承袭，甚至刻意掩盖自己的乡村痕迹。近些年只有资源特有型乡村的传统文化才能获得高度认可与评价。在各界共同努力下，很多村落传统文化得以实现由资源价值转向经济价值的转变，因此文化传承效果较好。但在衰而未亡型乡村却是另外一幅景象，年轻一代普遍放弃对传统文化的传承，对乡情、乡愁也越来越冷漠，家园感不断缺失。乡土中国阶段建立的价值观走向瓦解。2005年国家在新农村建设中就提出"乡风文明"建设的目标，但传统文化仍然不可避免地走向衰落，走向断裂，新的社会主义乡村化体系却还未建立，乡村精神文化整体呈现收缩状态。

图6-1-2　收缩后的乡村（图片来源：作者自摄）

弃耕的农田　　　　　　　　　　　　荒芜的农田

图6-1-3　弃耕、荒芜的农田（图片来源：作者自摄）

（二）不确定性

衰而未亡型乡村占据着中国乡村的绝大多数，广泛地分布于全国各地。这些村落从当下状态看，普遍是面临衰落却并未消亡，但是从发展的角度看，随着国家陆续提出新农村建设、美丽乡村建设、田园综合体建设、特色小镇建设、乡村旅游、乡村振兴战略等一系列国家政策，使中国由侧重城镇化发展转向城乡融合发展，中国的社会结构也由"乡土中国"转向"城乡中国"。在此背景下，衰而未亡型乡村的未来走向具有多种不确定性，可能走向复兴，也可能直接消亡，还可能继续"苟延残喘"。

在国家及社会各界不遗余力的努力下，一部分村落将走向与城郊乡村、资源特有型乡村相似的道路。在未来城乡交通快捷，"出行阈值"增大，在人工智能对劳动力的解放下，人们对良好乡村人居空间的需求越来越强，城市的郊区范围也不断扩展。衰而未亡型的一些乡村可能迎来了再次发展的机会。一些村落本来有着特色的文化资源，但在城镇化中消失殆尽，但也可能在城乡融合发展的深入阶段通过"文化重建"，实现复兴。一些乡村可能拥有潜在的区位优势，被新乡贤选中进行投资建设，如田园综合的兴起就是一群有情怀的新乡贤尝试着解决中国乡村衰落问题而探索的道路。还有就是在乡村发展各种生态产业、文化产业、新兴产业等。比如2017年10月10日农业部办公厅发布了《关于开展农业特色互联网小镇建设试点的指导意见》中就明确："力争到2020年，在全国范围内试点建设、认定一批产业支撑好、体制机制灵活、人文气息浓厚、生态环境优美、信息化程度高、多种功能叠加、具有持续运营能力的农业特色互联网小镇。"从《意见》看出国家积极地在乡村发展立足农业的新兴产业，通过建设农业特色的互联网小镇，实现传统农业向着数据经济的转型。通过国家的统筹规划，将类似的新产业有条件地植入到衰而未亡型乡村中，既为新产业提供廉价的土地空间，也能为当地带来充足的就业岗位。村民可以就近就业，甚至外出打工者回乡就业。

通过国家、社会各界的努力，未来衰而未亡型乡村大多数将会以不同形式实现二次发展。但也有一部分未能及时把握国家发展乡村的惠民政策，产业转型失败、缺乏有力的领导，未能实现乡村振兴。这样的村落在偏远地区存在概率较大，因为这些区域的人民文化水平普遍偏低，很难在现代社会中找到好的谋生之路，只能低效率地重复原有的生产生活方式，靠着国家的扶贫政策延续着；相反，在一些区域不太好，但这里的人民有一定文化水平，见过世面，可区域整体发展环境不理想，在家乡发展无望时，他们便携家人离开故土到新的地方如中心村、乡村产业园、城镇甚至跨区域谋生。慢慢地这些村落也将变得荒芜，这在中国多数地区的乡村屡见不鲜，并非个例。

第二节 "衰而未亡型"乡村的"精明收缩"

针对当下衰而未亡型乡村的收缩性，以及不确定的未来多种发展可能，我们认为精明收缩理论与衰而未亡型乡村是有着高度的契合度。通过精明收缩理论对衰而未亡型乡村建设的的指导,有望实现当前的被动衰退向着主动收缩转变,进而实现收缩式发展。

一、"精明收缩"理论的解读

"精明收缩"理论可追溯至德国学者豪伯曼和西贝尔面对德国城镇不断衰败的反思,于1988年提出的"收缩城市",指受去工业化、郊区化、老龄化以及政治体制转轨等影响因素而出现的城市人口流失乃至局部地区空心化现象。[1]2002年弗兰克·波珀教授和其夫人将"精明收缩"理论定义为"更少的规划——更少的人、更少的建筑、更少的土地利用"[2]。在国外"精明收缩"已取得丰硕成果,但在国内近几年才成为学界关注的热点,而且主要集中于对我国收缩城市的研究。最早是对精明收缩理论的源流、国外应用实践、精明收缩的规划策略以及对中国城市,尤其是资源型城市的借鉴意义[3][4]。更多学者探讨如何实现城市的精明收缩策略,如通过整合低效用地空间、优化公共空间等。2019年4月8日国家发改委发布《2019年新型城镇化建设重点任务》,在我国官方文件首次提出"收缩型城市",预示着学术界热议的"精明收缩"理论将成为政界的议题。自改革开放以来,我国的城镇以扩张型为主,但实际上在发展过程中很多城市出现空心化现象,"鬼城"频出。因此发改委从"精明收缩"视角提出要对收缩型城市瘦身强体,转变传统的增量规划思维,转向存量规划或者减量规划。

学界和政界高瞻远瞩提出"收缩型城市"概念,是实现城市可持续发展的宏观要求。但我国的城镇化发展还有较大空间,总体趋向增量发展,在短期内对乡村居民仍然具有非常强的吸引力,城市的用地需求还在扩张,人口也在不断增加。相比较,中国的乡村除了区位好、资源丰富的一部分正走向增量发展,绝大多数的村落正在或者已经在人口、产业、空间需求等方面全面收缩,空心村已经成为乡村的普遍现象。我国的乡村衰败程度远远高于城市的局部空心化现象。"精明收缩"能用于解决城市衰败问题,那么也可用于乡村衰败问题。相比较而言,乡村的精明收缩比城市更为适宜,更为迫切。自从乡村振兴战略实施后,乡村的收缩问题也受到一部分规划设计人士的重视。有学者对农

---

[1] 闫桂花. 发改委首提"收缩型城市",哪些城市在收缩?[N]. 界面新闻,2019-4-10.
[2] POPPER·FJ. small can be beautiful [J]. Planning,2002:20-23.
[3] 黄鹤. 精明收缩:应对城市衰退的规划策略及其在美国的实践 [J]. 城市与区域规划研究,2017(2):164-175.
[4] 张明斗,曲峻熙. 国外城市收缩的背景、动因及经验启示 [J]. 北京规划建设,2018.

村人口和人居空间的变化进行概念界定和量化分析，针对已有问题，在理论上为农村人居空间"精明收缩"立论，并给出了适合乡村的定义："精明收缩，是指在农村人口和劳动力实质性减少、农村生产组织方式相应改变的条件下，农村人居资源合理退出和优化重组这样一种人居空间发展状态，旨在使个体和社会整体福利都能得到有效提升。"① 有学者基于乡村收缩的现状"探讨一种城镇特色化、村庄社区化、产村单元化、生态景观化的"小"镇、"大"村式镇村发展模式"②。"针对山村居民点规划存在的问题，以精明收缩理论为指导，以发展为导向，从村民的真实需求出发，构建多规协调的系统性规划方法体系，同时通过精细化的实施机制设计，保障规划有效实施，从而助推山地乡村居民点的主动收缩，实现乡村系统的可持续发展"③。也有专门针对农村居民点空间布局优化的精明收缩研究④。总体看来，目前国内精明收缩理论研究与应用实践主要集中于部分城市，而且已经得到国家的重视，在乡村已经有学者开始相关理论探讨，还处于起步探索阶段。根据精明收缩理论，国内的"田园综合体"建设可以视为精明收缩理论在乡村的实践探索，但总体上乡村精明收缩实践主要还是从国内外收缩城市中总结经验。

因此我们应该将"精明收缩"理论运用于解决中国乡村人口流失、文化凋敝、经济衰退、空间无序发展、环境恶化等问题，并在运用实践中探索适合于中国城乡的"精明收缩"理论，即实现"中国化"。乡村的收缩不是量的减少，而是让不适宜的"量"减少，以换取优质"量"的增加，最终得以谋求乡村的再度发展。比如对于优化超量宅基地、无序建房乱占耕地、土地撂荒，减少甚至淘汰低效益、高能耗、重污染的产业，拓展新兴产业、增加各类公共服务设施，挖掘优秀传统文化等。基于以上分析，我们可以从城乡衰败问题切入，阐述"精明收缩"的概念。在发展过程中，城市与乡村在局部或大部分地区不可避免地存在衰败现象，比如人口减少、产业凋敝、空间收缩等问题，为了避免城乡的持续衰败，立足于收缩的现实，比如通过对城乡资源的优化配置，淘汰一些不合时宜的资源以换取新的增长点，从而提升区域发展效益，实现"收缩中谋发展"的新局面。

---

① 赵民，游猎，陈晨. 论农村人居空间的"精明收缩"导向和规划策略[J]. 城市规划，2015（7）.
② 李彦群，耿虹，高鹏. "精明收缩"导向下新型镇村发展模式探讨——以武汉汪集街为例[J]. 小城镇建设，2018.（4）.
③ 周洋岑，罗震东，耿磊. 基于"精明收缩"的山地乡村居民点集聚规划——以湖北省宜昌市龙泉镇为例[J]. 规划师，2016（6）.
④ 杨念慈. 基于精明收缩的农村居民点空间布局优化研究[D]. 长沙：湖南师范大学，2017.

二、"衰而未亡型"乡村"精明收缩"的预期目标

曾有学者通过对农村人口和人居空间变化的量化研究,认为理论上"精明收缩"在乡村人居空间中是可以立论的[①]。从精明收缩理论在城市衰败中的实践应用来看,我国乡村面临的问题与收缩城市面临的问题十分相似。作为中国当前乡村衰败问题的集中代表,衰而未亡型乡村通过精明收缩有望实现控制村落建设用地,提高土地的集约化利用,合理调配资源,提升人居质量,焕发乡村活力。

(一)精明收缩建设用地

乡村建设用地包括宅基地、经营性用地、公益性公共设施用地。其中我国宅基地有2亿亩,占乡村建设总用地量的绝对比例,而且宅基地关乎每一户乡民的切身利益。因此对以宅基地为核心的乡村建设用地改革颇为复杂,极为重要。

我国乡村集体成员单独分户后,如需宅基地建房,可以集体成员身份免费申请获取。但是在我国乡村获取宅基地之后,即使已经销户或者户口迁出,但宅基地上的房屋具有的所有权、用益物权与宅基地捆绑,宅基地很难退出。还有乡村虽然有大量人口进城打工,甚至定居城市,但是他们很多户口仍然留在乡村,即使所得收入完全在城市中获得,他们的合法身份仍然是村集体成员。他们有权利单独申请户口,有权利申请宅基地,因为没有成本,所以即使外出就业的村民,也普遍不愿意放弃宅基地权利。而且他们可以合法继承父辈的房屋,实质上占有父辈的宅基地,这自然就出现了实际上的"一户多宅"的情况。他们在城市普遍获得较丰厚的收入,而且受中国传统"落叶归根"思想的影响,或者父母在乡下,很多人经济上有了结余往往回乡建房。这自然就形成了乡村人口不断流失,以宅基地为主的建设用地却在不断增加,房子也在不断营建,表现为"假繁荣,真空心"的矛盾现象。另外由于城乡二元制度限制,农民的房屋没有产权,不能转让、抵押。大量房屋资产闲置是对土地的极大浪费。"农村居民点闲置用地面积达3000万亩左右,相当于现有城镇用地规模的1/4,低效用地达9000万亩以上,相当于现有城镇用地规模的3/4"[②]。因此从规划设计的角度,通过对村中真实人口规模的预测,确定适宜的建设用地,并明确范围,范围之外视为违章建筑,禁止村民私自乱建,禁止随意占用耕地建房(图6-2-1)。

---

① 赵民,游猎,陈晨. 论农村人居空间的"精明收缩"导向和规划策略[J]. 城市规划,2015(7).
② 林峰等. 乡村振兴战略规划与实施[M]. 北京:中国农业出版社,2018:136.

图6-2-1 随意占用耕地建房（图片来源：作者自摄）

针对宅基地扩张问题，精明收缩提倡根据真实、必要的需求来确定建设用地，并从总量上进行把控，确定范围，避免无序扩张，精明地使用范围之内的宅基地。

（二）提高农业用地精明整合

农业用地主要指从事农业生产的土地，包括耕地、牧地、林地、服务于农业的水域、服务于农业的设备用地等。农业用地是保障国家粮食的根基，因此农业用地有严格的管控措施，国家明确严守耕地红线，禁止随意私自将农业用地转为其他用途。改革开放后，分产到户，为了平衡土地质量的好坏，土地都被划分成零碎小块，这种土地形态非常适合以小农户为主的精耕细作农业。但是随着人口收缩，尤其是年轻人放弃农业生产。随着年长者老去，无力耕作，农业用地撂荒成了常态。土地流转是当前优化乡村农业用地最有效，也符合实际的做法。截至2016年，全国2.3亿农户中有超过七千万户进行了土地流转，而在东部沿海发达地区有半数农户进行土地流转。通过流转，零碎分散的小块土地进行精明整合，形成规模化、集约化的土地形态，可在"大块土地"上进行规模化的种养业或其他产业（图6-2-2），形成农业企业、农业合作社、新型农庄、家庭农场等农业主体。这种新的农业形态依托现代化的种养技术只需较少的人就可完成，传统以农民为主的经营主体正在发生改变。新的农业主体通过雇佣村中留守人员补充所需人员，即实现了对土地的精明整合，也解决了当地留守人员的就业问题，甚至吸引外出务工者返乡就业。可见土地流转对于盘活

图6-2-2 精明整合耕地（图片来源：作者自摄）

农业用地、带动当地发展具有重要意义。

（三）居民点资源合理整合

对于衰而未亡型乡村，人口流失、房屋空置，房屋的使用频率被稀释。同时由于乡村固有的分散性以及当下"空心化"问题越来越严重，造成资源利用率低下，许多基础设施配置长期无人、少人使用，缺乏维护管理，自然损毁加剧，不少设施闲置不用，直至荒废。同时由于人口的限制，很多基础设施达不到基本的配置门槛，导致缺乏基本的基础设施。衰而未亡型乡村中教育资源的浪费最先表现出来。在农一代和农二代交替阶段（主要是2010—2013之间）这一问题凸显出来。主要原因是"80后"这一代普遍到了适婚年龄，但是由于结婚成本增加、男女比例失调等原因，导致结婚年龄普遍延后，甚至很多农村男性无法娶到老婆。致使在这个阶段出现了生育空挡。在出生婴儿非常少的情况下，一些家庭条件好的通常把孩子送至城镇就学。一边是出生的少，一边是流出多，自然就出现教师比学生多的反转局面。笔者曾经调研了云南省泸西县白水镇善导村委会下的四个自然村的教育资源使用情况。四个自然村分别是善导村、平山村、法土村、西租村。20世纪90年代和21世纪头十年是上学高峰，但到了2010年，上学孩童人数急剧减少。就出现了一个班只有几个学生，一个学校十几个学生的尴尬局面，造成包括教师、教学设备、教学场地的极大浪费。在国家"撤校并点"政策的引导下，2016年四个自然村的学生全部合并到善导村。这一现象在中国广大衰而未亡型乡村已是非常普遍的现象。"撤校并点"是基于适龄入学儿童锐减在乡村教学资源精明收缩的表现，也是"撤村并点"的先兆。

随着衰而未亡型乡村人口的整体锐减，人口较少的居民点并入到人口相对集中、生态环境好、有产业支撑的村落，形成中心村模式，并通过集群发展，提高资源的利用率，完善土地空间集约化程度。

（四）优化基础服务设施

中国乡村自古以来是在乡绅主导下的自组织系统，乡村的一些基础设施，如水井、广场、祠堂、书院、庙宇、小桥、水渠、入口牌坊、道路等由村民共同筹资营建。但是进入"城乡中国"之后，乡村传统自组织系统瓦解，以基层村委会为主要的组织系统还未能很好地担负起乡村基层设施的建设。随着人口的流失，尤其是农二代大多选择进城工作，乡村的集体意识越来越淡薄，村委会动员组织村民参与公益性的基础设施建设越来越困难：一是村中青壮年少；二是人们对公益性活动越来越冷漠；三是基础设施建设需要大量资金，对于大部分村民而言是有困难的；四是心理不平衡，一些在外工作者觉得自己很少使用基础服务设施，不愿意分担相应费用。这些原因导致乡村基础服务设施的优化已经不能完全依靠村集体，而是要谋求政府、企业及社会各界的支持。

在当下，乡村基础服务设施建设以政府提供为主，社会提供为辅。主要内容为修建道路、水渠、排污管道、垃圾站、路灯、村委会、文化站、卫生所、文化广场等。这基本是按标准照统一规划设计的，这种标准化的建设有其优点，但对于衰而未亡型乡村并不是一种精明的做法。因为没有很好结合衰而未亡型乡村最大的需求进行。衰而未亡型乡村人口构成由早期的"哑铃"型（以留守老人、儿童及残疾人为主）到现在的"倒金字塔"型，即老龄化人口最多，青壮年次之，未成年最少，其中青壮年主要因为一部分无力在城镇谋生，一部分返乡创业、返乡就业等原因增加了占比。未成年最少是因为出生儿童少，以及乡村教育资源的极度匮乏所致，村民只要具备一定经济条件都会想尽办法把孩子送到城镇就学。这样的人口结构一方面让乡村背负着承重的负担——负重前行，另一方面作为未来希望的儿童普遍缺失——后继无力。但当前的基础设施没有在这两个方面很好体现，而且一些设施并不是必须的，至少不是当前必须的。因此通过精明收缩，可促进基础服务设施的优化配置。

"精明"也体现在针对衰而未亡型乡村的老龄化问题、未成年教育问题上。"收缩"主要体现在对一些功能空间的优化合并，不是乡村必须的基础设施可以暂缓建设或舍弃，将相应资金用于真正需求的方面。比如行政村的卫生所、文化站、村委会、文化广场、体育健身设施合为一处，既便于使用，也节省空间。大批量的路灯、绿道以及消防管道等对于这类乡村似乎不太实用，主要还是村民难以承受维护管理费用，也并没看作是必须品。

第三节 "衰而未亡型"乡村的设计策略

衰而未亡型乡村的收缩是包括人口收缩、产业收缩、空间需求收缩、文化收缩，涵盖了"物理"层面和"精神"层面的收缩。在当下，急需采取对应策略以实现人口在城乡之间自由流动，推进产业的精明配置，实现空间资源的优化重组，促进新时代乡风文明的精明重构。

一、产业精明配置规划策略

人口的流动与经济导向呈正相关，经济在哪里崛起，人口就在哪里集聚，而经济的繁荣与否则是由产业的性质决定的。因此乡村产业的精明配置是乡村经济繁荣的核心，是制约乡村人口流动的关键因素。

（一）乡村产业精明配置的前提

人类进入工业文明时代后，因为城市拥有先进的科学技术、优秀的人才、充裕的资金、适合产业发展的环境等，各种产业要素集聚城市。乡村人口也随着城市产业的发展而集聚到城市。城市有着完善的基础设施和公共服务设施，能为城市人群提供良好的发展空间，也能为后代提供好的成长环境。这本身就是产业在城乡之间精明配置的表现，人口流向城市也是精明的选择。可以说这是人类发展规律。中国改革开放后四十余年快速城镇化也是遵循这一规律，同时中国受城乡二元户籍制度的深刻影响，城市扩张发展，乡村走向衰败，城乡二元化特征极为显著，在产业上也呈现城乡二元分布。在今天国家高度重视乡村振兴，尤其产业振兴，于是乎在社会各界出现了将一些城市产业转移至乡村的观点。在乡村规划设计中，如果持这样的观点对产业本身以及乡村的发展是有风险的，是不精明的产业配置做法，需要高度警惕。城乡产业的势差是资源优化配置的结果，是市场的选择。中国衰而未亡型乡村产业的精明配置首先要在遵循这一规律的前提下进行。

面对当下乡村衰败，很多观点都认为乡村人口流失是关键，认为如果乡民不走，乡村就不会衰亡，就不会有今天面临的各种问题。这样的观点仅看到表面现象，有"因噎废食"的嫌疑。往大了说，是没有从中国城乡发展、人类社会发展的规律来看；从小处看，是没有站在乡民的角度思考，即缺乏"主位"的视角。实际上乡村人口流向城市也是社会进步的标志，不能因为乡村衰败而限制人口迁出；相反应该鼓励乡民进城，这是乡村精明发展的需要。因为乡村居民减少，更利于乡村土地资源的整合，更有助于各种矛盾的化解，利益主体减少后，更有利于统筹规划有乡村特点的产业。乡村土地是以户为单位划分为零星小块，承包权分散。从事过乡村土地征收、土地流转工作的人都知道，要想将土地整合，就得面对众多分散的土地承包主体。他们对自己土地价值各有看法，经常会出现"狮子大张口"的情况，工作难以顺利推进是常见之事，很多好的规划设计因土地整合不力而流产。

当下不少研究学者呼吁留住乡村人口，实际上是缺乏对乡村实际深入调查的"书斋"式研究，不但会引导舆论走向误区，甚至还会误导政策的制定。

从世界范围来看，很多国家的乡村地广人稀，但是未必衰落，人口减少更有利于发展现代化、机械化的种养业，走规模化经济发展之路。所以我们不能仅仅看到当前一些乡村破败现象就"痛心疾首""无病呻吟"，应该以发展的眼光来看待我国乡村衰败问题。而且从乡村居民本身诉求来看，他们想获得更多收益，获得更好的服务，进城或许是当下比较理想的选择。

但是在继续鼓励乡村居民进城的同时，要从城乡两个角度考虑保障他们的相关利益。从城市端看，农民进城普遍不能与城市居民在医疗、养老、孩子教育等享受相等的城市基本公共服务。因此，城市不仅要考虑进城农民的就业问题，同时在社会保障制度与政策方面要努力实现城乡一体。保障进城农民能够在城市中安居乐业，与城市居民一样能享受各种福利。在乡村端，政府要加紧完善乡村建设用地、农业用地土地流转制度，完善土地、房屋交易政策，保障农民在乡村的耕地、宅基地、房屋等方面的利益，促进村民有序地退出农村。

总之，我们在进行乡村产业精明配置规划前，要承认并遵循城乡产业存在的势差，鼓励乡村居民进城工作，从发展的角度看，非但不会让乡村衰亡，相反是为乡村发展塑身、减负，能有效减少乡村土地整合过程中的障碍，是乡村在人口收缩的背景下走精明发展之路的前提条件，也可以说是乡村人口精明收缩的要求。

（二）乡村产业的精明优化配置

乡村居民普遍愿意进城工作主要是城市的工作机会很多，能很好解决他们的生计来源，而乡村除了传统的农业外，非农产业极少。如果乡村有好的就业机会，村民主观上是不愿意进城就业的。因此可以得出乡村产业发展提供的就业岗位多寡、优劣是留住村民、吸引村民返乡的关键点。城郊乡村依托城市巨大的消费市场，可走"城乡互构"之路，资源特有型乡村依托特有资源可取"农旅联动"之策。那么什么样的产业适合衰而未亡型乡村、衰而未亡型乡村应该走什么样的道路？我们认为乡村产业一定要因地制宜，要从乡村现有资源上生发出来，并且走产业精明优化配置之路。

衰而未亡型乡村本身的产业结构与"乡土中国"无异，即以农业产业为主，以养殖、手工业为辅，但由于打工经济所得收入远远高于传统产业，因此传统产业成了"鸡肋"，放弃觉得可惜，不放弃效益又极低。当前从事传统农业的主要是年长者和第一代农民工，他们的"挨饿"经历让他们非常看重土地，而且他们本身也没有太多的谋生技能，他们最擅长的就是种养业。农二代及其之后的农民主观上不愿意从事传统农业。如果乡村传统产业不进行转型优化，那么我们即将面临农一代老去乃至逝去，谁来从事农业生产的问题，没有人从事农业中国的粮食安全就无法保障。因此乡村产业结构的精明转型优化已到了关键时刻。

从产业主体及生产方式看，分散的小农户种植是高投入、低产出，严重束缚劳动力，已不适应现代化农业需求。以农业合作社为主体，可迅速整合零散土地，充分发挥现代机械化的耕作方式，发展低投入、高产出的集约化现代农业，这种现代农业模式可将大批农业人员解放出来，他们既可以享受合作社分红，又可作为合作社的员工领取工资，还可外出从事其他工作，再获取一份收入。传统的种养业市场竞争力弱，往往卖不到好价钱，因此谋求差异化的新兴种养业成为可取之路，如种植各类水果、蔬菜、花卉、盆景等。在种养产业的基础上衍生出相关的第二产业，形成农业与非农产业并存格局。衰而未亡型乡村缺少高价值的资源，种养业往往规模化生产，趋向同质性，景观价值不高，发展旅游的可能性也不会太大，相关服务产业也难以发展起来。

从产业类型看，衰而未亡型乡村以第一产业的种养业为主。以农产品加工为主发展起来的第二产业往往不会设置在农产地，而是建在区域之内的"产业园区"。"产业园区"是服务于区域之内的若干村、镇的多种产业。因此从乡村内部的土地用途来看，产业建设用地是很有限的，主要是生产用地，而生产产品是以种植、养殖为主,本身具有生态属性。因此,衰而未亡型乡村精明优化的产业同时也具有生产空间与生态空间的特征。如果种养业的内容比较独特,并且规模较大,往往形成大区域内的一个独特农业景观。这时种养业不但具有经济价值,而且还附加了观赏价值。

(三)产业精明配置案例:泸西县四村产业

1. 四村产业介绍

笔者对云南省泸西县的益谷村、山白村、大吾伯村、爵册村的产业进行考察后,系统梳理、剖析了其产业的精明优化配置情况。在2000年前泸西县下辖的乡村基本是"乡土中国"的风貌,传统民居、传统农业、传统文化保存完好,如果延续到今天按照中国传统村落的评价标准很多都能列入名录。但是2000年后,这里的村民纷纷外出打工,挣到钱回家拆房建新,村民以建新房为荣耀。到2010年,村中传统民居已不多见,传统文化趋于瓦解。农二代长大成人,但普遍不愿意种地,纷纷离乡打工,村落人口急剧减少。这里的乡村同全国绝大多数一样演变为"衰而未亡型"。2010年后,土地撂荒严重。2016年后政府在这里推行土地流转,政府对外实行优惠招商引资政策,从江浙一带引入投资团队发展规模化种植业。这里是相对平坦的坝子,光照充足,降水丰富,四季温差不大,非常适合发展种植业。大吾伯村和爵册村之间的平坦耕地原本是众多小农户的承包地,很多撂荒,部分种植水稻,效益低下。在政府的主导下,通过土地流转,将分散的土地整合为一整块,政府出资修建农业需要的道路、水渠等基本设施。在此基础上引进企业,发展现代化的蔬菜种植业。蔬菜种植业很快发展起来,远销全国各地,一度成为G20峰会的蔬菜供应基地。山白村和爵册村的规模化蔬菜种植业对当地产业发展产生了重要影响(图6-3-1、图6-3-2)。

在益谷村前有河流流过,上下又串起若干村落,形成山间小坝子的聚落带,这里水资源丰富,地势整体平坦,略有坡度,热量充足。这里曾经以种水稻和烟草为主,农业发达,曾被列为烤烟示范基地。益谷村在2007年就被列为新农村建设示范点,当时的做法主要是对房屋外墙体统一刷白,道路采用水泥硬化,公共建筑(当地称为公房)以轻型钢结构和彩钢板草率建成。在这一波新农村建设浪潮中该村的传统风貌基本破坏,传统民居多被新式建筑替代。随着进城打工的村民越来越多,农业也走向了衰败。为了不至于良田荒芜,村民纷纷种上果树。由于青壮年缺乏,管理不善,果树业效益低下。村落农业整体走向衰落,但是建设用地不断增加,建筑业十分繁荣,解决了部分剩余劳动力

图6-3-1 山白村蔬菜种植业（图片来源：作者自摄）

图6-3-2 益谷村的花卉种植业（图片来源：作者自摄）

的就业问题。2016年这里的农业迎来了发展的转机。江浙沪的企业到此考察，认为这里的地理气候十分适合多肉植被的生长。起初仅是在益谷村前流转了一片土地进行实验，实验后收效非常显著。之后在政府的引导下，进行了大规模的土地流转，以至于益谷村的土地不能满足需求，将流转的范围扩展至山白村。2018—2019年陆续有东部沿海的商人到此考察投资，极大地盘活了当地土地，带动了当地就业，促进了地方经济发展。

2. 四村产业分析

以上泸西县的益谷村、山白村、大吾伯村、爵册村等四村的演变轨迹基本能够说明"衰而未亡型"乡村是如何形成。历史上这四个村所处区域是彝、汉、苗、壮、多民族聚居区，其村落传统文化融多民族文化于一体，村落风貌与建筑形制主要体现为彝汉融合特征，产业主要是传统的种养业，特色十分明显。但在城镇化与新农村建设过程中，这些村落逐渐失去了特色，随着青壮年人口的收缩，村落整体走向了衰落。得益于良好的机遇，在经历短暂的衰败期后，依托独特的地理气候资源，这一区域吸引了不少外地投资者的到来。在政府引导下，实现土地流转，盘活当地的部分闲置土地，通过产业的精明配置逐渐带动当地乡村由衰转盛。但也存在不足。首先是实现农业产业的优化升级，规模化、现代化的蔬菜、多肉种植有很高的经济回报价值，这在以前是未曾有过的。以前这里主要种植水稻、烟草、洋芋、玉米等，随着打工经济崛起，传统产业效益低下，只有少数农户因为缺乏进城谋生技能，还勉强延续着。其次盘活撂荒土地。规模化的蔬菜、多肉种植业让撂荒的土地获得了生机，而且使农民获得了一笔土地流转费用，最后还是很好地解决了当地就业问题。进城谋生的主体以年轻人为主，留守村落的主要是无技能的年长者，尤以妇女居多。蔬菜、多肉基地需要大量重复简单工作的劳动力，这非常适合附近村落的留守人员的实际，很多五六十岁的年长者，尤其是妇女，她们怎么也想不到，在家门口就能挣工资，而且是她们所擅长的。这不仅解决了留守人员的就业问题，还吸引了一些年轻人回乡就业。通过访谈得知，如果没有孩子的教育问题，很多村民会优先选择回乡就业。因为对于没有高学历、高技能的村民而言，在城市与乡村就业所得差别不大，相反，在家乡就业生活成本低，工资收入大部分可以存下来，对年轻人还是颇具吸引力的。其实有优点也有不足。首先是土地流转的范围有限，以上四村的产业精明配置是在市场的供需推动下发生的。这里特有的地理气候是实现产业精明优化的关键。因此该模式受地域限制，很难广泛推广，只能"一区一特色"。市场的逐利性，在四村土地流转过程中，投资方只选择了区位最好的土地，据山白村村长估计产业基地平均占不到每个村落总耕地的1/10。还有很多坡地、洼地、远离河流的平地都没有纳入流转范围，这是市场自由选择的结果。但是从这两年的情况看，撂荒的土地大规模减少，因为吸引了一些年轻人回乡，他们做了三件事：一是进入种植园区就业；二是参与自家农业种植，年轻人花一点时间承担了农业生产中的重体力活，其他轻巧的农事主要由父母完成；三是一些年轻人看到了老龄化后农业分工带来的商机。在以前刨地、播种、收割需要很多人协作才能完成。他们抓住商机购买了专门的犁地机、播种机、收割机专门承担刨地、播种、收割工作；四是一些年轻人掌握了多肉培植的技术，在自家屋里小规模培植，主要是本地销售，而基地中的多肉主要是销往国外大市场，本身并没有竞争关系，但对于小农户而言，这是一笔不菲的收入。总体看来，土地流转范围虽然有限，但是在市场的自由配置下，实现了经济自我激活，呈现出"以点撬面"效应（图6-3-3）。

上述诸多案例辐射到了诸多层面，看似与本专业关联性不强，实际上对于环境设计介入乡村产业很具有启发性，对乡村研究绝对不可只聚焦在环境设计就事论事的技术层面上。作为跨学科、多维度、交叉性很强的环境设计，必然会涉及社会学、经济学、民族学、生态学等相关学科的支持和滋养，需要我们以宏观、整体的视野审视乡村，才能更有效地发现乡村的深层次问题。

自从乡村振兴战略提出后，习近平总书记提出包括产业振兴在内的五个振兴，社会各界已达成共识，没有乡村的产业振兴，乡村振兴将成为一句口号。

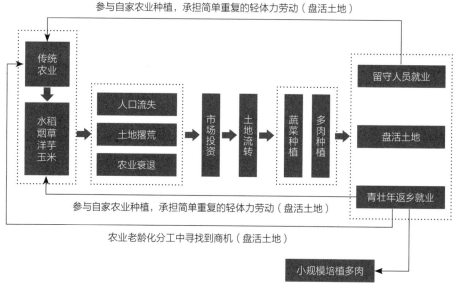

图6-3-3　泸西四村产业精明配置模式（图片来源：作者整理，岳梓豪绘制）

回过头来看，从美丽乡村建设到后来的特色小镇建设，都将产业规划作为重要内容，但好像主要还是以发展旅游地产、旅游业为主，更多的是资本运作，村民获利很是有限。而且这些项目选址主要是区位条件较好、拥有特色资源的乡村，对于偏远衰而未亡型乡村涉及不多，效果不佳。相反在泸西县四个衰而未亡型乡村，既没有国家大额资金支持，也没有享受国家特别的惠农政策，仅由地方政府提供力所能及的引导；既没有专业的设计团队大绘蓝图，也没有专家学者传经送宝，但确实盘活了闲置土地，吸引外出打工回流，带动了地方经济发展。

这些案例告诉我们，在环境设计中，对于衰而未亡型乡村的发展首先要找准"供需"的精准结合点。案例中的地理气候适合发展蔬菜、多肉种植，这是能提供的核心资源，能满足投资方的需求。我们现在的很多产业规划就是"拍脑袋"，缺乏从"供需"方进行落地思考；其次产业配置在于"精""准"，不在于多，当前很多乡村产业规划都是互相借鉴，罗列一堆不相关产业，看上去很"热闹"，实际上一个区域精准做好一个产业就能带动片区整体发展；最后专业的设计团队介入衰而未亡型乡村进行产业规划的实践非常少，并没有太多可借鉴案例，所以环境专业设计也需要积极向"市场自发下的产业精明优化配置"的成功案例学习。

二、居民点精明优化设计策略

在城镇化过程中，乡村的居民点收缩问题表现最为直接。人口收缩导致居民点空心化严重，社区组织走向瓦解，基础设施和公共服务设施人均使用率较低。从当下乡村居民点的收缩情况看，分为两种类型。一种是村落规模较大，虽然人口、产业、空间都在收缩，但是留守的绝对人口数仍然较多。这样的居民点只能从内部进行精明收缩。一种是片区内的村落规模都不大，每个村落留守人口不多。这样的村落就得从区域范围进行宏观规划，进行居民点合并，可以是合并到某一个综合区位较好居民点中，也可以合并到新建的中心村。

（一）单个居民点精明优化设计

中国很多乡村拥有上百年，甚至上千年的历史，规模巨大、人口众多，尤其在人居环境优沃、经济普遍发达、宗族力量十分强大的东南、南方、西南这样的村落更多。在西南地区物产丰富、民族众多，这里的人民家乡意识十分强烈，常被戏称为"家乡宝"。虽然在高速城镇化中，人口、产业、空间不断收缩，但是很多村落还有绝对数量的人口在居住，村落建筑规模巨大，这样的居民点还有较高利用价值，是不适合整体拆除，更不适于合村并点，而是在现有收缩的现状上进行精明优化设计，以实现居民点空间、资源的高效使用。

首先，确立精明改造设计的意识。对于人口较多，具有较高利用价值的衰而未亡型乡村，根据现有的人口数量、建筑的分布密度、宅基地住房的使用强度、公共基础服务设施的使用率，以及人均建筑面积与未来人口预测等指标，进行精明的改造设计。这里强调两个关键词，一个是"精明"，一个是"改造"，前者是基于衰而未亡型乡村资源优化配置的考虑，后者要求在现有基础上进行，强调对现有空间的功能置换，寻求新的使用途径。但由于衰而未亡型乡村本身的价值有限，从目前来看，以专业的设计来指导更新改造实践数量少，层次低。更多的是开展专项改造，如危房改造、旧房改造、道路硬化、外立面美化等，有"头痛医头，脚痛医脚"的嫌疑，缺少对居民点整体空间统筹规划意识，更别说精明改造设计。

其次，宅基地建设用地的精明控制。在城镇化背景下，衰而未亡型乡村居民点人口是在不断地向往迁出的。村中的宅基地建设用地总需求是在减少的，但是新的需求仍然在增加。在当下城镇户口并没有解决进城农民的各种福利，相反农村户口能继承父母的土地，能申请宅基地，获得征地补偿等益处。所以现在包括大学生在内的进城人群普遍不愿意将户口迁入城镇。这一部分是造成宅基地浪费的主要人群。他们通常经济能力较强，在进城前有的有一处或几处宅子，他们中的一些即使在城镇已经购房定居，但"落叶归根""回乡养老""光宗耀祖"等传统思想的根深蒂固。他们要么寄钱给资助家乡亲人建房，要么直接带钱回去建房，因为这部分人经济实力强，他们的房子往往占地面积很大。因此我们首先要遏制此类不合理的增长需求，对于在外工作长期不在村中居住的人群，应严格把关宅基地申请，以及旧宅重建的审批。此外，当下乡村建房不合理占据公共空间、耕地现象十分严重。乡村往往有溪流、道路穿过，有晒场、广场、水塘等的公共空间，自传统组织系统瓦解后，村委会权威性不高，监管不力，村民的私有心膨胀，村民在建房时随意侵占公共空间，甚至演变为"竞争"行为，呈现出"多米诺骨牌效应"，导致恶性循环。现在每户基本都有硬化的庭院，打有私家专用的水井，以前满足村民公用的晒场、水塘的利用率急剧降低。以前村中河流主要满足生产生活使用，现在有了自来水、水井，功能性也大大降低，被倾倒的垃圾严重污染，直接降低了村落的整体景观效果，破坏了村落人居环境的生态质量，影响了村民居住的舒适度。一些村民认为村中宅基地面积小，建筑密度高、交通拥挤，视野局限，缺少舒适度，不愿意在宅基地范围内建房，进而无视耕地红线，无视国家土地制度。在调研中经常看到一些村落通往外面的主干道两侧的耕地中断续建有若干大房子，这些建筑通常是违章建筑，有的村民是缺乏相关法律意识，也有的明知故犯，无视政策法规，顶风作案。以上行为造成了宅基地的极大浪费，因此采取强有力措施遏制这类房屋建设的扩张成为当务之急，坚决拆除违规占用公共空间、耕地是实现精明收缩的重要举措。对无主房屋、有偿退出宅基地的房屋进行拆除，腾挪出的宅基地收归集体，可以再次分派给确实需要宅基地的农户，避免因缺宅基地违法占用耕地的情况，也可建设为村中的景观用地，也可就近低价租给临近的农户做菜圃。

可见，如果我们不清楚此类现象而盲目介入所谓乡村建设，纸上谈兵，环境设计是很难具有可持续性的。

第三，公共资源的合理集聚与转换。村中的公共资源主要包括医疗、卫生、教育、文化、信仰空间等。这些资源是村民生产生活中必不可少的，但存在维护管理成本与收益的关系。我们知道当聚落人口聚集到一定程度，为降低成本，就需要建设相应的公共空间资源。比如古代村中子弟较多，往往建专门的书院/私塾以满足子弟的求学需求，如果人少可能临近的若干村落共用一所书院。祠堂庙宇也是如此，大宗祠往往是同宗的若干临近村落共同所有，比如广东省佛山松塘村区氏九个里坊（村）共用一个祖祠。中华人民共和国成立之后，国家逐渐为乡村配置必需的医疗、教育、文化等资源。到21世纪初国家实施社会主义新农村建设，进一步完善公共资源配置，很多村落（主要还是行政村或镇）建设了文化站、村史馆、卫生所、文化广场、篮球场、乒乓球室、健身场地等，其中学校建设得越来越现代化。以上公共资源在当下的乡村振兴实践中仍然作为不可缺少的内容纳入设计范畴。正如上文分析的，大概以2010年为界，"80后"这一批出生的年龄处于20～30岁之间，他们很多选择进城谋生，普遍推迟结婚，乡村适学儿童的数量急剧下降，乡村的中青年和儿童进入"断崖式"的收缩期，中青年及儿童人数的锐减直接影响了公共资源的使用效率。近年笔者对珠三角地区的村落考察得知，村中使用频率最高的是祠堂、卫生所和健身场地，其他公共资源大部分时间处于闲置状态。这一现象在安徽、河北、山西、福建、云南、贵州的调研中也得到了普遍证实。其中闲置最严重的是教学资源，占地面积较大的校舍，大量闲置的教学设备、教学人员造成公共资源的极大浪费。针对这样的情况，在设计中有必要将资源合理集聚与转换，比如把可移动的教学资源合并到中心村，或者综合条件较好的临近村落。乡村学校空置的校舍和大面积的操场可以用来整合村中的各类公共资源，针对老龄化不可逆的趋势，大部分教室可改造为养老院或老年活动中心，一部分改作文化站、村史馆、卫生所、图书室等，闲置的操场改造为小型文化广场、健身场地等。尽可能把村民的各种公共活动集中到一个场所，既能提高使用率，也便于维护管理，更是对闲置资源的充分利用。至于其他一些公共空间，可以将用途改为宅基地，或者景观建设用地等。

以上各种举措，看似已满足了村民的休闲娱乐需求，但由于"衰而未亡"乡村空心化现象实在严重，除了健身场地偶尔有老人在那扭扭腰、活动一下筋骨外，其他场所门可罗雀。通过在安徽涡阳县乡村调研访谈时得知，乡镇政府有上级布置的"电影下乡"每年上百场硬性任务，但很少有人看，偶尔出现十个八个坐在银幕前算是不错了。

（二）多个居民点精明优化设计

衰而未亡是中国当下乡村普遍具有的特征。但是乡村衰败程度与地理气候环境、历史文化、城镇化率、经济发展状况等因素有密切关系，北方地区衰败更为严重，往往呈片区的整体衰败；而南方衰败程度相对较小，而且呈"斑块式"或"点状"的分布。以唐朝安史之乱为节点，中国的政治、经济、文化格局经历了由西往东、由北往南的转移。北方的地理气候环境相对恶劣，历史上多战乱，很少发展成为"世家大族"，经济普遍落后，因此北方的村落规模普遍较小，以杂姓聚居为主，多为寒门小户。改革开放之后，中国经济飞速发展，在市场经济的自由配置下，不仅城乡差距越拉越大，而且南北差距也越加显著。北方乡村的衰败是城乡差距与南北差距的叠加，现在北方不论城市还是乡村的很多年轻人纷纷南下广东、海南、广西、云南、贵州、四川等省份谋生。北方乡村衰败是区域性问题。因此精明设计主要立足于对多个居民点的合并。

第一，精明规划布局新居民点

传统乡村自然演化形成，缺乏区域统筹规划，选址受自然因素影响深刻，而今天村落的衰败主要是受社会因素的影响。我们以今天的视角来看传统居民点的整体分布会有"散乱""低效"之感。为了高效、精明利用土地空间资源，必须对低效衰败的居民点进行拆除，通过区域统筹规划确定新的居民点。但是目前国内从精明收缩探讨新居民点的规划设计不论是理论成果还是实践案例都比较少。周洋岑等学者针对山地乡村收缩认为"协调居民点集聚与空间布局调整、三次产业发展、基础设施建设的关系，形成以乡村可持续发展为目的、各规划相互协调一致的规划方法体系"（图6-3-4）[①]。以上方法统筹考虑了居民点的物质规划，还考虑到了居民的生计问题。通过对近些年国内的扶贫搬迁、移民搬迁工程的后续跟踪调查可知，迁入后的生计决定新居民点是否可持续发展。迁入后如果没有生计来源，新居民点很快走向衰败。因此前期的规划设计十分重要。为了尽可能实现居民点的精准规划，应该按小片分区进行，以乡镇行政区划进行易于操作。将新居民点布局选择纳入乡镇总体规划和乡镇土地利用总体规划之中。"从用地的布局紧凑程度、使用强度、投入强度等方面着手，探讨影响农村居民点用地利用效率的各类要素的评价方法，在此基础上构建科学合理的评价指标体系"[②]。依据评价体系对区域内现有各乡村居民点的用地进行科学评价，通过对比得出使用效率较高的若干村落，可以作为新居民点的备选。同时对乡镇内进行空间属性划分，比如是侧重于农业生产或是工业发展或是生态旅游或是临近交通等。居民点布局要尽可能地围绕有产业、交通进行布局，避免选址环境恶劣、交通不便之地，同时由于乡村振兴战略的实施，乡村可能会迎来返乡潮，有乡创投资、有回乡养老、有返乡就业等群体，需要对人

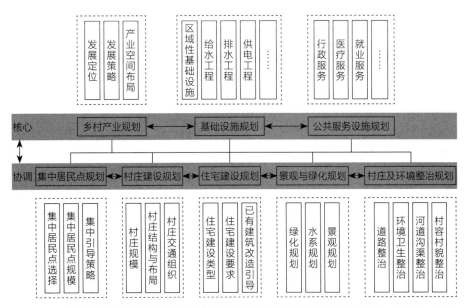

图6-3-4 基于"精明收缩"的系统性集聚规划方法体系框架图（图片来源：周洋岑，罗震东，耿磊. 基于"精明收缩"的山地乡村居民点集聚规划——以湖北省宜昌市龙泉镇为例[J]. 规划师，2016（6））

---

① 周洋岑，罗震东，耿磊. 基于"精明收缩"的山地乡村居民点集聚规划——以湖北省宜昌市龙泉镇为例[J]. 规划师，2016（6）.

② 许琴. 精明收缩下的农村居民点用地利用效率评价[C]. //中国城市规划学会、杭州市人民政府. 共享与品质——2018中国城市规划年会论文集（18乡村规划）. 2018：1843-1894.

口数量进行科学预测，对未来可能需要的生产空间、生态空间、生活空间进行充分估量。因此在规划中预留足够弹性空间指标，保障未来对用地空间的需求。

第二，精明设计新居民点建筑。原有居民点的建筑类型可分为两类，一类是传统的民居，通常是一层，使用空间狭小，内部采光较差，建筑质量普遍不高，但却是传统文化的载体。这类民居延续下来有两个原因：一是经济条件不足以支撑屋主拆旧建新，此情况是少数；二是被屋主直接遗弃，此情况为多数。第二类是新建民居，通常是多层小洋楼，这类建筑是在城镇化过程中村民外出打工返乡修建的。因为受到外地建筑形态的影响，建筑形制、立面装饰五花八门、争奇斗艳，所以整个建筑风格杂乱不堪，而且这类建筑宅基地面积往往大额超标。从整体布局看，国家长期对乡村监管不力，使得居民点的建筑整体布局无序混乱，造成宅基地的极大浪费，使得村落景观效果大打折扣；从村民意愿看，传统民居已被村民主动淘汰，新式小洋楼为村民所钟爱。因此对于居民点建筑的设计要基于精明使用宅基地、精明使用建设费用、综合考虑农民的实际用途，尊重村民的意愿，一定程度地保留传统建筑文化符号。在确定了新居民点选址后，从居民点建筑的布局以及单体建筑的占地面积进行精明控制。传统村落随形就势的布局虽然体现灵活多变与自然融合的特点，但在用地上往往缺乏精明性。因此，居民点建筑的布局以有序规划、精明用地为原则。不论对于当地政府、还是村民，本身财政能力有限，承受着较大经济压力，统筹规划、设计、施工，能够实现边际效益递增。建筑占地面积指标的确定非常关键，这是能否被乡民认可的关键环节。

在以往的新农村建设中，由政府统一规划、统一设计、统一建设的民居实用性不高，究其原因是对农村的实际需求调研不深。农村的家庭与城市"核心家庭"普遍不一样，很多是"主干家庭"和"联合家庭"，这样的家庭人口比较多。农村仍然是以农业生产为主，农作物、农具、农用车等需要相应晾晒、堆放、停放空间，往往需要建设庭院、仓库、车棚等附属用房。另外在房屋内需要堆放一些大尺度的物件，室内标高往往高于城市。基于对以上因素的考虑确定建筑的占地面积、建筑面积，建筑标高以及相应的车棚、仓库、庭院等附属建筑。建筑层数以2~3层为佳，既不突兀，也方便使用，比起平房能获得更多建筑面积。总之，对于衰而未亡型乡村新居民点建筑的设计与评价一定把实用、经济放在第一位。因此，在现阶段衰而未亡型乡村新居民点建筑要实现用地精明、费用精明、使用精明，就应该坚持统筹规划、经济实用的基本原则。

安徽亳州市谯城区十八里镇孙口中心村（也是行政村）的建设体现了用地精明、费用精明、使用精明的设计理念。安徽亳州位于北方，在城镇化中乡村整体走向衰败，人口急剧减少，所剩不多，房屋大量闲置，破败不堪，土地连片弃耕，村中的公共服务设施使用率极低（图6-3-5）。合村并点是乡村精明收缩的现实要求，也是对国家乡村振兴战略的回应。孙口中心村规划占地面积约337亩，由大方庄、孙口、小方庄、小孟庄、大仟庄、小卢庄、卢井七个自然村合并建设而成，选址在怀柴路与东风路交叉口两侧，规划居住约533户，其中老年公寓104户，分两期建设，一期建设220户，配套工程有中心村公共服务中心、停车场、道路硬化、雨污管网绿化、公厕、文化广场、污水处理设施、路灯等基础设施，政府投资1500万元，逐步把孙口中心村建设成为一个集多项服务于一体综合型新型美丽乡村。中心村布局具有规整的军营式布局，建筑具

图6-3-5 衰败的乡村（图片来源：作者自摄）

第六章 "精明收缩"：衰而未亡型的普通乡村环境设计策略

有现代洋楼、别墅的风格特征，从规划设计的角度看，是典型的城市设计思维在乡村的体现。从传承乡村风貌角度，是有其严重缺陷的，也因此受到一些专家学者、设计师、艺术家的非议，但是如果我们从中国乡村分化、特定的地域环境看，似乎也有其合理存在的一面（图6-3-6、图6-3-7）。

衰而未亡型乡村是中国乡村分化后数量最多的一类，但是媒体、社会各界关注却最少，我们决不能将之与资源特有型乡村和城郊乡村混淆起来进行评价、进行规划设计。"军营式"的布局虽然呆而无趣，却便于建设、便于管理、便于生活，节省用地、节省经费，符合地方经济的实际。各种基础设施、公共服务设施集中建设，使用率大为提高。现代建筑宽敞明亮干净卫生，极大地改善了村民的居住环境，相对提高了村民的幸福指数。

合村并点后，各村居民纷纷集中到新村，原有村落的宅基地实现复垦，整理耕地，通过土地流转，将分散土地进行统筹规划，发展新兴的种养产业以及加工产业，为解决新村村民就业提供了岗位。

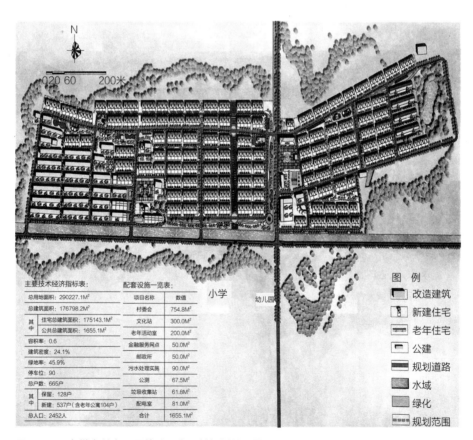

图6-3-6　安徽亳州十八里镇孙口中心村规划总平面图（图片来源：作者自摄）

图6-3-7 安徽亳州十八里镇孙口行政中心村（图片来源：作者自摄）

三、文化精明重构设计策略

中国乡村分化后，城郊乡村受现代城市文明的直接影响，其文化特征呈现为"强现代性，弱乡土性"。资源特有型乡村较好地传承了乡土文化，是我国优秀传统文化的根脉之所在。衰而未亡型乡村在城镇化的发展中，物质文化与非物质文化遗产受到了全面冲击，传统乡土文化基本失去，现代文化系统还未重建，其呈现为一种"临界点"的文化状态。乡民们还在沉醉于物质文化建设之中，丝毫没有意识到精神文化建设的价值，肉体虽然还在，灵魂却已出鞘。

（一）传统文化全面收缩

乡村是中国传统文化的根基与核心载体。但是对于衰而未亡型乡村随着产业、人口、空间的全面收缩其承载的传统文化也随之走向收缩。具体表现在传统文化内容的简化、消失，文化空间被废弃或挪作他用，传承断裂。在传统乡村社会，各种文化形态丰富多样，涉及乡民生活的方方面面，比如宗教信仰文化、祭祀文化、生态文化、节日文化、饮食文化、服饰文化、建筑文化、农耕文化等。信仰文化在中老年人群中还得以延续，但主要体现在节假日里。年轻一代外出打工或求学大多放弃了，甚至视之为糟粕，年轻人与年长者形成对

图6-3-8 村委会建筑及外部环境（图片来源：作者自摄）

立的态度，使信仰文化的传承形成阻力；祭祀文化在中国社会中是起着承上启下、崇宗敬祖、教育下一代的作用，其精髓是"孝文化"，孝敬长辈是中华民族的传统美德，但是祭祀活动伴随着一些仪式，在一些乡村进行乡村文化建设时，笼统视为封建糟粕，而否定之。这是一种对乡村祭祀文化了解不深导致的。实际上祭祀仪式的功能就是在一个庄严场所中，强化族人对祖先的崇敬，对长辈的敬重之情，同时长辈关爱年轻一代。由于祭祀文化的衰退，农村忤逆之人越来越多。建筑文化则表现最为直接，在衰而未亡型乡村，随着村民放弃传统建筑的建设，其技艺也丧失殆尽，伴随建筑营建的民俗文化内容很多被简化或者曲解，甚至庸俗化。比如传统习俗新房落成屋主人会聘请文化人给题字写联，图个吉利喜庆，现在这些活动基本消失了，有的换成庸俗的艳舞表演，更不能将此类现象视为独具乡村风格的所谓"乡村文化"。

伴随着传统文化内容或简化或消失外，乡村文化空间种类在减少，属性也在被改变，如常见的乡村文化空间如戏台、古井、祠堂、庙宇、村口、广场等。随着人口的流失，村民年龄老化，村中的公共活动越来越少，公共空间设计也不合理，很多被闲置。笔者在考察安徽亳州市各区县的乡村时，发现不少村委会（当地称之为"村部"，多附有"党群服务中心"功能）的建筑及室内外空间，基本还是沿袭城市小型办公楼的形制，功能性不够、文化性不足；附近虽也多建有广场，但是大而无当，空旷冷清，利用率极低（图6-3-8～图6-3-10）。

图6-3-9　村委会室内空间（图片来源：作者自摄）

图6-3-10　空旷冷清的广场（图片来源：作者自摄）

　　相对于传统社会，由于那时村民与外界接触的少，没有像今天这么多的娱乐方式，广场便成为村民重要的交往娱乐空间。村民在这里载歌载舞，交流信息，在不自觉中传承着民族文化的精髓，在农忙时节，广场也可兼做晒场。现如今，广场上基本上不见载歌载舞的影子，也很少有村民去晒粮食。根据调研可知，一些自然村遗存的广场现在主要有三种用途：一是作为村民或外来人员的临时停车场；二是变卖给村民建房；三是自然闲置。随着村中会唱戏的人老去、逝去，观众渐少甚至消失，包括戏台这个曾经凝聚村民的重要场所，或者成为堆放杂物的地方，或者成为孩童戏耍之地；而祠堂、庙宇作为族人、村民的精神慰藉之地，在节假日等重要时段却仍然是举行相关活动的重要场所，但

第六章　"精明收缩"：衰而未亡型的普通乡村环境设计策略 ｜ 263

相比"乡土中国"阶段,也冷清、落寞了很多。

文化空间是文化传承的场所,文化本身是文化传承的内容。随着乡村传统文化内容、文化空间的收缩,必然导致文化传承路径的阻隔。在乡村传统文化全面收缩下,外来的现代文化也不断与传统文化相互融合,单从总体来看,衰而未亡型乡村传统文化在不断地衰落,新的文化体系却未能建立。乡村文化精明重构之路任重道远。

(二)文化精明重构目标与原则

在新农村建设与乡村振兴战略的总要求中,"乡风文明"就是针对乡村文化建设的,所以衰而未亡型乡村文化精明重构的总目标就是实现"乡风文明";反过来,又通过文化引领来推进乡村振兴战略,二者是互补的关系。对传统文化要"取其精华,弃其糟粕",同时要与时俱进、移风易俗,构时代新风。资源特有型乡村为了实现"农旅互动"的目标,对传统文化需要全面保护与传承,而衰而未亡乡村没有这么高的目标,文化仅作为村民的"精神食粮"帮助村民树立正确的世界观、人生观、价值观。因此对于该类型村落,要确立"适宜性"与"开放性"原则。

1. 适宜性原则

衰而未亡型普通乡村并非如资源特有型乡村扮演着农耕文化传承角色,也不像城郊乡村要迎合市场打造时兴的消费文化。其目的就是平衡物质文化的片面发展,为乡村成长提供一个良好的文化环境,让生活其中的村民塑造健全的人格,形成科学的"三观"。所以文化的精明重构首先要符合衰而未亡型乡村的自身特点,不矫枉过正,也不全盘否定。从乡村文化内容看,有助于社会主义精神文明建设的都是适宜的,比如,爱党爱国、助人为乐、拾金不昧、睦邻友好、尊老爱幼、勤劳节俭等,都是应该被倡导的;从乡村文化空间看,包括广场、祠堂、活动室、棋牌室、宣传栏、墙画等应该被建设、被关注,使之成为优秀传统文化的传播窗口和传承场所。

2. 开放性原则

开放性是从建构新乡村文化体系提出的,主要从时间与空间两个维度来分析。从时间角度看,针对传统文化要"取其精华,弃其糟粕",弘扬优秀传统文化是当今时代的主旋律之一。我们的祖先在漫长的农耕生活中积累了丰富的智慧。在对西南侗族村寨调研时发现,侗族主要聚居于深山老林之中,靠山吃山,大山是他们的衣食父母,因此侗族人民非常重视生态环境的保护,甚至运用宗教手段来强化生态理念。在侗寨中流传着很多谚语,如"无山就无树、无树就无水、无水就无田、无田不养人""老人保寨、古树保村"等。对于今天我们比较敏感的鬼神文化，在侗寨中却扮演着维护社会秩序良性运转的角色，在村寨中充满着各种鬼神崇拜，如山神、水神、树神信仰。为了传承祖先的生态智慧，侗族父母在春节后会带孩子植树，祭拜村中的古树、风水林，并赋予其"神性"奉为崇拜对象，更不许砍伐。村中新生婴儿都会认一颗古树作为其保护神，因此侗寨的自然生态和人文生态环境都十分良好。从空间角度看，在今天受城镇化"大建设"的影响，侗寨与全国大多数乡村同样也面临着村落人居环境保护的问题。因此我们可以重启保护森林、古树的传统祭祀仪式场所，通过重构空间环境进行解读，将衰而未亡型乡村文化建设结合先进的设计理念，把治国理政的策略、国家的指导思想、社会主义核心价值观等植入到村落空间环境当中。

（三）文化精明重构的设计策略

乡村是中华优秀文化的宝库，然而当下的乡村文化夹杂着很多糟粕，如"读书无用论"大行乡间，黄赌毒在一些村落泛滥，部分村民"等、靠、要"的惰性思想严重，这些文化糟粕在腐蚀着乡村文化的健康发展。这在"衰而未亡型"乡村中尤为突出。

文化精明重构的核心是"精明"，依据适宜性、开放性原则，衰而未亡型乡村的文化精明重构体现在"文化内容"的精明、"文化空间"的精明、"文化传承"的精明。围绕这三方面，提出精明优化乡村文化空间、精明建构乡村文化体系、精明探索文化传播形式的策略。

第一，精明优化乡村公共空间。乡村虽然体量小，但却是完整的人居空间。为了满足村民各种精神文化需求，每个村落都开始改善各类相应的公共空间。对于衰而未亡型乡村，很多公共空间闲置废弃，没能发挥其文化功能。随着乡村的发展，原有的一些文化需求逐渐消失，文化空间也就失去了存在基础。因此乡村建设变化的实际有必要对公共空间进行精明优化。我们认为在当下或者未来可能继续承担文化功能的空间是应该存在的，对其物理空间我们可以进行优化设计，既满足其使用需求，又体现其时代审美风尚。我们认为，乡村只要存在，学校、祠堂、庙宇、广场四类文化空间是不可或缺的。学校是开展现代教育的主要文化空间，是培养人才的园地，这个功能不能丧失，但是可以根据入学人数的多寡选择独立存在或者"合校并点"。中国人有"崇宗敬祖"的传统，而乡村中这种传统尤为盛行。祠堂是宗族成员表达宗族情感，举行红白喜事的场所，宗族成员在祠堂中举行各类仪式活动时，长辈在这里向晚辈讲述祖先的荣光，告诫子孙要恪守国法家规，要像祖先一样为光耀家族而努力，鼓励年轻一代传承宗族文化，学习道德规范，感受孝道文化。祠堂在中国教育系统中扮演着重要角色，也是学校教育的补充。庙宇是村民的信仰空间，是村民的精神寄托之处。虽然信仰文化在年轻一代中不断式微，但是对于老龄化乡村尤为重要。笔者考察了很多衰而未亡型乡村，发现留守人员最缺乏的不只是物质需求，主要还是精神寄托，他们内心孤单，担心在外工作的亲人，宣泄情感的方式主要是依靠可不见的"神灵"，或者在生产生活中遇到困难时寻求庙宇里的神灵帮助。

第二，精明建构乡村文化体系。乡村文化体系的内容，从横向看，包括物质文化与非物质文化；从纵向看，包括传统文化与现代文化。对于非物质文化遗产或者传统文化，已经有机构和学者进行挖掘、整理、汇集成册。对于物质文化建设，我们借国家美丽乡村建设、乡村振兴的大好时机加强基层设施建设、优化村落人居环境，对学校、庙宇、祠堂、广场甚至碾坊、农具库等重要的公共空间进行改造设计，以满足新的文化建设需求。素朴建筑工作室等团队尝试将安徽石台县奇峰村遗存的二百多平方米的两层队屋，通过整修和适度改造，使其重新服务于村里的现代生活，而不再是封尘于历史日渐荒芜的老古董。更新改造后的队伍，可以同时服务于村里人和村外人。对常驻的村民，它是休闲聚会、喝茶聊天的公共客厅；对外来的游客，它是展示村史和特色的村史馆。通过处理，让一层的村史展厅和二层的村民活动中心可独立管理，分开运营。二层的村民活动区借助垂拔与底层展厅也能互为对景。实现了一个空间，两组经营，多种模式的使用可能性。通过就地取材，加工回用，既节省了建造材料，又充分尊重本地的营造匠艺，使改造后的建筑和空间承续了原有的历史文脉和乡村文化。适度、贴切，效果颇佳（图6-3-11、图6-3-12）。

可见，在村落的物质文化建设方面，利用先进的现代设计理念、传统的营造技艺（不排斥现代技术）有助于村落风貌的统一、建筑质量的提升、生态环境的改善、公共空间的优化。比如在设计中采用"针灸疗法"，以点带面，以刺激乡村的活力，并采用生态补偿机制，促进乡村生态环境的完善。同时运用现代科技，降低建设成本，合理利用空间。在精神文化建设方面，将弘扬社会主义核心价值体系等反映"正能量"的理论成果以及内容以各种形式植入到村落环境中，让村民在不自觉中接受先进的文化思想。

第三，精明重构乡村文化空间内容。在中国传统乡村中，人们有自己的精神象征空间和自由放松场所，前者如祠堂、寺庙，后者如戏台、广场，当然还

图6-3-11 乡村遗存建筑的再利用（图片来源：有方空间，素朴建筑工作室等设计）

有介于二者间的各种典礼仪式空间，而人们在特定时间和场所中的活动，都有助于强化伦理关系、调节社会交往。当代社会中的精神象征和礼仪空间的内容和属性，无疑已有了重大变化，绝大多数休闲放松场所也已被现代形式所取代。因此在乡村文化重塑和乡村景观重构过程中，对传统村落的活动空间和活动内容如何重新组合、注入新内容、开拓新形式，亦是一个重要话题。

在一些乡村改造项目中，将文化类空间置于村落中心位置或形成新的村落中心的设计手法较为可取，小展厅、老戏台、茶楼或咖啡厅、特色小客栈等都能聚拢人气、引导交流。在河南新县西河村的乡村建设中，设计师将废弃的粮仓改造成粮油博物馆与村民活动中心，既受到了村民的喜爱，又使西河村呈现出新面貌。首先，这里本是一处废弃粮仓，并不涉及宅基地占用等复杂问题；其次，这种使用功能的改变和文化内容的植入还非常符合当代社会主流价值观念；最后，低技术材料的使用既能有效控制成本，又利于打造出一种返璞归真的时尚品味。这样不仅可在短时期内积聚人气、改变村民观念，还常能体现和塑造现代乡村新文化，成为村民与外来访客沟通的极佳平台（图6-3-13）。

图6-3-12 二层村民活动中心与底层村史馆的有机融合（图片来源：有方空间，素朴建筑工作室等设计）

图6-3-13 改造后的粮油博物馆和村民活动中心（图片来源：聂影提供）

但不能忽视需要关注的是，除去乡村一些极具吸引力的"中心"建筑（群）外，乡村中的街巷、小广场，甚至村头、井边等场所，非常类似于城市住宅小区中的景观节点，同样有深入挖掘的价值。因自然条件和风俗习惯的差异，中国南北方村落的居住密度和经济发展水平并不一致。一般说来，南方地区乡村的居住密度大于北方，东部大于西部。南方村落中，村民在户外活动和工作的时段较长，传统村落中的公共空间和设施相对齐备；而北方地区村落中服务于村民日常生活和公共活动的固定设施和构筑物种类和数量普遍偏低，因此，如果我们把一个村落视作一个居住社区来看，则北方地区村落社区内部公共空间的设施设计和空间系统建构，尤需深入研究，应注意村民生活改善和乡村建设的有机关联。

第四，精明利用文化传承形式。自古以来中国乡村主要有学校教育、家庭教育、社会教育三种文化传承方式。学校教育是传播知识、培养人才的地方，是主要的传承方式。家庭教育、社会教育是对学校教育的补充。家庭教育因家庭差异巨大而难以评判。社会教育则是以社会的文化环境潜移默化的方式影响人，感染人，让人们在不自觉中获得知识，形成正确的价值观。因此我们可以在乡村环境设计中通过各种形式来传播文化知识，塑造新的价值观。在乡村建设中，艺术介入乡村也不失为一种"便捷"的方式，对衰而未亡型乡村也是最适宜的，成本低，效果明显。如传播健康知识、传统礼仪、生态文明，"绿水青山就是金山银山"弘扬社会主义核心主义价值体系。不少乡村以民居墙面、小品作为载体，反映乡村风貌、历史文化和红色革命等内容，通过多种材料、多种形式，以多种图案、文字，试图将文化"永久传承"，提升村民的文化修养（图6-3-14）。

我们可能已经意识到了，目前的乡村，不管南方北方似乎都在一窝蜂搞墙绘，甚至有点儿失控，催生出了新的"同质化"，包括装饰小品、指示牌、垃圾桶、休息椅等公共设施，它们同属乡村环境的微观元素，也是乡村文化的载体。尽管理念对头，主题、寓意也都很好，但普遍缺乏与乡村空间环境的有机结合，主次不分、比例失调、尺度夸张、细节缺失、手法单一，甚至破坏了原有的乡村环境整体格调，没能真正达到传承乡村文化的效果。乡村美学不同于城市美学，应有自己的审美和价值体系；乡村更不是设计师、公共艺术家宣泄个人情感之地，需要由环境设计予以干涉和掌控（图6-3-15~图6-3-18）。

实际上，乡村文化不仅仅只是通过墙绘来呈现，艺术装置、雕塑、公共设施等均可传递，手法多样，形态各异，也不乏颇接地气而又具有当代性的优秀作品（图6-3-19、图6-3-20）。

图6-3-14 重现美好图景与乡风民俗（图片来源：作者自摄）

图6-3-15 "形态多样"的文化传播（图片来源：作者自摄）

第六章 "精明收缩"：衰而未亡型的普通乡村环境设计策略

图6-3-16 缺乏推敲的景观小品（图片来源：陈珏拍摄）

图6-3-17 失去节奏的公共设施（图片来源：作者自摄）

图6-3-18 用力过猛的建筑墙绘（图片来源：陈珏拍摄）

图6-3-19 兼具艺术性与功能性的公共设施（图片来源：袈蓝建筑提供）

图6-3-20 艺术装置"草帽歌"（图片来源：袈蓝建筑提供）

第六章 "精明收缩"：衰而未亡型的普通乡村环境设计策略 | 273

第四节 "衰而未亡型"乡村的未来：精明收缩式发展

一、"精明收缩式发展"命题的提出

从总的趋势看，衰而未亡型乡村在未来人口会不断地迁走，传统农业会越来越凋敝，空心化会越来越严重，建设需求会越来越少，一部分村落将不可逆地走向消亡。不论在乡村空间上，还是乡村要素上，都进入了全面收缩的阶段。这些现象看似可能是件坏事，相反却是在孕育着乡村的新发展。衰而未亡型乡村成为中国当下乡村分化普遍面临的一个类型，但不是所有的衰而未亡型乡村都需要振兴，需要发展，没有人的乡村振兴就是在浪费宝贵资源。因此我们要对未来乡村作精准预测，紧紧围绕衰而未亡型乡村的收缩性谋求精明发展。

从空间上看，衰而未亡型乡村的收缩主要以县城为核心，乡镇、中心村为副核心进行发展。通过在中心村、中心镇、县区谋求产业集聚，打造县域内的多元化经济增长点，扩大容量吸引或承接凋敝村落的人口集聚，或者通过合村并点的方式进行精明收缩。这就对未来乡村环境设计提出了新的课题。

衰而未亡型乡村的收缩性与不确定性是既定特征，持续收缩意味着必然走向消亡。但在区位相对较好，生态良好，同时得到好的政策扶持，在各种外力支持下，一些衰而未亡型乡村可能走向复兴。针对该类乡村，本课题提出"精明收缩"的策略，精明收缩策略最终目的是实现精明发展。

然而，从当下衰而未亡型乡村的收缩现状及精明收缩的研究看，仍然是囿于乡村范畴来思考，是在乡村固有逻辑中调适，属于对乡村问题的"小修小补"，并没有从根本上解决乡村的发展问题。因为这类乡村缺乏核心产业支撑，缺乏特色资源，缺乏能人引导，缺乏社会关注，而且从乡村系统内部思考对策，往往缺乏动力。从成效来看，发展有限，且难以持续，要实现精明收缩后发展或者未来可持续发展却是很难的。通过精明收缩策略的实施，可以在短时间内提高乡村的产业、土地、文化等要素的利用效率，但是并没有根本解决发展问题。通过这一轮的精明优化，通过合村并点，建设了产业园区、中心镇（村），整合乡村各种生产生活要素，侧重于物质空间上的收缩优化。那么整合后的新场所、新要素如何运转，盘活，转化为生产力，如何实现后续发展，或者自主发展？这一问题至今未有很好的解决策略。如果乡村精明收缩后的发展问题不能解决，那么在精明收缩阶段取得的成果很可能面临着二次空心化，会有再度衰败的可能。我们所做的精明收缩策略只能是延缓衰而未亡型乡村的"寿命",却不能阻止其走向衰亡的宿命,因此本课题提出"精明收缩式发展"的命题。

衰而未亡型乡村要实现乡村"精明收缩式发展",笔者认为首先要跳出乡村固有逻辑,打破现有"头痛医头、脚痛医脚"的短视做法,探寻城乡融合发展、综合性解决问题的模式。在当下我国已由"乡土中国"进入"城乡中国",乡村问题的解决理应置于"城乡中国"的语境下。但如前文所述,我国乡村在城镇化背景下不可逆地已经走向分化。城郊乡村依托城区的区位优势,在市场开放性、自主性、竞争性作用下首先成为市场的宠儿;资源特有型乡村因为有重要的文化遗产价值,而被政府、学者、企业所共同关注。这两类村落在当下正在进行着城乡融合发展,有的已经走向复兴,成为国内乡村振兴的典范而向全国推广复制。然而广泛分布在全国各地的衰而未亡型乡村,却被前两类乡村"繁荣发展"的景象所遮蔽。

相比较前两类乡村,如果不探索"精明收缩式发展"之路,衰而未亡型乡村会随着社会经济的发展,与城市的差距会越来越大,二元化的沟壑越来越深,衰落的速度也会越来越快。因此填补城乡二元鸿沟的根本还是城乡融合发展,还是得回到"城乡中国"的语境中去。衰而未亡型乡村没有城区消费空间的依托,没有特色资源的优势,如果我们转变思维,劣势往往也可能是优势,因为没有束缚、没有依靠,我们就可以大胆地去探索城乡如何融合,如何实现收缩式精明发展,建设真正意义上的"新乡村",走向乡村现代化。通过对国内当下乡村建设路径研究发现,田园综合体模式是城乡融合发展的理想模式,具有收缩式发展的属性,对于衰而未亡型乡村的未来发展具有积极的借鉴意义。

二、田园综合体:探索中的精明收缩式发展模式

进入"城乡中国"后,一些睿智的学者深刻阐述当下的社会结构特征,并论证了"城乡中国"的合理性存在,启发社会各界从"城乡中国"角度思考当下及未来的问题。其中在设计界针对乡村收缩、衰败等问题孕育着各种试图从"城乡关系"角度解决乡村问题的路径,田园综合体就是其中一种在当下乡村建设中影响广泛的一种。

(一)田园综合体的由来

田园综合体的概念由田园东方投资有限公司创始人张诚先生在深刻分析中

国城乡二元化特征的基础上,于2012年北京大学EMBA论文《田园综合体模式研究》中提出。该理论认为只有解决城乡的差距才能解决乡村的问题。"解决物质水平差距的办法,是创造城市人的乡村消费。解决文化差异问题的有效途径,是城乡互动。"[1]在张诚的观点中已经蕴含着对"城乡中国"社会结构的认知,并以此为指导进行理论架构。理论上作者受到埃比尼泽·霍华德（Ebenezer Howard, 1850—1928）的"田园城市"理论[2]的深刻影响,实践上在2011年前张诚就职于万达集团,其重要成就是推动"城市综合体"的发展,这样的背景为田园综合体的孕育提供了土壤。张诚认为田园综合体是新田园主义理论的载体,是新田园主义理论在中国乡村实践的产物,是旅游产业引导城乡一体化的乡村综合发展模式,是新型经济组织模式,是生态综合规划区,是一个文化聚集的平台、组织的平台、开发的平台、融资的平台、管理的平台。[3]之后张诚就一直致力于实践并验证他的田园综合体理论,他带领他的团队在江苏无锡阳山镇拾房村开启他的实验。阳山田园东方是国内较早的田园综合体示范点,在植入田园综合体模式前拾房村呈现为"衰而未亡"的状态,但田园综合体的植入使之焕发生机。

田园综合体的落地实验得到国家的认可,于2017年写入中央一号文件中,内容为"支持有条件的乡村建设以农民合作社为主要载体、让农民充分参与和受益,集循环农业、创意农业、农事体验于一体的田园综合体"[4]。至此以国家之名将田园综合体确定为乡村建设的新举措,并于当年在全国18个省份进行试点推广。一时间,从中央到地方制定各种政策给予扶持,社会各界也积极投入其中,田园综合体顿时成了时代宠儿。然而从当下田园综合体实践来看,选择的村落类型也主要是城郊乡村和资源特有型乡村,对于衰而未亡型乡村少有涉足,助长了乡村建设中"数量"的"二八效应",乡村的分化越来越严重。而且很多田园综合体建设不甚理想,失败的多。因为很多地方是政策风口下投机思维主导的,所谓的"田园综合体"得其形,失其意,换汤不换药,并没有真正理解田园综合体的本质,导致乡村建设中"质量"的"二八效应"。

田园综合体肇始于霍华德的田园城市理论,孕育于国内的城市综合体,发

---

[1] 张诚. 解读新田园主义［J］. 中国房地产, 2017（26）: 18-20.
[2] 埃比尼泽·霍华德. 明日的田园城市［M］. 北京: 商务印书馆, 2010.
[3] 张诚, 徐心怡. 新田园主义理论在新型城镇化建设中的探索与实践［J］. 小城镇建设, 2017（3）: 56-61.
[4] 中共中央国务院. 关于深入推进农业供给侧结构性改革加快培育农业农村发展新动能的若干意见［Z］. 2016-12-31.

初于设计师的乡建实验，发展于乡村振兴战略的时代机遇，繁荣于社会各界的共同参与，但总体上仍处于探索阶段。田园综合体概念有学者总结为"集现代农业、休闲旅游、田园社区为一体的特色小镇和乡村综合发展模式，是在城乡一体格局下，顺应农村供给侧结构改革、新型产业发展，结合农村产权制度改革，实现中国乡村现代化、新型城镇化、社会经济全面发展的一种可持续性模式。"①

（二）田园综合体的"精明收缩发展"理念

田园综合体是针对中国乡村收缩与衰败而提出的一种精明发展模式，"田园综合体模式不仅成为文旅资本的投资新宠儿，更是贫困农户脱贫致富的一条新路子。"②田园综合体在适用上具有广泛性，可以是大城市郊区乡村，也可以是资源特有型乡村，也可以是区位较好的衰而未亡型乡村。但从整个中国乡村分化的现状看，衰而未亡型乡村对田园综合体的需求度更强烈。因为城郊乡村依托城区，市场会进行资源的自由配置，资源特有型乡村因其特殊的遗产价值成为社会各界关注的重点。而且从国内首个田园综合体无锡阳山田园东方项目首先在衰而未亡型的拾房村取得成功，就说明了田园综合体是可以解决衰而未亡型乡村收缩性问题的。

1. 目标精明：共享城乡资源

衰而未亡型乡村最大的问题是与城市的巨大差距，解决这一问题的根本就立足"城乡中国"，走城乡融合发展之路。这一点也是田园综合体诞生的初衷。田园综合体是沟通城市与乡村的理想平台，在这个平台上，实现城乡之间的人、产业、资源、政策等要素的流通。田园综合体把"人"的流动放在首要位置，因为只有人流动起来，其他要素才能活起来。城市人消费能力强，他们希望在乡村找到新的消费空间，以治愈城市病带来的各种困惑。拉动乡村消费是缩短城乡生活水平最直接有效的办法。而城乡文化上的融合主要是城市人与乡村人不断地互动，田园综合体就为二者提供了平台，在这个平台上乡村人可以了解城市中先进的生产生活方式，城里人可以体验优秀的传统农耕文化。

当下中国的城乡发展导致两个极端，"城市极"很强，"乡村极"很弱。田园综合体试图尝试着解决城乡平衡的问题，通过这个平衡解决"城市病"和"乡村病"。田园综合体有产业支撑、能人带队、良好的居住环境，城市的各种要素

---

① 曲琳平，王骏，李理. 基于四态融合视角的山东省田园综合体规划路径研究——以烟台市河北崖村为例[J]. 城市发展研究，2019（8）：8-15.

② 曲琳平，王骏，李理. 基于四态融合视角的山东省田园综合体规划路径研究——以烟台市河北崖村为例[J]. 城市发展研究，2019（8）：8-15.

都能在这里相享受，村民能从中获益，自然也有愿意留在乡村。田园综合体的优越性吸引着周边农民和城市人群在这里聚居，在这个平台上他们各取所需，共享城乡资源，建构一个有别于城市和乡村的新社区。

2. 产业精明：一二三产融合

衰而未亡型乡村衰落的根源是传统农业的高成本，低产出。"农业发展带来的增加值是有限的，不足以覆盖乡村现代化所需要的成本。"[①]除了农业主产区得益于"规模效应"以及局部地区的生态农业、品牌农业的"溢价效应"外，农业的低效性，即使国家不断地给予补贴，仍然难以吸引乡民从事农业种植。因此乡村传统农业必须向着现代农业转型，不断地提高产出效率。

习近平主席提出乡村振兴产业兴旺是重点，因此只有走产业精明之路，促进"三产融合"才是正确的出路。田园综合体把分散的农业进行集聚，为三产融合提供了平台。在这个平台上有现代的农业、林业、牧业、渔业等第一产业，也有特色农业、手工业、科技农业等第二产业，还有服务业、文化产业、旅游业、乡村地产等第三产业。田园综合体通过运用现代管理，把各种产业资源进行统筹整合，统一规划、统一开发、统一管理、分散经营、统筹销售。各产业相互穿插，互为促进，形成一个体系完整的全产业链。在这个产业链中农业及其农产品是基础，农业景观是构成田园风光的底色，前者是田园综合体发展的根本动力，后者是吸引城市人到此消费的魅力所在，也是其特色之处。比如农业深加工业、观光农业、休闲农业、生态农业、创意农业等二、三产业都是以农业为基础。但是一产与二三产业的融合不断地提升了农业的附加值，让田园综合体的所有参与者获得更多的收入（图6-4-1）。

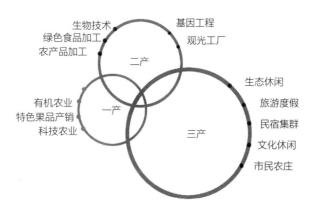

图6-4-1 田园综合体的"三产融合"（图片来源：袈蓝建筑提供）

---

① 张诚. 解读新田园主义［J］. 中国房地产，2017（26）：18-20.

3. 组织精明——重构自组织

随着城乡融合发展的不断深化，城乡之间的差异不断缩减，田园综合体作为链接城乡、缩短城乡差异的一个平台，也是有别于乡村、城市的第三类聚落空间。同样的在建设第三类聚落空间过程中衍生了有别于市人、乡村人的第三类人——"新农人"。田园综合体作为新的聚落空间，又有新农人的加入，必然要求建构的新的组织系统。"珈蓝建筑"创始人邹迎晞有感于北京大学周其仁教授的《城乡中国》一书中的"中国只有两种人，城里人和乡下人"，萌发了打造中国第三种人——"新农人"。他给新农人做了定义："大部分是从城里移出到乡村去创业的'新农人'，还有一部分就是返乡创业的原来村里的人。具体来说，涵盖乡村开发企业、现代农业企业家、新乡贤、返乡创业者、农业创客、田园科创人士、乡创人士、大学生创客、家庭农场场主、新匠人、田园生活爱好者、田园康养人士、农业商贸电商以及农事体验群体。"[①] "新农人"是田园综合体组织系统形成的核心构成人员，他们往返于城乡之间，促进城乡要素的流通，将城市中的新理念、新业态带到乡村，不懈地培育乡建接班人。他们是乡村建设的领导者、规划者、设计者，他们与村民一道共同构成乡村的人口结构，彼此互惠共赢。根据邹迎晞的观点，"新农人"是乡村人才振兴、组织振兴的关键，是乡村振兴最重要的核心驱动力。正是因为有"新农人"的加入，田园综合体的组织结构才凸显其精明性。田园综合体的组织通常以合作社的形式存在。农民是合作社的主体，是多元构成中的一员。除此之外还有专家、学者、设计师、规划师、艺术家、企业家、投资者，他们都是各自领域的佼佼者，有扎实的专业技能，有理想、有抱负，聚集到乡村，共启众创田园模式。

4. 空间精明——五位一体化

田园综合体在空间的设计上是精明的，其"综合性"也体现在空间的多层面上。田园综合体不是对既有建筑进行更新改造，为了实现乡村全方位的振兴，在田园综合体的策划、规划、设计是进行全方位考量，有别于一般乡村建设侧重于村落的物质空间或者建筑空间。这是导致当下乡建设计碎片化、无法持续发展的主因。建筑空间仅是田园综合体的一个组成部分，因此要求设计师以"大设计"或者"环境设计"的视野来整体对待田园综合体。

通过对田园综合体空间环境的理性审视，我们认为，可以确立五个空间子系统，它们分别是田园综合体的物质空间、文化空间、生态空间、生产空间和生活空间。这样分类既符合乡村的本质属性，也与乡村振兴战略总要求中的四

---

① 《打造中国第三种人——新农人》，参见网址：https://mp.weixin.qq.com/s/edloqASSfxU9I70dNgbfAg.

个要求相对应：1）生态空间对应生态宜居；2）生活空间对应生活富裕；3）生产空间对应产业兴旺；4）文化空间对应乡风文明。以上五个空间子系统可以概括为"五位一体"的田园综合体空间系统。这在根源上也与国家"经济、政治、文化、社会、生态"建设的总布局保持了逻辑上的一致性，同时把"五位一体"的田园综合体空间系统作为乡村设计的研究内容，也具有一定的科学性与合理性，更能有效地涵盖乡村的生态与文化内涵。

五位一体的空间融合事实上是通过梳理田园综合体规划中多维度的内部结构，提炼出田园综合体规划中最核心的五大着力点。以生态空间为基础，构建生态底色；以物质空间为架构，重塑空间形态；以产业空间为支撑，形成发展动力；以文化空间为提升，塑造空间灵魂；以生活空间为目标，打造宜居环境。通过五个空间子系统的优化组合，相融共生、相辅相成，共同构成田园综合体发展的路径。无疑，"五位一体"的空间设计系统是精明的。而在"五位一体"的乡村空间系统框架下深入探究田园综合体的设计策略，也具有较强的结构性、逻辑性和系统性。通过"五位一体"的设计策略来配合乡村的制度建设和组织建设，必然能够达到"治理有效"的目标（图6-4-2）。

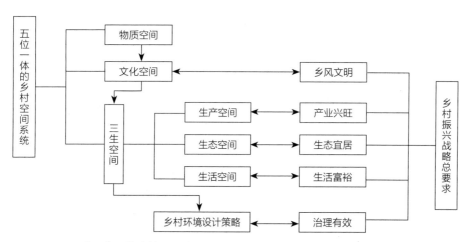

图6-4-2 "五位一体"的乡村空间系统（图片来源：作者自绘）

（三）田园东方的实践探索

"田园东方"在"城乡中国"背景下致力于城乡一体化发展，是田园综合体的开创者。田园东方于2012年开始田园综合体的理论与实践探索，2016年专注于田园综合体的开发、运营，主要以田园综合体为平台，以文旅产业带动，促进城乡融合发展，谋求适宜中国的乡村振兴之路。田园综合体以解决三农问题为己任，确立农业、文旅、居住三大板块的业务内容，以期精准实现农业强、农民富、农村美的三农目标。田园东方认为"田园综合体是一个平台，是一个文化聚集的平台，组织的平台、开发的平台、融资的平台、管理的平台，依靠这个平台来实现城乡一体化的目标。发扬地方特色、繁荣地方经济、保护生态环境。"[①]无锡田园东方是国内打造的第一个田园综合体实践区，一期、二期已经建成投入使用，三期正在建设中。无锡田园东方的成功为国内乡村振兴提供了一种可推广复制的模式。目前田园东方已经走出无锡向四川、北京、山东、天津、浙江等地布局业务。通过示范效应，田园综合体于2017年得到国家的认可，并写入中央一号文件向全国推广。

无锡阳山镇的实践探索是国内田园综合体的标杆，也是首个通过田园综合体模式促使衰而未亡型乡村实现复兴与转型的案例，蕴含着精明收缩式发展的设计理念。如今无锡阳山田园综合体已被打造成为全国的知名乡村旅游品牌，吸引着全国各地的乡建者到此取经学习，更吸引国内外游客到此休闲度假，体验乡村的魅力（图6-4-3）。

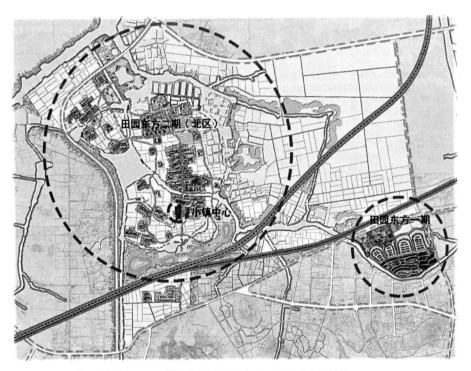

图6-4-3　无锡田园东方一、二期分布图（图片来源：袈蓝建筑提供）

---

① 参见《无锡田园东方北区修建性详细规划设计》，资料由袈蓝建筑提供。

之前，这里的村落同中国大多数乡村一样，缺乏特色资源、村落风貌杂乱、传统建筑破败、农业凋敝、人口老龄化严重、年轻一代对传统文化兴趣全无，村落进入了全面收缩的状态，整体呈现为衰而未亡的状态。从大区域看，村落位于太湖附近，距离周围城市也有一定距离，但大区域范围内的城镇是中国较为富裕的区域，属于历史的江南文化片区，存在一定的消费需求；从小区域看，阳山生态环境优美、地势平坦，村落虽破败，但肌理却保留较好，有大面积的水蜜桃种植区。总体看来，似乎这里的村落趋于"衰弱"，但乡村的"田园"风貌却得以很好保留，这也是中国大多数衰而未亡型乡村的特点。

田园东方通过分析，将阳山的乡建定位为"以田园综合体为模型，以乡村振兴为主题，以新农人为抓手，以完善水蜜桃全产业链为目标，以农文旅结合为产业核心，集产、学、研、游为一体的阳山乡村振兴综合示范区。"围绕着产业振兴、人才振兴、组织振兴、人居环境建设几个方面展开策划、规划、设计。实体上从现代农业、休闲文旅、田园社区三大板块进行规划设计；虚体则通过搭建平台，集聚新农人，建构新的组织，以实现收缩式的精明发展。

1. **精明的产业策略**

阳山镇的传统产业以种植业和打工经济为主，产业单一，效益低下，传统产业走向收缩。田园东方团队介入后，着力建构农、文、旅"三位一体"的田园综合体产业模型模式，从现代农业、文旅产业进行多元化的产业建设，促进一二三产融合。三产联动是建构现代乡村产业体系的根本，通过三产联动，形成规模，提升竞争力。在田园东方一期将现代农业划分为有机农场示范园、水蜜桃生产示范园、果品设施栽培示范园、蔬果水产种养示范园及休闲农业观光示范园。这五个农业园构成了田园综合体的背景（图6-4-4）。

在文旅方面，确立了以水蜜桃农业观光、休闲、度假为核心的产业。在田园一期，文旅板块是田园综合体的核心部分。在延续村落肌理的基础上，将保留的十栋老房子打造为"拾房文化市集"，在其中植入田园生活馆、有机蔬菜餐厅、学校、咖啡厅、市集、书院、主题民宿及绿乐园八大文旅主题，这八大主题既有田园的元素，也不失城市的痕迹，因此文旅主题是城乡融合发展理念下的设计产品。与传统的乡建相比，田园综合体强调文旅业态的植入，同时兼容产、学、研、游一体，实现效益的最优化，引导村落全面复兴与转型。

2. **精明的运营设计**

田园综合体以新农人作为核心带动者，以休闲度假客为核心消费者，以原主居民作为核心受益者，新农人、度假客、原住居民构成了田园综合体精明的人群结构，其中新农人（也属新乡绅）的参与构成众创的氛围。在新农人的引

图6-4-4 田园东方现代农业（图片来源：袈蓝建筑提供）

导下，与原住村民一同重塑精明的社会组织，因此新农人对田园综合体的运营十分重要。田园综合体还要不断地吸引并培训新农人，通过营建宜居的社区环境，让他们住下来，开设众创工作坊，让他们有做事的空间；同时还要建设培训新农人的教育基地，并适时链接高校科研院所，不断地聚集人才，保证田园综合体的可更迭性和可持续性。营销团队围绕田园综合体打造服务型的乡村客厅、生产型现代农业、复合型素质教育、体验型田园度假、主题型田园社区。在组织管理上，实行统一规划、统一建设、统一管理、分散经营，通过企业与政府结合，整合多方面资源，以田园综合体为平台开创独一无二的"三生"空间融合的乡村振兴示范区。

在资源的整合上，田园东方导入袈蓝建筑、袈蓝咖啡、袈蓝大讲堂、新农人、袈蓝集等品牌。这些品牌资源的介入，丰富文旅产业的内容，有效提升田园综合体的品质。在社区的组织上，建设新农人众创社区，在这个社区里建有农庄、物流派送点、文化设施、公共社区、儿童托管中心等设施，以完善的配套设施吸引热爱乡村场景及乡村建设的新农人可以在乡村置业安家。通过为他

图6-4-5　以竹子为主材的田园一期大讲堂（图片来源：袈蓝建筑提供）

们提供相应的物业空间、就业机会、子女获得优质的教育机会及其他配套服务，解决回归田园生活需要面对的生活障碍，帮助人才"走进来、住下来、干起来、有未来"，从而实现一个"农创+乡创+创业+乐业"的众创田园画面，最终达到田园项目在田园中的和谐、健康生长（图6-4-5、图6-4-6）。

依托田园综合体平台，乡村生态环境得以保护，生态质量得以提升，生态资源得以存续，农民的权益也能得到很好保障，在家门口就能就业，有效提高了生活水平。对于政府而言，既增加了税收、促进了就业，又缩短了城乡差异，解决了乡村的很多民生问题；对于企业，既发展了产业，获得丰厚的利润回报，同时也促进了企业的发展。通过对田园综合体精明的运营设计，最终实现农业强、农村美、农民富的振兴目标。

图6-4-6　无锡田园东方二期IP主题田野农场景观

3. 精明空间设计

乡建的主要手法是对空间的设计或改造，以提升空间形态、优化居住环境。田园东方一期项目位于阳山镇的拾房村，相比较面积远远小于二期，但其空间设计更为精致。"'拾房村'的拾房物语——'让建筑重焕魅力'是我们的设计策略，由此而引申出'7+3'十栋房子散布在示范区中。其中七栋为老民宅，加以保护和修缮；三栋为具备新使用功能的新中式建筑，融合了现代都市的时尚元素。新旧融合的村落场景，用老建筑述说着岁月的故事，用新建筑展现当代田园生活的魅力。通过新与旧相互对话和呼应，形成新的村落空间和景观意象，营造了田园牧歌式的浪漫生活情景。"[①]拾房村的民宿群设计以动与静的空间处理，以"去酒店化、去景区化"为理念，尊重乡村的田园风貌和村落固有肌理，融自然环境于一体，将诗和远方与归园田居的梦想融合，营造出一个更有温度和烟火气的适合新农人、游客、原住民共居的桃花源（图6-4-7）。

---

① 蔡哲理. 江苏省无锡市惠山区阳山镇拾房村东方田园生活馆[J]. 小城镇建设，2017（10）.

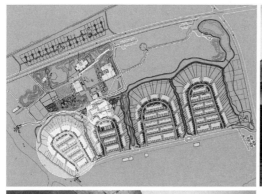

图6-4-7 无锡田园东方一期民宿群室内外环境设计（图片来源：袈蓝建筑提供）

随着以文旅为驱动的新型城镇化步伐的加快，国内第一个田园综合体"无锡田园东方"也在持续更新。经历了与田园东方在项目一期（东区，也已作为示范区）的设计、建设以及业态运营的磨合与共同探索之后，袈蓝建筑主持了无锡田园东方二期（北区）的整体规划与建筑设计，并以实体商业植入其中，通过经营的参与，检验设计的适用性，与田园东方继续探索乡村振兴的理想模型与方法论。

田园东方二期位于"中国水蜜桃之乡"无锡阳山镇，与已建成的无锡田园东方一期相隔约两公里，水系相连，建设面积约440公顷。作为项目地域性扩展的功能区，二期建设是对整个项目的一个完善过程。在放大业态和内容的同时，尽可能让两个区域联动起来，消化更多的人群、社会资本，推动消费，带动区域发展。

二期的小镇中心建设目前已经完成。由一条核心商街和两个主题田野农场构成，从业态的延展上对一期体验进行补充，同时从阳山镇商业发展配合角度出发，让产品更加贴近未来新驻民的生活配套需求。二期强调以"情感雕琢"作为设计的中心思想，通过场景营造，构建空间的关联性与情感关系。村口的小桥，节点的村广场等内容是乡村情感的支撑，东西两侧的景观和商业面，中

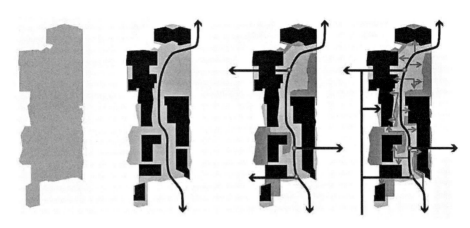

图6-4-8　无锡田园东方二期小镇商街动线分析

线与西侧靠近农场的区域，以及与东侧靠近农田的区域都设有关联性通道，以动态布线让情感通融。从空间和功能上帮助乡村打破壁垒，让城乡的人形成互动（图6-4-8）。

小镇南部入口处的蜜桃故事馆，是整个街区的代表性建筑。正面以桃子造型呈现，是建筑群中唯一的纯现代异形建筑，这是对当地蜜桃产业的突出，同时也是对田园东方以当地一产为特色主题，与文旅创新深度结合，调动产业创新的表达。蜜桃故事馆虽然是一座现代建筑，但材料坚持了与周边环境和谐呼应。建筑面对商街的立面选择了木材质装饰，与街道的整体视觉融合。另一面面对田野，则选择了代表当地火山文化的火山岩，与自然连接。同时，在结构中运用大量环保竹板强调出田园建筑的本质（图6-4-9）。

小镇入口处与蜜桃故事馆呼应的乡村振兴讲习所则是营造的另一个标志性空间环境。在竹木材质的框架内，以玻璃幕墙为特征，临水而居，与桃林相映，其中一面两层高通顶巨大玻璃幕墙正对当地的核心景观大阳山。玻璃的使用，让内部空间的视野充分打开，与天光和周边景观形成互动。而建筑的二层设计了可以环视商街和阳山两个角度的开阔平台，视觉风格上以砖瓦木竹呈现。桃花盛开之时，部分建筑掩映在桃花中，远看就是融入桃林中的一组村落。这种情感雕琢的方式使室内外空间环境洋溢着自然与人文气息（图6-4-10）。

乡村需要被关注，更需要可持续发展；而乡村环境设计，也需要逐步从注重视觉表象，发展到更为系统的多层面设计，设计的出发点也需要设计师以宽视野、多维度去思考。乡村环境设计，除了审美层面，还需更多地关注设计的可行、可生、可持续。如何使用在地资源精明设计，如何通过当地工匠与技术实现设计的构想，成为面对乡村环境设计的我们需要关注的课题。

图6-4-9 无锡田园东方二期小镇中心及蜜桃馆（图片来源：袈蓝建筑提供）

图6-4-10 田园东方二期讲习所（图片来源：袈蓝建筑提供）

结语

回望我国四十余年改革开放的历程可以发现，无论是经济发展相对快速的城市建设，还是尚处于起步阶段的乡村振兴，都会对城市居民和乡村村民的生产生活产生巨大影响。反观乡村，近十余年城镇化的快速发展，同时也推动了乡村建设的进程并取得了显著成效，成绩有目共睹。但过于注重经济效益和规模驱动，单纯以建设物质空间和改善村民生活为出发点的重建式发展，依然是不少地区对乡村建设的基本认知，而忽视乡村的文化振兴和环境的高品质发展，使乡村面临的空心化和乡土文化的衰落没能得到有效改善，对乡村环境、社区治理和村民交往模式也产生了不小的负面效应。

谈乡村文化振兴，谈乡村环境设计，必须把其置于中国社会变迁、社会结构的大背景、宽视域下。本书认为，"城乡中国"是对现阶段"新时代"一词最准确、最凝练的概括，并且指向清晰。回顾改革开放四十余载，中国高速城镇化、工业化发展，使中国乡村面临着"千年未有之大变局"。从历史维度看，费孝通先生笔下的"乡土中国"已逝，今天我们迎来了"城乡中国"时代。在"城乡中国"阶段我国由单向、片面的城市化向着城乡融合、互动转变，一种新型的城乡关系正在被建构。城乡融合发展是"城乡中国"阶段的必然选择，在"实施乡村振兴战略"中明确提出要建立健全城乡融合发展体制机制和政策体系，乡村振兴问题的推进与解决必须建立在"城乡中国"的视野下。循着"城乡中国"往下推演，中国乡村的一大问题就是"分化"，这也是"城乡中国"的特征之一。在乡村振兴背景下，反思以往研究范式，正视中国乡村分化的确定性，分类施策是当下乡村环境设计的必选之路。

"乡土中国"已经远去，当前的"城乡中国"阶段将会持续很长一段时间。在未来很长的时间内，"城"与"乡"在"量"与"质"上将发生此消彼长的变化，具体表现为："城"的分量在增加，"乡"的分量在减少。但由于中国地域广阔、农耕文化底蕴深厚，变化会趋于稳定，出现"拐点"，"城"与"乡"将维持一个相对稳定的比例关系，即中国乡村是不可能消失的。在这个阶段城乡二元体制将会消除，公共政策配置上将会实现城乡平等发展，城乡真正实现共生、共融、共荣。在"城乡中国"概念下，社会结构必然会发生不同程度的演变，但"城"与"乡"都将存在。在面对城乡社会两种截然不同的发展模式和需求时，巨大的不确定性和机遇同时存在，不同领域重组产生的巨大张力，也给环境设计提供了拓展和施展的机遇，需要不断调整策略，以及时适应城乡变化。

本书的研究内容包括四个板块，并以"文化为魂"的线索贯穿始终。

第一，提出并论证"城乡中国"为乡村环境设计逻辑基点。"城乡中国"是对当下新时代背景、社会结构的高度、科学的概括。在乡村振兴实践中必然产生广泛而深刻的影响，然而涉足设计领域的研究却至今未见有成果发表。本书认为当前乡村设计方案普遍存在"浅根性"现象，与缺乏对时代背景、社会结构的深入剖析密切关联。"城乡中国"作为当下社会结构的凝练，应是乡村环境设计理论研究及设计实践的逻辑基点。

第二，提出建构乡村环境设计的学术话语权，并论证其可行性。环境设计包括城市环境和乡村环境，二者共同构成人类的生存空间。然而从理论研究和实践层面环境设计在乡村中是"弱话语权"的。本书尝试从乡村振兴的顶层设计、乡村环境设计的特色保持、环境设计介入乡村的现实需求，试图探讨乡村环境设计学术话语建构的可能，体现了学术范式的创新和理论话语系统的创建。

第三，尝试从环境设计角度提出乡村"分化"的环境设计对策。在"城乡中国"下乡村分化已不可逆，但是当下不少研究成果主要局限于笼统的或者片面的设计策略研究。本书剖析了当下乡村并存"扩张发展""收缩发展""走向衰亡"的格局，认为扩张发展主要是"市场主导型"的城郊乡村和"资源特有型"的特色乡村，收缩发展主要针对"衰而未亡型"的普通乡村，并有针对性地提出"城乡互构""农旅联动""精明收缩"的环境设计对策。

第四，乡村环境设计对策研究过程始终贯穿"文化为魂"的线索，落实文化振兴的现实需求。在市场主导型城郊乡村，强调城市文明与乡村文化在乡村环境设计中的互构，促进乡村文化的再生；在资源特有型乡村，突出传承优秀传统文化，并从资源特有型乡村保护与发展的角度探讨传统文化与旅游文化的联动；针对衰而未亡型乡村"求生存"的现状，其环境设计应着眼于文化的精明重构，以契合"精明收缩"的乡村环境设计策略。

事实上，衰而未亡型的普通乡村占据着我国乡村的大多数，广泛分布于祖国的各个地区，更需要引起学界的关注。衰而未亡型乡村区别于区位优越、风貌独特的城郊乡村与传统村落，该类村落自组织系统瓦解，传统渐失，需要从根源上发掘持续的发展动力，逐步建立乡村环境设计的长效发展机制。我们认为衰而未亡型乡村首先要调动民力，以解决资金缺乏、政策保障不足的问题；其次是通过生态与生计互促、传统与现代结合等策略重构乡村秩序；再次需要考量各个参与主体的诉求，坚持理性、理智的设计导向，营建诗意的栖居环境；最后重新组织乡村的文化系统、经济系统、信息资源系统，建立城乡各资源的对流机制，使其真正向着内涵式方向发展，促进衰而未亡型乡村走向振兴。

通过剖析城乡融合下乡村发展的诸多案例，我们还可以发现如下几个特点：乡村区位独特、产业模式清晰，具有可持续性；乡村的自然景观、文化景观、生活景观、产业景观等各有侧重或合而为一。由此，我们还能进一步发现，乡村振兴背后的有效驱动力大致来自于两个方面：乡村内在动力，即本地区产业升级和就业机会的增加；外来多层面的赋能与地方政府及村民的互相促进。这两个动力中任何一方的发展，都能有效推动乡村振兴，并促进乡村文化的发展，最终形成乡村多元互动的新稳态。

力避两个思维误区

在乡村文化振兴及乡村建设中，常出现两个思维误区：其一是基本沿用"修旧如旧"原则，试图再现出带有所谓历史感和怀旧感的乡村环境；其二是采用城镇化建设思维，将城市发展和设计的模式和技术成果直接嵌入现有乡村环境中。因为中国地域广袤、民族众多，各个乡村的自然、文化、社会和基础条件千差万别，发展规划和功能要求与城市也不会相同，因此很难有普遍通行的运作模式和设计方法。在实际操作中，两种思维均须慎重对待。

乡村建设不宜过分强调"修旧如旧"，这一点显然在联合国编制《保护世界文化和自然遗产公约》、欧洲编制《欧洲景观公约》时就已认识到了。一则绝大多数现存乡村建筑并不具有很大历史和文化保护价值，二则在具体操作中，"修旧如旧"的确无法满足乡村建筑与文化景观的持续有效更新。从更长远的角度看，无论是保护传统遗迹还是乡村文化，若广泛形成文化古迹与现实生活争夺空间资源的情形，将无法保持乡村业态和空间的连续性，也必将威胁乡村产业的持续发展。另外，在基于文物保护的"修旧如旧"逻辑下，我们很容易将所谓古建认定或保护等级作为唯一、至少是最重要的衡量标准，对长久生活于此的村民来说，村中的一口废井、村口的大槐树、河上的古桥……可能因承载了更多情感回忆而更凸显其价值。村民生活轨迹与文化保护逻辑在这一领域的冲突虽未必猛烈，但的确真实存在，应引起环境设计师、学者和政策制定者的充分关注。

总体说来，乡土文化虽有怀旧寻古之意，但毕竟并不是在追求"博物馆体验"，而是更倾向于平和安宁、烟火气息浓厚的慢生活场景。所谓历史文化元素其实更接近于一种"趣味"而非"真相"。因此总体来看，乡村建设中的传统地域文化形象，对生活于此的村民而言是"想象中的家园"，对外来人而言则是"想象中的异邦"。这种以乡村传统元素"掩饰"的现代技术、商业、社会关系，是中国当下大多数乡村建设时的主要表征。

我国乡村的开发模式和发展路径虽然各不相同，但是在目前阶段仍存在城市建设的模式和视角，乡村建设仍停留在关注视觉形态或物质空间的更新，普遍忽视乡村自身发展和村民主体认知的保护，导致乡土文化的退化和自然生态的消散。城乡之间不仅发生着文化及空间的剧烈重组，与之对立并存的还有多层级的互相融合。在传统乡村聚落中，那些曾经承担核心功能、具有重要文化内涵的诸多建筑及其他元素，由于其难以适应新时代乡村社会的新功能需求而逐渐落寞、荒废。必须承认，当代村民的生活习惯、需求以及乡村空间环境的行为特点，在各个层面都与城市居民有明显不同。乡村新建的"网红"建筑或乡村设施虽然不乏优秀案例，秉持着赋能乡村空间功能的"使命"，但确实也存在不少项目贴着满足当代村民生活需求的标签，仍沿袭着城市建设的思维范式，将固化的城市发展的工程化、标准化模式应用到乡村环境建设中，继续落入城市发展的窠臼。这就很难提升乡村环境的特色和品质。

随着高层的战略性决策，乡村振兴已经在不断推进、逐渐深入，乡村保护、建设和发展的观念一直在不断得以改进和优化。通过大量设计实践和多维度的乡村实验可以看出，以人为本固然重要，但我国的乡村社会具有极大的复杂性、模糊性和混沌性，不同地域、不同发展阶段、不同经济条件的各地区乡村建设，所需要的环境设计介入的手段也不会完全相同，是非标准化的，乡村更要强调生态自然。因此，乡村环境设计需要细致、深入地解读乡村，避免直接将城市建设经验带到乡村，与城市设计范式进行理性分离，重新回归乡村本体的真实需求，对乡村环境设计来说是十分必要的。

再现乡村空间尺度

虽然我们不必追求按原样复建乡村古建筑、古街道，否则极有可能催生出一系列假古董般的"影视城"，但这并不意味着设计师、艺术家就可以任性发挥、恣意而为。事实上，除一些特殊案例，设计师们的精英思维和居高临下的操作方式或许难以赢得当地村民的认同，其设计成果恐怕也难以很好地契合乡村生活。若应对得当，中国宽广的乡村土地和庞大的设计市场，将非常有利于铸就出适合当代中国乡村文化振兴和乡村环境设计的新方法和新理论。在这一过程中，对乡村规划、建筑、街区、广场等的尺度控制是重要一环。新建的乡村房屋无论位于宅基地原址上，还是建在新地块上，都应尊重乡村建筑的原有尺度关系和模数系统，因为这是乡村生活中代代相传的审美和功能尺寸，具有特殊的审美价值和文化内涵；若设计得当，适度采用新材料和新技术还可能带来意料之外的艺术效果。

环境设计不能仅关注乡村风貌视觉层面的所谓风格和样式，与决策者和普通村民共同协作探索出适宜于乡村未来的功能体系、营造工艺以及空间尺度，可能是比较迫切的问题。

乡村环境设计的整体观

在当前城乡关系剧烈重组时期推进乡村振兴战略，更需要科学的决策、理性的思考和动态的学术视野，以城乡融合关系作为观察乡村现代化进程的重要视角，用发展的眼光全面地看待乡村问题。乡村文化振兴应充分考虑乡域、村域、村庄之间的关系联动，审视整体的村庄体系和结构。在这一复杂的互动发展过程中，乡村环境设计不是只对文化要素的简单挖掘，而是要在生产力及生产关系变化、城乡关系流动的背景下，对乡土文化进行保护性利用，更新、活化、提升乡村空间和环境整体，以适应当代村民的生活需求和乡村的可持续发展。

乡村文化振兴、乡村生活重拾自信，应面向未来、为重构乡村生产生活空间环境而培育土壤、搭建舞台。乡村环境设计作为一个庞大而复杂的系统工程，也具有整体性与综合性特征，不可能游离于其他众多学科、诸多专业之外而独立存在，必须有城乡互补、古今贯通的视角，高维度、多层面审视乡村、审视乡村文化。这既是中国文化的传统特征，也是"乡村振兴战略"的起点和目标。探究中国乡村文化内涵与当代空间功能的贯通融合，才是设计师和研究者达成文化传承与更新的必由之路。新时代的乡村环境设计不能再是粗放的、散漫的"大水漫灌式"，而需要精致的、层次丰富的"精耕细作"，同时还必须与多产业、多功能、盈利模式、工程技术等内容综合考虑。乡村建筑式样、设施品质、聚落布局、空间肌理、生态自然等要素的整体呈现，乡村聚落空间的生产与生活、开放与围合、材料与营建、修复与活化、整体与细部等都是环境设计必须面对的问题。

乡村环境设计视域的拓展，迫使设计思维要结合乡村社会环境的变化，对乡村多种元素间的相互关系和作用进行整体观照。解决乡村具体问题的环境设计应该是横向的、多视角的全局思考，是多元化的、多维度的理性选择和综合判断。

村民主体参与的陪伴式设计

环境设计脱胎于现代设计的思维模式，总是习惯性地关注空间的形态、材质或者细节的表达，并致力于提炼和抽取具有独特创意的设计元素，加以重组和整合以提高空间的感染力。实际中，乡村环境的使用及建设主体与乡村设计研究主体是分离的，环境设计若仅仅局限于传统的设计思维框架下解读乡村空间，忽视与乡村不同使用主体和需求的多重关联及对接，则无法深入理解乡村发展和振兴。所以，在乡村环境设计中，套用城市已有的建筑和街区改造模式肯定并非良策，这已成为共识。但我们不应止步于此，还应仔细分析许多村民包括村镇干部在针对民宅或村委会建设时，为何迷恋效仿城市的建筑样式，甚至某种似是而非的"洋楼"？我们不应将其简单地归因于村民品位不佳，而应更深切地认识到：1. 这正是村民渴望改善生活质量、享受城市文化却又缺乏文化自信的真实体现，恰恰也是乡村文化振兴、乡村社区自我认同、乡村环境设计大有可为之处；2. 渴望改善居住环境的普通村民已经找不到或不满足于传统的住宅空间布局和房屋建造方式，因此环境设计需要引导并协同村民及当地政府积极参与、共同探索。

可见，在乡村建设中，村民的主体参与作用是任何其他要素无法取代的。村民活动虽然以个人的喜好和习惯为出发点，但是对乡村建筑及空间环境的影响却是以整体的形式出现。乡村环境设计应贴近村民的生产生活需求，积极顺应和引导村民参与，这样，环境设计的介入方式和设计内容在被村民接受的情况下，才会以集中的形式呈现出来，对乡村建设产生大的推动力，才能通过环境设计逐步形成良性互动。因此，乡村环境设计思维不能简单地套用固有的城市环境设计方法，而应该建构一整套对待复杂乡村环境问题的解决方案。与其他设计学科相比，环境设计不再仅仅以环境的美观、实用作为目标，还要处理乡村复杂、多元化的空间关系；还需要对乡村传统文化进行创新性传承，对乡村现代化发展进行全新解读。由此可见，环境设计能否与乡村环境的使用主体建立有效沟通和互动，能否以恰当的形式对乡土文化进行深度挖掘与创新转化，以及环境设计参与乡建的具体方式能否有所突破，显然是一个庞大而复杂的系统工程，无法回避。

充分尊重乡土文化

人类的历史始终是一个理性和非理性的循环过程，城乡文化和生活方式也一直在不断地碰撞和融合，当代乡村环境设计一定是建立在变化之上的社会整体的革新。但令人扼腕的是，伴随着城乡关系的剧烈重组，传统乡村空间环境却日渐落寞或消弭，导致无论是更新改造还是新建项目，都仿照城市标准进行操作，不可避免地会消除乡村空间的独特性和乡土文化的多样性。在城乡关系的冲突和融合中，审美的惰性、决策的武断和设计思维的固化，必然会使乡土文化在城乡社会的流动和文化碰撞中被撕裂、被漠视。

乡村蕴藏着大量的原汁原味的乡土文化，浸染在多种形式的手工制作、生活仪式和饮食用具的使用中，乡土文脉与乡村生活具有密切的关联性，但刻意谋求以产业化的文旅项目来解决乡村问题，可能会导致乡土文化和非物质文化遗产沦落为漂浮的展演。以市场为导向的产业化更倾力去追求制作的"精致"而不再有原创，与乡村生活缺乏对接，严重脱离了乡土文化的生长逻辑，使生根于乡土的文化和生动的乡风习俗无法继续触及乡村的社会关系和生产生活，很难具有持久、鲜活的生命力。

实际上，当代乡村环境设计缺少的不是创意和灵感，而是对乡村的理性分析和综合判断，其实质是缺乏对乡土文化的深层理解和村民需求的深刻领悟。作为与村民日常生活紧密相连的乡村环境，是村民生产生活的重要载体，乡村环境设计应该充分尊重村民的生活习俗，结合对乡土文化的深挖不断进行调整，以新的设计思维来阐释乡土文化，在继承乡村传统、面向乡村未来的问题上具有自己的主张。

乡土文化虽属于过去，但也属于现在和未来，实际上它并没有随着"乡土中国"的结束而消失，而是以新的姿态融入现代乡村文化中。在城乡融合下的乡村环境设计中，我们要延续乡土文化，使乡土文化、乡村生活、乡村景观的存在必须与城市文化保持明显差异和趣味疏离，在乡土文化受到破坏时乡村要重构乡土环境，注重乡土文化的复兴与再生。这不是简单复归到乡土中国的状态，而是在新时代有创造、融合的乡土文化复兴，这也是乡土文化得以延续的基础。乡村生活和生产过程的每一次重大突破，都或多或少地会在乡村物质和文化形态中留下痕迹。而现代乡村文化脱胎于乡土文化，二者在时间上是动态的、连贯的，是继承与融合创新的关系。

乡村环境设计多学科的交叉融合

乡村环境设计作为现代乡村建设的探索者和践行者，离不开对当代乡村环境的整体理解和把握，为乡村建设提供积极的理念、技术和审美支撑。因为乡村环境具有系统性、模糊性、复杂性和不确定性，倘若不能理性地转变设计思维，仍可能沦落为乡村建设愈加同质化的"帮凶"。此时，环境设计亟待需要突破固有的思维模式，保持对当代乡村社会现象的敏感度和洞察力。面对日趋复杂的社会环境和逐渐提高的生活需求，社会各界都在主动寻求突破和改变。当下跨学科的态势正在打破各种学科、不同层级的边界，科技的创新和多学科的交叉融合是设计发展的必然趋势，乡村环境设计需要与其他学科相互促进。这种跨界趋势也带动了近几年设计思维的创新发展。

城乡社会逐渐走向融合发展，需要越来越多元的资源参与乡村建设，我们必须从乡村环境设计的主体需求出发，通过跨学科创新模式来阐释乡土文化的多样性和乡村文化的时代性。面对城乡环境复杂的重组和变迁，我们如果仅以物质生活水平的提高来衡量乡村社会的发展和进步则是十分片面的，虽然规划、建筑、风景园林等早已投身于乡村建设中，但综合性、交叉性极强的环境设计作为设计学的专业方向，是基于特定空间环境的"微观"环境设计，并不排斥与以上相关学科的融合，同时也具有"填补"各学科、各专业之间"缝隙"的作用，对乡村物质空间、情感体验和文化传承会起到勾连和整合效应。因此从专业知识和学术视野层面看，乡村环境设计又是"宏观"的，需要与建筑学、城乡规划学、社会学、人类学、生态学、遗产学、民俗学等诸多学科、多专业、多行业的深度合作，需要以多种视角进行深度观察和思考，更要紧密结合乡村现实需求和未来发展；充分运用环境设计学科的"大设计"优势，深入挖掘乡村淳厚的文化内涵，促进乡村整体环境的提升，并在乡村环境提升中逐步建立适用于乡村发展的学科话语体系，在未来的乡村振兴与发展建设中凸显自身的价值。尽管环境设计属于艺术门类，也同样离不开环境设计的科学方法、环境设计的工程做法和环境设计的理性思维，与其他专业、其他学科一道，共同为描绘乡村振兴未来的美好图景赋能。

2020年10月，党的十九届五中全会审议通过的关于"十四五"规划和2035年远景目标的建议，明确了优先发展农业农村，全面推进乡村振兴的"路线图"，强化以城带乡，推动城乡互补，促进城乡融合发展。庚子新春爆发的新冠疫情迫使我们启动"双循环"战略，显然更需要乡村振兴作为应对全球化挑战的"压舱石"，促使乡村环境设计不仅服务于乡村，同时也惠及广大城市居民，向城市输出乡村价值，往乡村导入城市资源，使反哺乡村、振兴乡村得以真正落实。乡村振兴也不应是运动式的冲动，而是"新时代"乡村发展的新突破，是长期的、渐进式的。我们必须以乡村振兴中乡土文化传承之环境设计为研究对象，以十九大"实施乡村振兴战略"为指南，以环境设计的"大设计"整体理念为基础，注重艺术与科技、艺术与人文的交叉，站在未来乡村形态的发展趋势上来探索正确的乡村环境设计对策，走出一条具有中国特色社会主义乡村文化振兴之环境设计之路。

我们知道了乡村文化振兴的重要性，还要知道乡村环境设计的重要性；如同知道了追赶的重要性，还要知道追赶姿势的重要性。

好在，我们已经在路上……

参考文献

一、专著

[1] 周其仁. 城乡中国[M]. 北京：中信出版社，2013.

[2] 习近平. 决胜全面建成小康社会，夺取新时代中国特色社会主义伟大胜利——在中国共产党第十九次全国代表大会上的报告[M]. 北京：人民出版社，2017.

[3] 中共中央国务院关于实施乡村振兴战略的意见[M]. 北京：人民出版社出版，2018.

[4] 中共中央国务院. 乡村振兴战略规划（2018—2022年）[M]. 北京：人民出版社，2018.

[5] 周武忠. 新乡村主义——乡村振兴理论与实践[M]. 北京：中国建筑工业出版社，2018.

[6] 林峰等. 乡村振兴战略规划与实施[M]. 北京：中国农业出版社，2018.

[7] 本书编写组. 中共中央国务院关于实施乡村振兴战略的意见[M]. 北京：人民出版社出版，2018.

[8] 本书编委会. 乡土再造——乡村振兴实践与探索[M]. 北京：中国建筑工业出版社，2018.

[9] 贺雪峰. 新乡土中国[M]. 北京：北京大学出版社，2013.

[10]（美）路易斯·芒福德. 城市发展史——起源、演变和前景[M]. 北京：中国建筑工业出版社，1999.

[11] 任艺林. 从室内装饰到环境设计——清华大学美术学院（原中央工艺美术学院）环境艺术设计系历史沿革[M]. 北京：中国建筑工业出版社，2017.

[12] 尹定邦，邵宏. 设计学概论[M]. 北京：人民美术出版社，2013.

[13] 孙君，徐宁. 把农村建设得更像农村（理论篇）[M]. 南京：江苏凤凰文艺出版社，2019.

[14] 庄孔韶. 人类学概论[M]. 北京：中国人民大学出版社，2001.

[15]（英）埃比尼泽·霍华德. 明日的田园城市[M]. 北京：商务印书馆，2010.

[16] 刘沛林. 正在消失的中国古文明：古村落[M]. 北京：国家行政学院出版社，2012.

［17］刘彦随等. 中国乡村发展研究报告——农村空心化及其整治策略［M］. 北京：科学出版社，2011.

二、期刊

［1］郑曙旸. 中国环境设计研究60年［J］. 装饰，2019（10）.

［2］聂影. 乡村景观重构与乡村文化更新［J］. 创意与设计，2019（06）.

［3］刘守英，王一鸽. 从乡土中国到城乡中国——中国转型的乡村变迁视角［J］. 管理世界，2018（10）.

［4］翁鸣. 社会主义新农村建设实践和创新的典范——"湖州·中国美丽乡村建设（湖州模式）研讨会"综述［J］. 中国农村经济，2011（2）.

［5］雷黎明. 广西田园综合体建设的思考与探索［J］. 当代农村财经，2017（8）.

［6］刘彦武. 乡村文化振兴的顶层设计:政策演变及展望——基于"中央一号文件"的研究［J］. 科学社会主义，2018（3）.

［7］倪国良，张世定. 乡村振兴中乡村文化自信的重建［J］. 新疆社会科学，2018（3）.

［8］赵秀玲. 乡村振兴中的文化发展向度［J］. 东吴学术，2018（2）.

［9］徐勇. 乡村文化振兴与文化供给侧改革［J］. 东南学术，2018（5）.

［10］李文峰，姜佳将. 老区与新乡：乡村振兴战略下的文化传承与反哺［J］. 浙江社会学，2018（9）.

［11］邓坚. 乡村振兴战略背景下新乡贤文化建设的困境与途径［J］. 学术论坛，2018（3）.

［12］王勇，郭锋. 基于民族传统文化的美丽乡村环境设计研究［J］. 设计艺术研究，2015（2）.

［13］黄兆成. 乡村传统民居环境设计改造与保护略谈［J］. 创意设计源，2016（6）.

［14］刘守英. "城乡中国"由单向城市化转向城乡互动［J］. 农村工作通讯，2017（10）.

［15］方晓风. 设计介入乡村的伦理思考［J］. 装饰，2018（4）.

［16］蔡玉萍，罗鸣. 变与不变的鸿沟:中国农村至城市移民研究的理论与视角［J］. 学海，2015（2）.

［17］方晓风. 实践导向，研究驱动——设计学如何确立自己的学科范式［J］. 装饰，2018（9）.

[18] 郑曙旸. 关于环境设计的理论思考[J]. 装饰, 2017 (增刊).

[19] 李朝阳. 论环境设计及设计教育的理性精神[J]. 设计, 2020 (13).

[20] 李朝阳, 王东. 文化振兴视角下乡村环境设计研究新思考[J]. 艺术设计研究, 2019 (4).

[21] 吴必虎, 唐俊雅, 黄安民. 中国城市居民旅游目的地选择行为研究[J]. 地理学报, 1997 (3).

[22] 王雨村, 王影影, 屠黄桔. 精明收缩理论视角下苏南乡村空间发展策略[J]. 规划师, 2017 (1).

[23] 刘守英. 城乡中国的土地问题[J]. 北京大学学报(哲学社会科学版), 2018 (8).

[24] 张明斗, 曲峻熙. 国外城市收缩的背景、动因及经验启示[J]. 北京规划建设, 2018.

[25] 赵民, 游猎, 陈晨. 论农村人居空间的"精明收缩"导向和规划策略[J]. 城市规划, 2015 (7).

[26] 李彦群, 耿虹, 高鹏. "精明收缩"导向下新型镇村发展模式探讨——以武汉汪集街为例[J]. 小城镇建设, 2018.

[27] 周洋岑, 罗震东, 耿磊. 基于"精明收缩"的山地乡村居民点集聚规划——以湖北省宜昌市龙泉镇为例[J]. 规划师, 2016 (6).

[28] 张诚. 解读新田园主义[J]. 中国房地产, 2017 (26).

[29] 张诚, 徐心怡. 新田园主义理论在新型城镇化建设中的探索与实践[J]. 小城镇建设, 2017 (3).

[30] 曲琳平, 王骏, 李理. 基于四态融合视角的山东省田园综合体规划路径研究——以烟台市河北崖村为例[J]. 城市发展研究, 2019 (8).

[31] 蔡哲理. 江苏省无锡市惠山区阳山镇拾房村东方田园生活馆[J]. 小城镇建设, 2017 (10).

[32] 吴琼, 施宇峰. 云南民居建筑思考——对话云南省"非遗"专家施宇峰[J]. 今日民族, 2018 (10).

[33] 黄鹤. 精明收缩:应对城市衰退的规划策略及其在美国的实践[J]. 城市与区域规划研究, 2017 (2).

[34] 齐宏林, 齐宏坤等. 郊野生态旅游的基本思考[J]. 林学院学报, 2000 (3).

[35] 郑曙旸. 文化传承创新:建立中国特色艺术教育体系的核心理念[J]. 清华大学教育研究, 2011 (3).

[36] 白理刚，鲍巧玲．城郊乡村地区的城乡融合规划研究——以西昌市东部城郊乡村地区为例［J］．小城镇建设，2019（5）．

[37] 李玉恒，阎佳玉，宋传垚．乡村振兴与可持续发展——国际典型案例剖析及其启示［J］．地理研究，2019（3）．

[38] 周丽霞，李朝阳．城乡公共空间环境设计思维的差异与转变［J］．设计，2020（19）．

[39] 贺雪峰．城乡关系视野下的乡村振兴［J］．中南民族大学学报（人文社会科版），2020（05）．

[40] 胡飞，钟海静．环境设计的方法及其多维分析［J］．包装工程，2020，41（04）．

[41] 李朝阳．推进乡村文化振兴　提升乡村人居环境［J］．旗帜，2021（2）．

[42] 王东，李朝阳．衰而未亡型乡村环境设计策略研究［J］．设计，2021（03下）6期：133-135．

三、学位论文

[1] 刘峰．20世纪30年代农村复兴思潮研究［D］．长沙：湖南大学，2015．

[2] 程慧福．北戴河艺术村环境共生与景观塑造策略研究［D］．秦皇岛：燕山大学，2016．

[3] 向雷．传统建筑文化的回归——当代青年建筑师乡村建筑实践研究［D］．南京：南京工业大学，2013．

[4] 宁晓敏．基于北戴河村的乡村慢城模式和环境设计研究［D］．秦皇岛：燕山大学，2016．

[5] 孟瑾．美丽乡村建筑环境设计研究［D］．石家庄：河北科技大学，2017．

[6] 黄雯婷．韶山市美丽乡村环境景观整治规划策略与实践［D］．长沙：中南林业科技大学，2018．

[7] 李健．"美丽乡村"绿地景观设计研究［D］．哈尔滨：东北农业大学，2015．

[8] 曹田．"城乡互构"关系中的设计价值选择与中国乡村实践［D］．北京：中央美术学院，2016．

[9] 于晓彤．当代建筑师的中国乡土营建实践研究［D］．南京：南京大学，2017．

[10] 江山．浅析"农家乐"及其景观规划［D］．西安：西北农林科技大学，2008．

[11] 杨念慈．基于精明收缩的农村居民点空间布局优化研究［D］．长沙：湖南师范大学，2017．

四、其他

[1] 胡洪江，李娜. 今年非常赞的一篇毕业致辞：像弱者一样感受世界[N]. 人民日报，2019-06-27.

[2] 农业部科技教育司. 农业部发布中国"美丽乡村"十大创建模式[Z]. 中华人民共和国农业部官网，2014-02-24.

[3] 国家质量监督检疫总局、国家标准化管理委员会. 美丽乡村建设指南[S]. 中华人民共和国国家标准，2015-04-29.

[4] 央视评论员. 央视快评：以"五个振兴"扎实推进乡村振兴战略[N]. 人民日报，2018-03-08.

[5] 高敬，于文静. 打好"钱、地、人"组合拳，促进乡村产业振兴[N]. 新华社，2019-07-01.

[6] 许琴. 精明收缩下的农村居民点用地利用效率评价[C]. 中国城市规划学会、杭州市人民政府. 共享与品质——2018中国城市规划年会论文集（18乡村规划）. 中国城市规划学会、杭州市人民政府：中国城市规划学会，2018.

[7] 就地取材：奇峰村史馆/素朴建筑工作室等[Z]. 有方空间，2019-05-10.

[8] 李韵涵. 江西景德镇陶瓷古村落的小康路[Z]. 中国新闻网，2020-11-15.